本书为山东省高等学校青创科技支持计划
（种业振兴创新团队，2023RW035）阶段性研究成果

地区质量声誉

对中国农产品出口贸易影响研究

高小龙 ◎ 著

中国财经出版传媒集团
经济科学出版社
Economic Science Press
·北 京·

图书在版编目（CIP）数据

地区质量声誉对中国农产品出口贸易影响研究/高小龙著. --北京：经济科学出版社，2024.1
ISBN 978-7-5218-5320-9

Ⅰ.①地… Ⅱ.①高… Ⅲ.①产地-产品质量-商誉-影响-农产品-出口贸易-研究-中国 Ⅳ.①F752.652

中国国家版本馆 CIP 数据核字（2023）第 208258 号

责任编辑：王柳松
责任校对：王肖楠
责任印制：邱　天

地区质量声誉对中国农产品出口贸易影响研究
高小龙　著
经济科学出版社出版、发行　新华书店经销
社址：北京市海淀区阜成路甲 28 号　邮编：100142
总编部电话：010-88191217　发行部电话：010-88191522
网址：www.esp.com.cn
电子邮箱：esp@esp.com.cn
天猫网店：经济科学出版社旗舰店
网址：http://jjkxcbs.tmall.com
固安华明印业有限公司印装
710×1000　16 开　13.75 印张　200000 字
2024 年 1 月第 1 版　2024 年 1 月第 1 次印刷
ISBN 978-7-5218-5320-9　定价：56.00 元

前言 preface

2004～2023 年，中央一号文件已连续 20 年聚焦“三农”问题，围绕该问题做出了一系列重大决策部署。中央一号文件多次强调加快发展乡村特色产业，积极倡导“一村一品”“一县一业”的新发展格局，不断强化农产品地理标志认证和商标保护，推进农产品区域公用品牌建设，创响一批“土字号”“乡字号”特色产品品牌。众所周知，当前贸易竞争优势不仅由出口数量决定，而且由出口质量体现，然而，市场信息的非对称性致使消费者在交易过程中难以掌握产品的全部信息，不能对产品质量做出精确判断。地区质量声誉作为缓解信息不对称的有效手段，消费者可能会以出口产品产地的质量声誉作为判断产品质量的信息来源，使其在消费者购买决策及产品出口中发挥日益重要的作用。不同于工业品，农产品的品种、品质和特征会因生产地的地理条件、气候不同而存在差异，其生产和发展必须依赖土地条件和地理条件、气候条件，承载特定的自然禀赋和历史文化，如“橘生淮南则为橘，生于淮北则为枳”。推动农业高质量发展，关注农产品与生俱来的属性，积极培育良好的地区质量声誉，才能更好地推动农业品牌化发展，增强农产品的出口竞争优势，推动中国农产品出口贸易持续、稳定发展。基于此，本书利用微观企业产品层面数据，从农产品企业出口二元边际、企业出口农产品质量、农产品企业出口持续时间三个维度出发，探讨地区质量声誉对农产品出口贸易的影响，为推动农产品出口贸易高质量发展和乡村产业振兴建言献策。

本书对地区质量声誉的内涵与外延进行界定，归纳梳理中外文相关研究文献，以杜能农业区位论、比较优势理论、新新贸易理论、信息不对称理论与逆向选择理论等为基础展开研究。首先，本书基于地区质量声誉的外延考虑，从农产品地理标志品牌和农产品区域公用品牌两个层面，探讨了中国农产品地区质量声誉培育历程和发展现状，并用事实数据验证了地区质量声誉对农产品出口贸易发展的积极影响，为本书研究奠定现实基础。其次，本书根据动态演化博弈理论，基于有限理性的前提假设，构建农产品企业在生产及出口过程中采纳质量标准的演化博弈动态复制方程，并将可能影响地区质量声誉形成的诸多因素（例如，企业"搭便车"行为发现概率 z、当地的资源禀赋优势 ξ、企业数量规模 n、政府及行业协会等组织实施行业标准制定及公共监督时所耗费成本 β、声誉溢出系数 l 等）纳入其中，重点探讨农产品企业采纳质量标准行为决策的长期演化模式。同时，本书还分别参考、借鉴新新贸易理论的异质性企业模型和质量内生决定模型，将地区质量声誉指标纳入其中，从理论层面考察了地区质量声誉对农产品企业出口二元边际、企业出口农产品质量、农产品企业出口持续时间的影响效用，并进一步探讨了作用机制，提出相应的研究假设，为本书研究奠定良好的理论基础。最后，基于中国海关进出口数据库的微观企业产品层面数据，通过构建指标体系和经验研究框架，实证检验地区质量声誉对上述农产品企业出口贸易 3 个不同维度的影响。本书主要研究结论有以下四点。

第一，农产品地区质量声誉的形成，是多方面因素综合作用的结果。整体而言，一是需要农产品企业在生产及出口中充分发挥当地的资源禀赋优势 ξ，降低企业采纳质量标准所需额外投入的生产成本 $\varepsilon(\xi)$；二是需要行业协会积极管控行业内企业数量规模 n，加强和完善对农产品企业信息的披露能力与监督体系，降低声誉溢出系数 l 及其和政府、行业协会等制定行业标准及公共监督时所耗费的成本 β，提高对不遵循质量标准的农产品企业的发现概率 z；三是需要政府及行业协会加大对于农产品企业是否遵循质量标准的奖惩力度（κ 和 ρ），只有充分立足当地农业资源禀赋优势，积极推动政府、行业协会、农产品企业之间的协调与合作，才能更好地督促农产品企业积极、主动地遵循质量标准，提升出口农产品质量平均水平，最终在国际市场形成良好的地区质量声誉。

第二，地区质量声誉主要通过声誉溢价效应、融资扩张效应、外资引致效应、市场竞争效应，影响农产品企业出口二元边际。整体而言，地区质量声誉对农产品企业出口集约边际扩张存在显著的促进作用，但对出口扩展边际扩张存在显著的抑制作用。上述结果通过了一系列稳健性检验，且该作用因产品类型、企业所处地区、企业出口目的国、企业出口农产品是否获得地理标志认证等异质性而存在差异。

第三，地区质量声誉主要通过声誉溢价效应、市场竞争效应作用于企业出口农产品质量升级。整体而言，地区质量声誉对企业出口农产品质量升级存在显著的促进作用。上述结果通过了一系列稳健性检验，且该作用因产品类型、企业所处地区、企业出口目的国、企业出口农产品是否获得地理标志认证等异质性而存在差异。进一步研究发现，良好地区质量声誉下的高价格溢价会诱使企业发生“搭便车”行为，且所占出口市场份额越小的企业越容易发生“搭便车”行为，但该行为并非长久之计。

第四，地区质量声誉主要通过声誉溢价效应、技术升级效应、市场竞争效应作用于农产品企业出口持续时间。整体而言，地区质量声誉对农产品企业出口持续时间延长存在显著促进作用。上述结果通过了一系列稳健性检验，且该作用因产品类型、企业所处地区、企业出口目的国、出口农产品是否获得地理标志认证等异质性而存在差异。

根据以上研究结论，本书从四个方面提出培育良好的地区质量声誉，促进农产品出口贸易健康可持续发展的政策建议：完善农产品质量监控体系，加强监管力度与奖惩力度；做大做强企业，提高生产组织化程度；实施品牌战略，优化出口商品结构；提高并完善农产品出口信息服务水平和风险预警机制。

综上所述，农业品牌不仅是农业农村现代化的重要标志，更是提升农业竞争力、实现农业高质量发展、建设农业强国的关键举措。良好的农产品地区质量声誉培育工作任重而道远，仍需吾辈踔厉奋发，笃行不怠。

高小龙

2023 年 3 月

目录 contents

1 导　论

1.1　选题背景、选题意义和选题目的

1.1.1　选题背景

农业生产对生态环境和自然资源有着特殊需求，决定了农产品生产活动具有很强的地域性特征，因此，不同区域的农产品在品种、品质方面存在巨大差异。这要求必须充分尊重农业生产的特殊性，有效识别农业和工业的差异性，积极推动农产品品牌化发展，培育农产品多元价值，满足消费者多元化的消费需求（韩秉智和王瑛，2010）。不断提升中国农产品市场竞争力，促进农业产业发展升级，推动农业尽快向质量型增长和效益型增长转变（陈亚，2013）。党和国家逐渐重视加强农产品的品牌建设和质量声誉培育，并计划实施品牌提升战略。截至 2022 年 2 月 25 日，中国农产品地理标志数量有 3510 个。[①] 同时，每年 5 月 10 日被定为中国品牌日。这些举措开启了中国“品牌强国、品牌强农”的新篇章，标志着中国农业品牌正式驶入健康发展的“快车道”。

---

① 今日头条. https：//www. toutiao. com/article/6672208441676661252/。

有学者指出，无论是农产品区域公用品牌还是“三品一标”① 的认证，均是为了突出农产品的区域产地特征、文化特征及质量声誉价值，将农产品的区域产业优势转化为市场价值（费威和杜晓镔，2020）。基于此，中国一直致力于积极推进农产品品牌建设，以尽可能地将农产品的区域特色转化为市场价值，最终提高中国农产品的市场竞争力。在此背景下，中国各地不仅形成了如“库尔勒香梨”“五常大米”“章丘大葱”等一枝独秀的顶级品牌，也形成了如“安吉白茶”“赣南脐橙”“安化黑茶”“辽参”等百花争艳的竞争品牌（费威和杜晓镔，2020）。尽管中国的农产品品牌建设成效显著，但客观来说，中国的农产品品牌国际竞争力总体相对较弱（于康震，2020）。发达国家大多利用先进的生产技术对农业实行产业化、机械化的大规模经营模式，而中国的农业经营模式主要是农户分散经营模式，两种经营模式的差异导致中国农产品成本比发达国家高很多，且中国出口农产品附加值也比发达国家低。如何有效地克服农产品在贸易中竞争力不足的困境，成为当前中国政府有待解决的重要问题，而要解决此问题，必须率先解决贸易中的质量信息不对称问题（叶迪和刘景卿，2021）。

现阶段，产品质量信息不对称是国际市场交易中普遍存在的现象（Akerlof，1970）。消费者对于市场上产品的来源和质量不够了解，导致对产品质量信号的需求日益增强（Marette，2008）。然而，针对农产品国际贸易中如何克服质量信息不对称问题的既有研究，更多集中在企业危害分析和关键控制点认证（hazard analysis critical control point，HACCP）（Caswell，2009；Curzi et al.，2014）、双边同一标准（Moenius，2004）等几个方面，在一定程度上忽略了国家或地区的集体质量声誉在国际贸易过程中对于缓解信息不对称的重要作用。虽然地区质量声誉作

① 无公害农产品、绿色食品、有机农产品和农产品地理标志统称“三品一标”。“三品一标”是政府主导的安全优质农产品公共品牌，是当前和今后一个时期农产品生产消费的主导产品。

为识别企业产品质量的有效手段，有助于缓解产品质量信息不对称（Marco et al.，2012；Mcquade and Stephen，2016），且部分学者已注意到“原产地效应”问题（Schooler，1965；Morello，1985），但既有研究更多基于案例研究或者问卷调查，缺乏微观企业层面的大数据研究。孙林等（2019）基于异质性企业贸易模型，实证检验了地理标志的地区质量声誉对企业出口额的影响，但其选取的是中国食品加工企业，并不能完全替代中国普通农产品企业的出口表现，且其仅考虑了企业出口额维度，缺乏对企业出口产品质量、出口二元边际、出口持续时间等维度的研究。

结合中国不断加强农产品品牌建设、农产品贸易竞争日益加剧及国际市场不确定性不断加大的现实背景，本书选取地区质量声誉研究视角，基于微观企业—产品层面探讨地区质量声誉如何作用于农产品出口贸易。因为中国农业正在由偏重规模和数量的“吃饭农业”转向偏重质量和效益的“品牌农业”，所以，在农产品出口贸易的衡量上应该兼顾规模、数量、质量和效益。本书基于微观企业—产品层面的数据，选择农产品出口二元边际（数量、种类）衡量农产品出口贸易规模，选择利用农产品出口持续时间和农产品出口质量衡量出口贸易市场竞争力。本书的研究结论对培育和维护农产品地区质量声誉，推动农产品企业更好、更快地“走出去”具有重要的现实意义。本书具体的研究内容，主要是围绕以下四条主线展开。

第一，针对农产品地区质量声誉形成机理的研究。科瑞普斯等（Kreps et al.，1982）率先创建了标准的声誉理论，福德伯格和李维妮（Fudenberg and Levine，1992）对其进一步修正、完善。该理论强调声誉能够增强承诺履行力度，并通过提供隐形激励督促参与人通过积极维护短期行动，实现获取长期收益的目标（陈燕等，2005）。随着信息经济学的不断发展和完善，萨缪尔森（Samuelson，2001）利用逆向选择模型与道德风险模型对企业声誉问题进行了深入研究。中文文献张维迎（2002）、刘少波和蒋海（2004）、黄儒靖（2004）等强调了声誉制度在企业治理信用问题中的积极作用，并针对中国如何建立声誉机制提出了切实可行的构想。但上述学者更多基于制造服务业视角展开讨论，鲜有涉及农业领域。然而，一方面，农业生产对自然资源有较强依赖性；另一方面，农业生产的进入门槛相对较低，这决定了农业领域的地区质量声誉形成机制有其特殊性，不能和制造业、服务业等同。因此，在农产品出口贸易中，以出口农产品质量为切入点，探讨如何有效地形成农产品良好的地区质量声誉，以缓解质量信息不对称问题就显得意义深远。

第二，针对地区质量声誉与农产品出口二元边际（数量、种类）的关系研究，主要包括两个方面：一方面，良好的地区质量声誉（例如，农产品获得地理标志认证）有助于推动具有原产地附加值和特定质量的农产品满足消费者新的需求，增强消费者购买信心，并愿意为之多付费用（赵小平，2006）。例如，“平谷大桃”于2002年获得地理标志认证，认证后其价格比普通桃子高30%以上。[①] 另一方面，良好的地区质量声誉能够推动企业出口份额提升，例如，“绍兴酒”获得地理标志认证后，在日本的市场份额增长了近14%；2004年获得地理标志认证后的“平谷大桃”，其出口份额占中国新鲜桃子出口总份额的40%；[②] 再如，以2016年为例，在中国农产品贸易逆差达2500亿元的情况下，区域性特色农产品仍然实现了较大贸易顺差，其中，蔬菜920亿元、水产品730亿元、水果85亿元、茶叶98亿元。因此，区域性特色农产品为中国农产品出口提供了强劲动力，进一步探寻其对农产品出口影响的微观机理，是加强中国农产品地区质量声誉培育，推动农产品出口贸易快速稳定发展的重要切入点，更是提高农产品出口增长急需解决的现实问题。

第三，针对地区质量声誉与出口农产品质量的关系研究。有学者聚焦中国农产品出口质量升级，发现生产企业受产品技术附加值小、行业资本投资回报率低、耕地分散和国家质量安全标准不健全等因素的约束，2000～2016年出口农产品质量保持在较低水平，农产品质量升级裹足不前（刘雪梅和董银果，2019），而农产品质量升级又是依据国家标

① 中国林业新闻网. http：//www. greentimes. com/greentimepaper/html/2005 – 12/01/content_ 2371388. htm。

② 世界知识产权局网站. https：//www. wipo. int/ipadvantage/en/details. jsp？ id =259。

准推进技术改造、实现出口高质量发展的重要内容（刘雪梅和董银果，2021）。因此，寻求提高出口农产品质量的新途径迫在眉睫。与此同时，在国际贸易领域，随着国际信息壁垒产生的质量信息不对称问题的加剧（邓路和刘德学，2018），地区质量声誉作为缓解信息不对称的重要手段，开始被越来越多的生产企业所推崇（Nelson，1970）。在此背景下，我们不禁会问：良好的地区质量声誉是否可以推动出口农产品质量升级？其影响效用如何？

第四，针对地区质量声誉与农产品出口持续时间的关系研究。在农产品领域，发达国家以质量安全名义实施的技术性贸易限制措施、卫生与植物检疫措施已成为中国加入世界贸易组织以来农产品出口的主要障碍之一（董银果，2014），这在很大程度上冲击着中国农产品的出口贸易，严重威胁中国农产品出口的可持续性。例如，有学者研究发现，中国农产品出口持续时间的中位数只有2年，58.55%的中国农产品出口企业会在2年内消失（陈勇兵等，2012）。造成这种现象的内在原因在于，一国高质量企业比例过低，会导致该国生产产品的整体质量不高，不利于企业抢占国际市场（Bagwell and Staiger，1989）。基于此，本书将地区质量声誉与农产品出口持续时间结合起来研究，探索地区质量声誉影响农产品出口持续时间的机制，为中国农产品特优区建设与地区品牌塑造提供证据。

1.1.2 研究目的

本书主要基于中国政府积极打造“一村一品”“一县一业”的农业发展新格局，推动农产品地区品牌建设，大力发展品牌农业，推动实现农业高质量发展的现实背景，以农产品地区质量声誉为切入点，探讨如何影响农产品企业出口贸易，从而更好地为中国农产品品牌化、特色化发展提供理论指导和经验依据。本书的研究目的为以下三点。

第一，从内涵和外延两个维度界定农产品地区质量声誉的基本概念，并系统归纳和梳理与地区质量声誉相关的既有文献和理论，依据演化博弈理论，基于有限理性假设，通过构建复制动态方程，具体探讨农产品地区质量声誉形成机理，为加强农产品地区质量声誉培育和维护提供决策依据。

第二，基于新新贸易理论框架，探讨地区质量声誉影响农产品企业出口贸易的理论模型，并提出相关的研究假设。同时，本书进一步探讨了地区质量声誉对农产品企业出口二元边际、企业出口农产品质量、农产品企业出口持续时间三个维度的作用机制。这不仅能够为下文的实证研究奠定理论基础，还可进一步拓展新新贸易理论的研究范畴。同时，从产品类型、企业所在区域、出口目的国市场、出口农产品是否获得地理标志认证四个层面，实证检验地区质量声誉对农产品企业出口贸易影响效用的异质性，从而增强理论研究深度。

第三，基于理论分析和实证检验结果，结合中国农业发展现状和基本国情，为更好地培育农产品地区质量声誉，加强农产品地理标志品牌、区域公用品牌建设，实现农业高质量发展和中国农产品出口贸易的可持续发展提出相应的政策建议。

1.1.3 研究意义

1. 理论意义

长期以来，经济学家一直视农产品为同质性产品，农产品市场属于典型的完全竞争市场。有关质量信息不对称的相关研究长期被主流经济学忽视，21 世纪初，经济学家在解释梅利兹（Melitz，2003）模型的缺陷时，将产品质量差异纳入模型，国内外学者才开始对质量信息不对称问题进行研究。农产品地区质量声誉作为一种有效的质量识别信号，解决了市场中供需双方的信息不对称问题，塑造了农产品质量差异化，赋予本书较强的理论意义，并主要表现在以下三点。

（1）本书依据动态演化博弈理论，基于有限理性假设前提，构建了农产品企业在生产及出口过程中采纳质量标准（出口高质量农产品）的演化博弈动态复制方程，综合纳入多种因素，重点分析农产品企业出口高质量农产品行为决策的长期演化模式，以此探讨农产品地区质量声誉的形成机理。这有助于进一步丰富和完善既有关于地区质量声誉形成机理的理论研究体系，为中国特色的农产品参与国际贸易并形成良好地区质量声誉奠定了坚实的理论基础。

（2）在针对农产品出口贸易的研究中，虽然既有文献对其影响因素的分析涉及范围较广，但鲜有学者能够将农产品企业出口二元边际、出口农产品质量、出口持续时间三个不同维度同时纳入统一的理论研究框架，比较研究某一因素对三者的作用。因此，本书的研究能够对农产品地区质量声誉培育与农产品出口贸易研究框架体系的拓展进行理论指导。

（3）本书在对地区质量声誉影响中国出口农产品质量的实证研究中，进一步考虑企业“搭便车”行为的存在，并对其进行实证检验，探讨其发生机理及形成诱因，为政府加强企业监管提供了强有力的理论借鉴。同时，本书针对质量信息不对称研究在农产品领域的应用和扩展，进一步丰富了经济学内涵。

2. 应用价值

中国经济已由高速增长阶段转向高质量增长阶段，数量边际驱动下的农产品出口贸易增长已难以持续，如何推动农业向高质量、品牌化发展，积极塑造良好的地区质量声誉，成为当前中国农业结构性改革，实现农产品出口稳定增长迫切需要解决的重要问题。尤其是随着“品牌农业”① 的提出，积极培育良好的地区质量声誉成为政府解决“三农”问题的重要抓手。因此，本书的研究具有较强的现实意义，并主要体现在以下三点。

（1）基于出口农产品质量异质性，本书探讨了农产品地区质量声誉的形成机理，有助于农产品企业、行业协会及各级政府部门深入认知农产品地区质量声誉的形成和演化，为积极培育良好的地区质量声誉提供了理

---

① 《中共中央　国务院关于深入推进农业供给侧结构性改革　加快培育农业农村发展新动能的若干意见》. 央视网. http：//sannong. cctv. com/2017/02/05/ARTI1A7FI2f0IJAEyzPuYZtw170205. shtml? spm = C73274. P0pdpQDN1K1h. EIiPW0KhznWz. 1。

论参考与指导。随着消费者对农产品质量诉求的大幅提高，以区域特色农产品为依托，通过专业化生产、规模化生产和标准化生产不断提高农产品品质，成为政府加快品牌农业发展的重要举措。因此，本书的研究结论，有助于推动特色农产品成为区域振兴、农民增收的主要途径。

（2）本书探讨了地区质量声誉对中国企业出口农产品质量的影响，既考虑了声誉的正外部性，又考虑了声誉的负外部性，并且具体识别了哪类企业群体更容易发生“搭便车”行为，探寻农产品地区质量声誉培育过程中可能存在的“搭便车”行为诱因、影响及治理，推动地区质量声誉培育的稳定、可持续，并对保障该区域农产品出口贸易在国际市场中的有利地位有重要的现实指导意义。

（3）本书基于理论层面与实证层面，具体研究了地区质量声誉对中国农产品企业出口贸易的影响，研究结论为实现中国出口农产品出口二元边际扩张、质量升级以及出口持续时间延长提供了新的经验证据，也为提升农产品地区质量声誉、提高农产品竞争力以及实现农业生产转型升级和增加农民收入提供了现实依据。

1.2 研究内容与流程框架

1.2.1 研究内容

本书选取农产品企业为研究对象，基于中国海关进出口数据库的相关数据，采用多维固定效应模型，从理论和实证两个层面探讨农产品地区质量声誉对农产品出口贸易的影响，并针对如何培育和维护良好的地区质量声誉，推动农业高质量发展，更好地提升农产品出口竞争力提出相应政策建议。本书具体研究内容分为以下 8 章。

第 1 章　导论。首先，阐明本书选题的背景和目的，并强调本书的研究意义；其次，介绍本书具体研究内容和结构框架；最后，梳理本书采用的研究方法和可能的创新点。

第 2 章　基本概念、理论基础与文献综述。首先，本章从内涵和外延两个维度界定地区质量声誉概念，并进一步划分农产品企业出口贸易维度，具体从出口市场规模和出口市场竞争力两个层面，说明同时选取农产品企业出口二元边际、出口农产品质量、出口持续时间的必要性和可行性；其次，本章对本书研究涉及的相关理论进行阐述，主要包括杜能农业区位理论、比较优势理论、新新贸易理论、信息不对称理论与逆向选择理论等；最后，本章梳理了地区质量声誉、农产品地区质量声誉的衍生品（农产品地区品牌）、农产品出口贸易三方面的文献。其中，关于地区质量声誉的梳理，主要围绕其形成及特征、测度与维护、对出口贸易的作用三个层面展开；关于农产品地区品牌的梳理，主要围绕其属性特征、成长路径、对农产品出口贸易的影响三个层面展开；关于农产品出口贸易的梳理，主要从农产品出口二元边际扩张及其影响因素、农产品出口质量测度及其影响因素、农产品出口持续时间测度及其影响因素三个层面展开。

第3章 地区质量声誉培育与农产品出口贸易。本章主要从地区质量声誉的外延维度出发，具体从农产品地理标志品牌和农产品区域公用品牌两个层面，探讨农产品地区品牌的建设历程和发展现状，然后，进一步基于事实数据，说明农产品地区质量声誉在中国农产品出口贸易中的积极作用。一方面，农产品地区质量声誉提高了农产品出口价格，且拥有良好农产品地区质量声誉的农产区成为中国农产品主要出口创汇区。同时，农产品地区质量声誉建设推动了中国农业产业化重点龙头企业的发展，提升了企业农产品出口市场竞争力。另一方面，中国在和世界各国签署贸易协定时，地理标志认证农产品成为首选产品，在推动中国农产品出口贸易发展中发挥了重要作用。

第4章 地区质量声誉的形成机理与影响效用分析。首先，本章根据演化博弈理论，基于有限理性假设前提，构建了农产品企业在生产及出口过程中采纳质量标准的演化博弈动态复制方程，并将可能影响地区质量声誉形成的诸多因素纳入动态复制方程。例如，当地的资源禀赋优势 ξ、企业采纳质量标准所需额外投入生产成本 $\varepsilon(\xi)$、行业内企业数量规模 n、声誉溢出系数 l、政府及行业协会等组织实施行业标准制定及公共监督时所耗费成本 β、不遵循质量标准农产品企业（“搭便车”企业）被发现概率 z、政府对农产品企业是否遵循质量标准时的奖惩力度（κ 和 ρ）等，通过分析多种因素的协同作用，重点分析农产品企业采纳质量标准行为决策的长期演化模式。其次，本章针对地区质量声誉如何影响农产品企业出口贸易的三个维度进行了理论推导，并提出相应的研究假设，主要分为三部分内容：一是参考梅里兹和奥特维埃诺（Melitz and Ottaviano，2008）以及邱和于（Qiu and Yu，2014）的研究，构建地区质量声誉影响农产品企业出口二元边际的分析框架，并在此基础上提出地区质量声誉影响农产品企业出口二元边际的作用机制；二是在梅里兹和奥特维埃诺（Melitz and Ottaviano，2008）的垄断竞争模型与哈尔克和斯威德森（Hallak and Sivadasan，2009）的质量内生决定模型的基础上，构建农产品地区质量声誉对企业出口农产品质量影响的分析框架，并以此为基础提出农产品地区质量声誉影响企业出口农产品质量的作用机制；三是拓展梅里兹（Melitz，2003）的异质性企业模型，以一价定律为切入点，探讨地区质量声誉提升对农产品企业出口持续时间的影响效用，并进一步提出地区质量声誉影响农产品企业出口持续时间的作用机制。

第 5 章　地区质量声誉对中国农产品出口二元边际影响的实证检验。第一，模型设定、变量说明与数据来源，其中，针对地区质量声誉的测度，给出了具体的计算过程；第二，利用 2000～2014 年中国海关进出口数据库的微观企业—产品层面数据进行理论分析，构建基准回归模型，实证检验地区质量声誉对农产品企业出口二元边际增长的影响，并针对基准回归结果，采用变换回归样本、更换回归、变量替换等方法进行了一系列稳健性检验及内生性检验；第三，从产品类型、企业所在区域、出口目的国市场、出口农产品是否获得地理标志认证四个层面，探讨地区质量声誉对农产品出口二元边际增长的异质性影响；第四，针对第 4 章中地区质量声誉影响农产品企业出口二元边际的作用机制部分进行实证检验。

第 6 章　地区质量声誉对中国出口农产品质量影响的实证检验。第一，模型设定、变量说明与数据来源；第二，利用2000～2014年中国海关进出口数据库的微观企业—产品层面数据，基于理论分析构建基准回归模型，实证检验农产品地区质量声誉对企业出口农产品质量的影响，并基于基准回归结果采用变换回归样本、更换回归、变量替换等方法进行了一系列稳健性检验及内生性检验；第三，从产品类型、企业所在区域、出口目的国市场、出口农产品是否获得地理标志认证四个层面，探讨农产品地区质量声誉对企业出口农产品质量的异质性影响；第四，针对第4章农产品地区质量声誉影响企业出口农产品质量的作用机制进行实证检验；第五，进一步针对良好农产品地区质量声誉下可能存在的"搭便车"问题进行探讨，不仅对"搭便车"行为的发生机理进行理论推导，还进一步识别了"搭便车"行为的发生主体和"搭便车"行为的非持久性。

第7章　地区质量声誉对中国农产品出口持续时间影响的实证检验。第一，模型设定、变量说明与数据来源；第二，利用2000～2014年中国海关进出口数据库的微观企业—产品层面数据，基于理论分析构建基准回归模型，实证检验农产品地区质量声誉对农产品企业出口持续时间的影响，并基于基准回归结果采用变换回归样本、更换回归方法、变量替换等进行了一系列稳健性检验及内生性检验；第三，从产品类型、企业所在区域、出口目的国市场、出口农产品是否获得地理标志认证四个层面，探讨农产品地区质量声誉对农产品企业出口持续时间的异质性影响；第四，针对第4章农产品地区质量声誉影响农产品企业出口持续时间作用机制进行实证检验。

第8章　结论、政策建议与不足。政策建议部分主要包括完善农产品质量监控体系，加强监管力度与奖惩力度；做大做强企业，提高生产组织化程度；实施品牌战略，优化出口商品结构；强化和完善农产品出口信息服务水平和风险预警机制四个方面。

1.2.2　流程框架图

鉴于本书主要研究内容的阐述，本书研究框架，如图1－1所示。

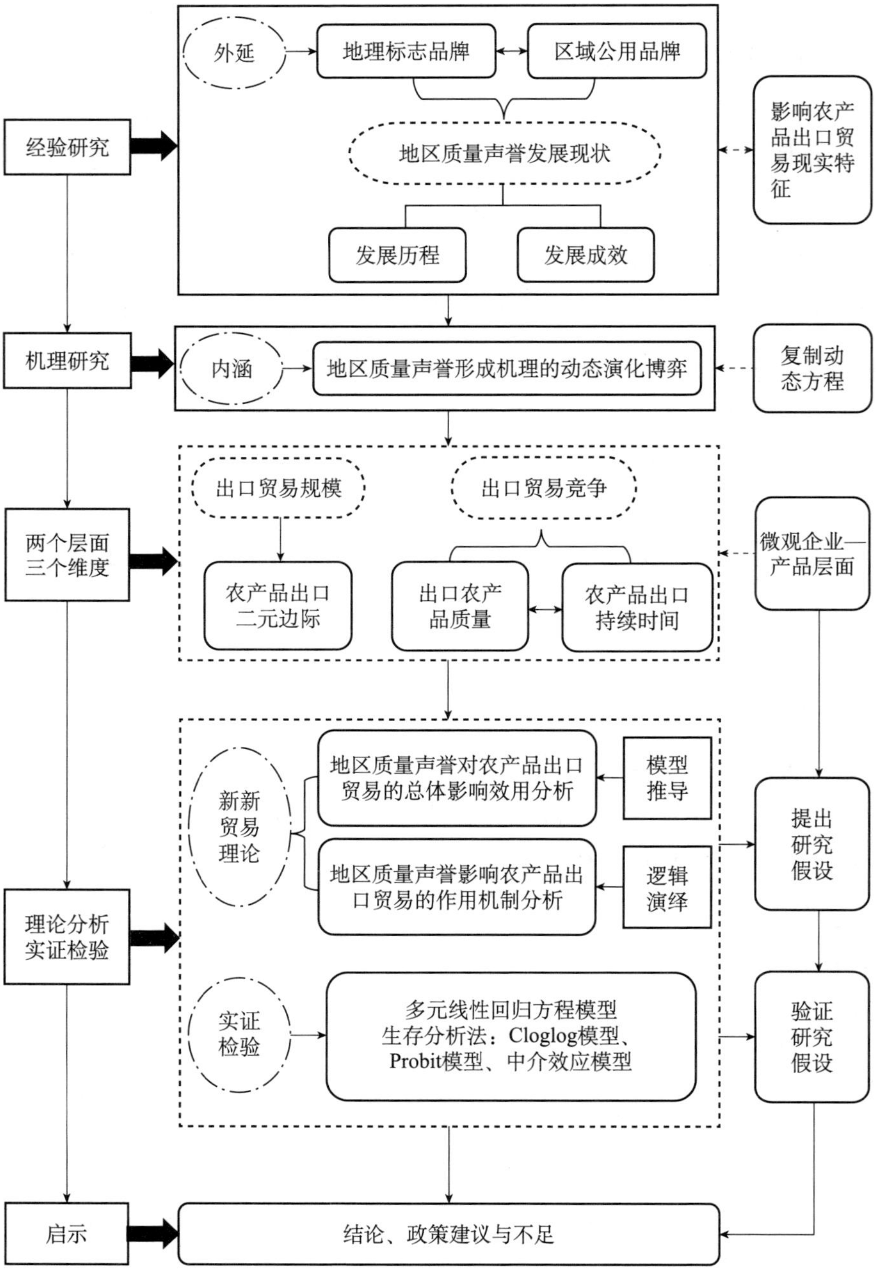

图 1－1　本书研究框架

资料来源：笔者绘制。

1.3 研究方法

基于本书的研究内容，主要采用以下三种研究方法。

1. 文献综述研究法

本书对地区质量声誉和农产品出口贸易相关的中外文文献进行整理、归纳和总结，探讨相关领域研究的历史演进并追踪前沿热点，充分了解当前相关领域的研究共识和研究分歧，探索未来可拓展的研究方向，寻找研究空白和可行的创新点。

2. 动态演化博弈分析法

演化博弈理论是以规模群体为研究对象，对参与人进行的重复博弈活动进行研究。该理论基于有限理性假设，认为参与人需要通过相互之间的模仿、学习等动态过程，逐步寻优达到最有利的策略（盛昭瀚和蒋德鹏，2002）。而本书中的农产品地区质量声誉即是以众多农产品企业为群体，多种影响因素综合发挥作用，通过农产品企业间的相互博弈达到最优状态形成的。因此，本书主要基于动态博弈理论和有限理性假设，构建动态复制方程，综合纳入多种因素考虑，探讨农产品企业如何针对质量标准的遵循问题、采纳问题进行博弈，并最终推动该地区出口农产品形成良好的地区质量声誉。

3. 多种计量方法的综合应用

为检验提出研究结论的可信性，本书综合使用多种计量方法检验相应的理论分析结论。其中，本书使用最多的是普通最小二乘法。考虑到各变量之间的因果关系，计量模型中可能会有潜在的内生性问题，本书综合采用两阶段最小二乘法进行估计，以增强研究结论的稳健性。此外，在探讨农产品地区质量声誉影响农产品企业出口持续时间问题时，本书采用 Cloglog 模型进行基准回归，并进一步综合利用 Logit 模型、Probit 模型和 Cox 模型等进行稳健性检验。

1.4 主要的创新点

本书研究创新之处，主要体现在以下三个方面。

第一，研究视角。本书以产品质量异质性为切入点，基于新新贸易理论，选取农产品企业这一微观层面，将地区质量声誉因素纳入农产品出口贸易影响因素的研究范畴，同时，探讨其对农产品企业出口二元边际、出口农产品质量、出口持续时间三个维度的影响效用，进一步丰富和完善了农产品出口贸易领域的相关理论体系。

第二，理论层面。首先，本书在探讨农产品地区质量声誉的形成机理时，不再仅讨论不同企业之间的单独博弈，而是将行业协会自律监管及政府奖惩等外在因素纳入演化博弈的动态复制方程，并充分考虑农业生产地域性强的特征，将地区资源禀赋条件纳入其中，探讨了影响农产品地区质量声誉形成的新因素，丰富和完善了地区质量声誉形成机制领域的相关理论体系；其次，本书依据新新贸易理论，基于垄断竞争模型、质量内生决定模型等，将农产品地区质量声誉这一新因素纳入其中加以拓展，理论推导其对农产品企业出口贸易的影响效用，进一步丰富和完善了地区质量声誉影响农产品企业出口贸易的一般化机制。

第三，实证层面。首先，不同于既有文献基于产品层面探讨中国农产品出口二元边际和出口持续时间问题，本书采用高度细化的中国海关进出口数据库，将农产品出口数据整合到微观企业层面，从企业层面实证检验地区质量声誉对农产品企业出口二元边际和出口持续时间的影响效用；其次，在研究地区质量声誉对企业出口农产品质量的影响效用时，考虑了地区质量声誉的负外部性，实证检验农产品企业的“搭便车”行为，并通过构建计量模型识别并验证了“搭便车”行为主体及“搭便车”行为的非持久性。

2 基本概念、理论基础与文献综述

随着国际贸易的不断发展，学术界对于农产品出口贸易的研究取得了丰硕成果，为本书奠定了坚实的理论基础。本章主要分为三个模块：一是针对地区质量声誉概念，从内涵和外延两个维度进行基本界定，并对农产品企业出口贸易的衡量维度进行划分，明确本书将要拓展的研究方向；二是梳理杜能农业区位理论、比较优势理论、新新贸易理论、信息不对称与逆向选择理论，阐述四个不同理论在本书中的具体运用，为本书奠定理论基础；最后，针对地区质量声誉、外延维度下的农产品地区质量声誉（农产品地区品牌）、农产品出口贸易三个层面的相关文献进行归纳、梳理和总结。

2.1 基本概念

2.1.1 地区质量声誉

地区质量声誉主要依赖消费者对产品购买经验的心理判断，是消费者在购买某个地区的某一类产品时形成的关于其质量的经验性认知，并进一步对该地区此类产品市场形成的正向直观感知。这种正向直观感知的直接作用结果是：一方面，表现在消费者心理上对该地区此类农产品的整体平均质量存在较高认可度，即提及该农产品，立即联想到此地区生产的农产品质量优；另一方面，表现在消费者购买行为上，即对该地区此类农产品的重复购买或溢价购买。具体到国际贸易领域，地区质量声誉是消费者对某地区内企业出口的某类农产品历史平均质量的理性预期。预期越高，表明地区质量声誉越高。

此外，地区质量声誉作为一种公共物品（Winfree and Mcluskey，2005），是某一地区生产某种产品的企业所组成的共同标志，通常具有生产者众多，生产者采用相似的生产技术、生产设备、生产原料，且生产者的产品共用一个品牌等特征（陈艳莹和杨文璐，2012）。这要求当地政府或企业在发展当地特色农产品时，必须通过专业化的品控过程，向消费者提供高质量标准的品牌产品（陈艳莹和张小凡，2019），充分展示本地区特色农产品良好的地区质量声誉。因此，在地区质量声誉基础上衍生出大量的农产品地区品牌。例如，保护原产地特色的农产品地理标志品牌（贺祥民，2010）、具有较强影响力和协同效应的农产品区域公用品牌（陈亚，2013）等。具体而言，既包括一枝独秀的顶级品牌，如“库尔勒香梨”“五常大米”“章丘大葱”，也包括百花争艳的竞争品牌，如“安吉白茶”“赣南脐橙”“安化黑茶”“辽参”等。农产品地区质量声誉的内涵与外延，如图 2－1 所示。

综上所述，农产品地区质量声誉是一个比较抽象的概念，但其衍生品——农产品地区品牌却相对具体化。因此，为便于了解中国农产品地区质量声誉的建设、发展现状，本书在第 3 章从地区质量声誉的外延出发，以农产品地区品牌为切入点，具体分析中国农产品地区品牌的建设历程、发展现状及其对农产品出口贸易的影响。鉴于在均衡条件下，消费者对购买农产品平均质量的理性预期会与农产品实际平均质量相一致（Cage and Rouzet，2015），因此，本书在第 5 章、第 6 章、第 7 章的实证检验部分主要采用某地区（地级市）内出口某类农产品的平均质量作为该类农产品的地区质量声誉，具体用本地区（地级市）内除了本企业外其他企业出口某类农产品到某个国家的平均质量表示。

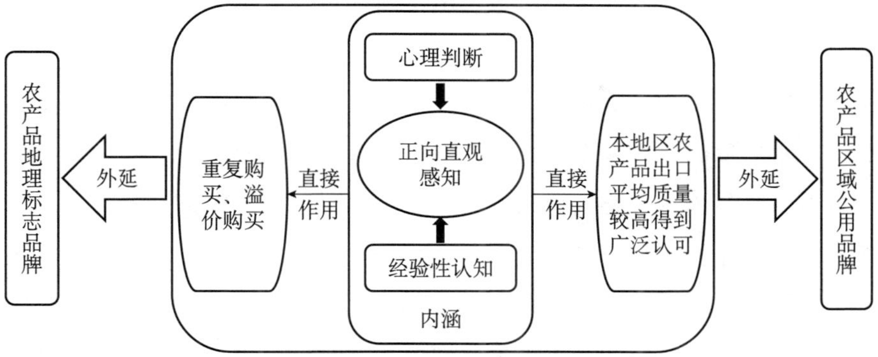

图 2-1 农产品地区质量声誉的内涵与外延

资料来源：笔者根据农产品地区质量声誉的概念整理绘制而得。

2.1.2 农产品出口贸易衡量维度划分

在国际贸易领域，出口贸易一直是学术界关注的热点，学者们早期主要从产品层面的出口贸易规模视角衡量一国的出口贸易状况（Bonaccorsi，1992；Zou and Stan，1998）。随着研究的不断深入，对农产品出口贸易状况的衡量已经涉及多个维度，例如，出口贸易潜力（Armstrong，2007；耿晔强，2015；杨桔和祁春节，2020）、出口贸易效率（李文霞和杨逢珉，2019；王如玉和肖海峰，2021）、出口技术复杂度（孙致陆和李先德，2015；李谷成等，2019）、出口竞争力（刘宁和郑亚玲，2015；庞磊，2015；李停和丁家云，2016；陈三林，2017）、出口附加值（刘宇，2010）、出口农产品质量（董银果和黄俊闻，2016；王纪元和肖海峰，2018；陈容和许和连，2018；董银果和刘雪梅，2019）、出口二元边际（鲍晓华和严晓杰，2014；袁德胜等，2014；黄杰等，2018；朱再清等，2019；樊倩，2021；吕建兴和张少华，2021）、出口三元边际（葛涛和李金叶，2017；丁存振和肖海峰，2019；彭世广和周应恒，2021）、出口持续时间（谭晶荣和童晓乐，2014；李清政等，2016；潘家栋，2018；邵桂兰等，2019；彭世广等，2020）。总体来说，这些维度包含两个层面：第一层面是衡量出口贸易的规模状况，主要包含出口二元边际、出口三元边际、出口附加值等；第二层面是衡量出口贸易的市场竞争力，主要包含出口农产品质量、出口技术复杂度、出口持续时间、出口贸易效率等。基于此，为更全面、更准确地衡量出口贸易，本书将同时采用两个层面的指标来衡量出口贸易状况，在出口产品市场竞争力层面，主要选择出口产品质量和出口持续时间；在出口贸易规模层面，主要选择出口二元边际。

在梅里兹（Melitz，2003）开创性地提出异质性贸易理论后，之前针对企业同质性的研究假定不足得到极大改善，该理论受到众多学者的广泛关注，使从微观企业层面研究国际贸易问题成为主流。许多学者开始将国际贸易领域的研究对象缩小到微观企业层面，并考虑企业异质性问题，以弥补企业同质性的研究假定不足。据此，延伸出企业层面衡量出口贸易的众多维度，例如，企业出口增长，有文献在结构上将其分解为集约边际和扩展边际（Bernard et al.，2003）。其中，集约边际主要是指，现有出口同类农产品的企业出口数量的增加或者是农产品出口数量的增加；扩展边际则是指，企业出口产品种类或者出口目的国市场的新增（Helpman and Rubinstein，2008；Lawless，2010）。此外，还有文献从企业出口产品质量（Amiti and Khandelwal，2013）、企业出口持续时间（Besedes and Prusa，2006）、企业出口技术复杂度（Hausman and Hwang，2007）等维度，衡量企业出口贸易。因此，本书将研究进一步细化到微观企业层面，以此探讨中国农产品出口贸易问题具有更强的现实应用价值。

综上所述，本书将在异质性贸易理论基础上，从微观企业—产品层面研究农产品出口贸易问题，并同时采用出口农产品质量、出口二元边际和出口持续时间来衡量农产品企业出口贸易状况。这既能考虑到农产品企业出口贸易的规模状况，又能考虑到出口市场竞争力状况，能够更准确、更全面地衡量农产品企业的出口贸易。其中，本书用出口农产品质量和出口持续时间表示出口市场竞争力，用出口二元边际表示出口贸易规模。农产品企业出口贸易维度划分，如图 2 - 2 所示。

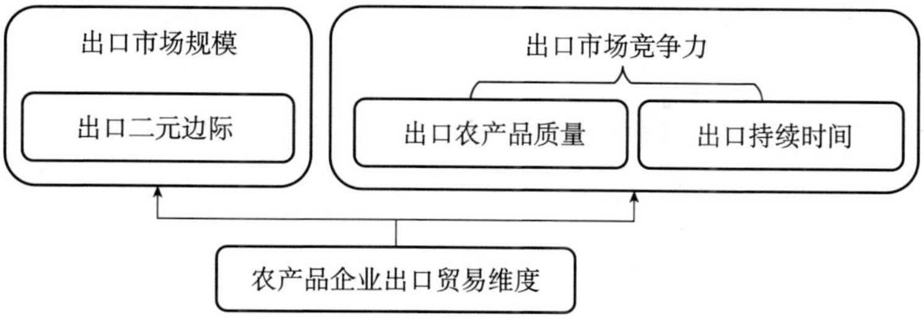

图 2－2　农产品企业出口贸易维度划分

资料来源：笔者根据本书研究对象整理绘制而得。

2.2　理论基础

2.2.1　杜能农业区位论

产业发展效率的提升，是实现农业产业快速发展的重要基础。根据杜能农业区位论，产业发展效率的提升不仅取决于产业的要素质量及比较优势，还取决于产业的空间结构特征（蔡之兵，2017）。根据杜能农业区位论，产业空间结构直接作用于产业发展效率，是在对农业生产率布局综合分析的基础上发展起来的。产业空间结构强调农业的分布要以城市为中心，在技术因素、交通条件、自然资源一致的情况下，农业的特性和交通费用等会影响不同的农业布局，并在此基础上形成包含六个圈层的杜能环。农业生产过程中只有按照这种模式布局，才能实现农业产业发展的最优效率。

杜能农业区位论进一步强调，农业生产布局要充分考虑农产品差异性因素（张明龙等，2014），产品差异性是培育特色农产品，打造农产品良好地区质量声誉的重要基础。在某个特定区域内，优质特色农产品的生产，一方面，可能与当地土壤类型、土壤特性、土壤养分状况等密切相关，或与当地气候、植被、水文、地形、生态等自然条件密切相关；另一方面，可能与该区域数百年来世代相传的栽培技术、管理技术和加工技术相关，或与微量元素在产品的富含程度相关。因此，这要求各经营主体在农业生产中充分发挥区域优势，不断强化农业生产中的综合技术性措施，组织多学科协作攻关，创立特色农产品区域品牌，尽可能发展效益最佳的优质特色农产品，推动良好的地区质量声誉培育。

此外，值得我们注意的是，杜能农业区位论中很重要的一条假定条件是，离城市最远的平原周围是尚未开垦的荒野，这几乎切断了其与外部的所有联系，该假定条件排除了国际贸易对国内商品交易的影响，仅从国内生产视角分析特色农产品的培育，忽略了国际因素的影响。在经济全球化程度不断加深，国际分工与国际合作不断深化的背景下，依托杜能农业区位论，将农业生产和国际贸易相结合，通过培育良好的地区质量声誉促进农产品生产与出口，对于推动农业生产发展、农产品贸易可持续发展具有重要意义。因此，本书以杜能农业区位论作为重要的理论基础，结合下文提到的其他相关理论，为农产品地区质量声誉培育和维护提供理论支撑。

2.2.2 比较优势理论

1. 静态比较优势理论

亚当·斯密（Adam Smith，1776）首次提出绝对优势理论，该理论强调一国应注重对具有绝对优势产品的出口。以此为基础，大卫·李嘉图（David Ricardo，1817）进一步提出了比较优势理论，强调一国应注重出口本国具有相对比较优势的产品。将各国之间可实现完全专业化生产作为比较优势理论中的重要假设条件，但在现实中几乎是不存在的，因此，该假设具有一定限制性。郝克歇尔和俄林（Heckscher and Elen，1933）进一步提出要素禀赋理论，该理论认为即使不同国家同时生产同一类产品，也会因各国生产成本的差异化导致各国生产产品价格的差异化。各国生产成本主要由生产要素价格决定，而各国所拥有的资源禀赋差异直接决定了本国生产要素价格。资源禀赋理论认为，一国在参与国际贸易时要优先选择出口其具有资源禀赋优势的产品。随着研究的不断深入，学者们发现以上述理论为基础的静态比较优势理论，并未充分考虑技术因素及时间因素的影响，忽略了相关因素会随时间和技术变化而导致比较优势动态演进。

2. 动态比较优势理论

动态比较优势理论的发展，经历了从技术作为外生变量到技术作为内生变量的两个发展阶段。

第一，技术作为外生变量时。最初，动态比较优势理论强调，各国劳动生产率是固定不变的，将技术作为外生变量考虑。该理论的弊端在于，过分强调发展中国家对发达国家的技术依赖，对于发展中国家实现经济可持续发展极为不利，这直接推动了技术差距理论的诞生，该理论强调技术差距上的优势并非固定不变，一个国家（地区）只有不断创新才能保持技术优势。基于此，阿罗（Arrow，1962）提出了“干中学”理论，认为一国可以在学习过程中通过不断积累生产经验推动技术进步。在技术学习过程中，通过对外溢技术的转化和吸收，提升产业的劳动生产率，从而提升一国比较优势行业的市场竞争力。

第二，技术作为内生变量时。克鲁格曼（Krugman，1987）将技术进步与动态比较优势同时内生化考虑，强调当两国资源禀赋不存在差异时，一国可以通过生产经验的不断积累获得动态比较优势，并在“干中学”中进一步实现技术进步。卢卡斯（Lucas，1988）、杨（Young，1991）进一步指出，发展中国家在国际贸易中均可根据“干中学”效应实现资本积累、技术积累，以此推动本国比较优势产业发展。类似地，格罗斯曼和赫尔普曼（Grossman and Helpman，1991）也将技术因素作为内生变量纳入国际贸易理论体系进行研究，更好地推动了动态比较优势理论的发展。此后，有学者在研究中进一步纳入资本、中间品、不可贸易部门等因素，发现不同的技术水平会影响一国贸易利得和福利水平，进而影响其在国际贸易领域比较优势的转变（Levchenko and Zhang，

2011）。尤其是随着企业技术不断创新、不断发展，企业生产率会不断提升，有助于增强企业出口比较优势，增加企业出口经营利润从而提升行业整体出口水平（Bombardini et al.，2011）。

综上所述，尽管早期的比较优势理论将技术看作外生变量，但其对于技术在经济发展和经济结构转变中的重要性已被充分认识，进而为动态比较优势理论的提出奠定了良好基础。此后，进一步将技术看作内生变量来阐述动态比较优势理论，为国际贸易发展和经济增长提供了更好的理论支撑，也为本书提供了较好的理论借鉴。

2.2.3 新新贸易理论

随着古典贸易理论和新古典贸易理论局限性的不断凸显，以克鲁格曼为首的经济学家进一步提出了新贸易理论，尝试解释当时的贸易现象。在传统贸易理论基础上，新贸易理论进一步充分考虑了市场规模经济，更加关注产品异质性和不完全市场竞争两个特征事实。然而，在现实中，不同企业在研发投入、研发规模、生产率等方面存在明显差异，导致新贸易理论中企业同质性假设的适用性降低，限制了新贸易理论的进一步发展。尤其是对于参与国际贸易过程中，有的企业会做大做强，而有的企业会逐渐被国际市场淘汰的问题，新贸易理论一直未能给出很好的解释。

新贸易理论研究对国际贸易动因的分析，主要从技术差距、供需等视角展开且停留在宏观层面，不能真实地反映企业的生产现状和贸易现状。与此同时，众多学者已证明企业异质性的存在，这对传统贸易理论和新贸易理论的企业同质性假设造成了巨大冲击。例如，部分学者分别以德国企业、美国企业、法国企业为研究对象，均得出对于非出口企业而言，其生产率要普遍低于出口企业（Andrew et al.，1997；Helpman et al.，2004；Eaton and Kortum，2004）。那么，哪些因素会导致这种结果呢？众多学者从两个方面给出了解释。一方面，是市场选择作用的结果，如克勒瑞德等（Clerides et al.，1998）研究指出，大多数企业的出口成本并不会受到其之前出口活动影响，尤其是在市场选择作用下，高生产率企业更有能力参与出口贸易；另一方面，是企业在出口过程中会不断学习先进的生产技术并加以转化和吸收，从而提升企业生产率。如凯瑞（Kraay，1999）、洛克（Loecker，2010）分别选取了中国、斯洛文尼亚的微观企业层面数据进行研究，发现出口企业在出口过程中会不断吸收国外的先进技术等以提升自身生产率。显而易见，企业同质性假定条件下的新贸易理论对上述问题已无法做出有效解释。那么，如何突破企业同质性的假定，弥补传统贸易理论和新贸易理论的缺陷，成为学术界重点关注的问题，学者们也开始将研究聚焦于企业层面，尝试从微观企业层面对国际贸易现象做出解释，而与此相关的理论也被称为新新贸易理论。

本书的研究主要基于微观企业层面，具体探讨地区质量声誉如何影响农产品企业出口贸易，并进一步分析在不同产品类型、企业所处地区、企业出口目的国市场、出口农产品是否获得地理标志认证等异质性条件下，地区质量声誉对农产品企业出口贸易影响的差异。因此，新新贸易理论可以为本书研究提供较强的理论支撑。

2.2.4　信息不对称与逆向选择理论

古典经济学研究中蕴含了信息完备假设，即市场参与者都拥有完全信息，厂商和消费者在任何时间节点上均可及时掌握商品的全部信息。在现实经济背景下，信息的生产、传播与接受等均需消耗大量成本，且信息在市场上流动时也会遭受其他各种因素干扰，很难保证信息的真实性和有效性。因此，部分学者对信息完备假设提出质疑。然而，奈特（Knight，1921）在完全竞争假设中扩展了完全知识假设，指出正是知识的不完全才导致利润产生，且这种不确定性会促使部分群体不断获取知识以寻求更多机会。哈耶克（Hayek，1945）认为，知识信息是不完全的，每个人都有某种独特的信息优势，且这种信息优势的发挥必须依靠个人的付出和参与。这也导致经济秩序的建立和信息的掌握与运用存在紧密关联。

作为信息经济学最重要的研究方向之一，阿罗（Arrow，1963）基于医疗保险市场首次提出信息不对称概念，但其并未构建相应的定量分析模型。为弥补缺憾，阿尔克夫（Akerlof，1970）开创性地构建了信息不对称理论模型，探讨了美国二手车市场的二手车质量不确定性问题，研究得出，当二手车市场中的卖方掌握更多的二手车质量信息时会发生逆向选择行为，导致“劣币驱逐良币”，最终市场中只剩下低质量二手车。而该研究也被看作信息不对称理论的开端，更是信息经济学的重要理论基石。

从定义上来看，信息不对称主要是指，交易双方掌握的信息不匹配，存在信息优势方和信息劣势方。信息优势方掌握的信息较充分，信息劣势方掌握的信息则相对不足。在现实社会中，有效传递信息、获取信息的动机之间是相互矛盾的，尤其是信息成本的存在导致价格无法完全、真实地反映可利用信息。这也导致在市场中必然存在交易双方信息不对称。格罗斯曼和斯蒂格利兹（Grossman and Stigliz，1980）也证实了市场信息不完全的必然性。现阶段，信息不对称主要有四种表现形式，其中，很重要的一种是信息获取时间不对称，且事前信息不对称导致的结果可被称为逆向选择。基于此，本节将结合地区质量声誉具体阐述逆向选择理论。

学术界通常将“事前信息不对称所导致的市场资源配置失衡状态”定义为逆向选择行为。具体地，生产企业往往掌握更多关于产品质量等方面的信息，而消费者在购买前则掌握相对较少的信息。当出口企业所在地区的产品在国际市场上有较高的地区质量声誉时，消费者往往倾向于支付较高价格，这使得企业在出口过程中获得较高的价格溢价。此时，逆向选择带来的问题是，在出口市场中，部分不良企业会因利益诱惑选择出口低质量产品，而国外消费者在购买到与期望不匹配的产品时，下次便不愿意支付高价购买该产品。当真正出口高质量产品的企业利润受损甚至出现亏损时，一方面，企业会降低出口产品质量，导致整个出口市场的产品质量下降，陷入“低质量陷阱”；另一方面，出口高质量产品的企业直接退出市场，只剩下劣质的“柠檬”企业，使得市场运行效率下降，严重影响资源配置效率。而地区质量声誉作为信号传递的有效工具，在一定程度上能够解决逆向选择问题，防止市场低效率和市场失灵。因此，信息不对称理论和逆向选择理论，为本书提供了很好的理论支撑。

2.3 文献综述

2.3.1 关于地区质量声誉的研究

自科睿普等（Krep et al.，1982）、福德伯格和李维妮（Fudenberg and Levine，1992）等开创标准的声誉理论以来，声誉被看作显性合约的替代品，有助于缓解信息不对称程度，改善逆向选择问题（李军林，2004；安强身等，2020）。然而，遗憾的是，标准的声誉理论更多关注个体声誉问题，而个体声誉机制会随着声誉信息在市场上无法传递而失效，这也催生了集体声誉。自泰勒（Tirole，1996）最早提出集体声誉概念后，针对地区质量声誉理论的研究快速发展。因此，本节对农产品地区质量声誉相关文献进行综述，主要是从其形成机制与维护、测度与贸易效应等层面展开。

1. 地区质量声誉形成机制与维护的研究

地区质量声誉作为集体声誉的一种，杰森等（Jason et al.，2005）、兹利普罗斯和德玛缇努（Zyglidopoulos and DeMartino，2006）指出，地区质量声誉作为一种准公共物品，主要是在企业长期良好专业化表现下积累形成的信誉，并被集体内全部厂商所共有。当然，更多文献是将集体声誉看作个体声誉机制失效时形成的，认为集体声誉是对个体声誉的替代。例如，张琥（2008）、麦克库德（Mcquade，2010）、斯克（Saak，2011）等强调，集体声誉的形成是对个体声誉的替代，其产生的必要条件是个体声誉机制失效。当监管者不能有效监督保证生产者生产高质量产品时，集体组织内部成员只有在各生产边际成本不断下降或者成员素养、知识水平等差异不大的情形下，才能推动形成良好的地区质量声誉。部分文献进一步指出，地区质量声誉和单个企业的质量声誉之间可能互补，地区质量声誉和个体声誉可能会同时存在于同一个体（Gergaud and Livat，2004；Costanigro et al.，2012）。此外，也有诸多文献基于博弈论视角对地区质量声誉的形成机制展开探讨。如科瑞普斯等（Kreps et al.，1982）在“声誉模型”中引入了不完全信息理论，认为在长期共同利益的驱使下，交易双方为获取利益最大化往往不会发生违约行为，推动集体声誉形成。而追求长期利益最大化，是交易主体在长期重复博弈中推动地区质量声誉形成的根本原因（郑秀娟和米运生，2014）。

不可否认的是，地区质量声誉形成之后，需要对其进行维护，否则，良好的地区质量声誉可能会受到“搭便车”等行为的负面影响，最终遭受损害。目前，针对地区质量声誉维护的相关研究，主要体现在以下两个方面。

一是加强行业监管和政府干预。泰勒（Tirole，1996）强调群体的集体声誉仅仅依靠内部实施对个体不良行为的惩罚远远不够，尤其是群体行为具有持续性特征时，外界环境改善并不能有效地督促一个有着较差声誉的集体改进其行为（Levin，2009）。然而，同行监督（Saak，2011）、集团的内部协议与第三方中介监督（吴德胜和李维安，2009）等方式有利于制约参与者，促使企业维持较高的集体声誉并获得较高的经营利润。卡斯垂特和德马斯托（Castriota and Delmastro，2011）通过对意大利酒水行业的集体声誉进行研究，发现质量标准的规制能对集体声誉的维护产生积极影响，且集体声誉和集体成员数量之间存在抛物线形作用关系。

此外，部分文献还强调集体声誉作为群体先前质量均值的体现，会直接影响新加入个体的行为，极易诱发“搭便车”问题，不利于地区质量声誉的形成（Jason et al.，2005；Fudenberg and Levine，2009）。张琥（2008）也指出，集体声誉的激励作用要弱于个体声誉，更需要政府干预。但在地区质量声誉利用成本足够大时，适当的产权安排或者内部规则共享能促使“搭便车”问题得到有效缓解（李金波等，2010）。只有政府积极加强出口产品质量管理，坚决将产品质量低的企业从出口市场清除时，才能为企业营造产品质量升级的良好外部环境，有助于维护良好的地区质量声誉（薛新红和王忠诚，2016）。周小梅和范鸿飞（2017）也强调，地区质量声誉的形成、维护过程中需要政府的有效干预和管制，只有提高管制效率，才能更好地为其提供制度保障。例如，政府可通过积极消除进出口双方之间的信息壁垒，帮助中国企业向国际市场传递正面、高端的质量信息，更好地帮助其培育高质量口碑的企业和产业，提升地区质量声誉（邓路和刘德，2018）。叶迪和刘景卿（2021）强调，政府可以通过制定质量标准等措施制约生产劣质产品的企业，提升消费者对地方产品的信任感，提升地区质量声誉。

二是积极加强产品认证。有效的认证机制，能够高效地建立和维护良好的地区质量声誉（莫家颖等，2016），只有当产品质量信息披露更及时、消费者对产品质量重视程度更高、信息传播速度更快时，群体才能维护良好的地区质量声誉（廉永辉和张琳，2014）。孙林等（2019）指出，中国要积极地和世界各国，尤其是以欧盟为代表的发达国家和地区开展地理标志产品互认，并严格把控地理标志认证中的注册、审批等流程，有效地避免“政出多门”的乱象。政府要进一步加大对地理标志农产品的监管力度，严控管理漏洞，更好地培育和维护中国农产品的地区质量声誉。陈艳莹和平靓（2020）进一步指出，在认证过程中要避免陷入“过度认证陷阱”，加强对地区质量声誉危机负面效应的认识，对推动地区质量声誉培育和可持续发展有重要的指导意义。莫家颖等（2020）指出，将食品类农产品质量认证与可追溯系统建设、媒体曝光等相结合，是提高中国食品类农产品质量、维护良好地区质量声誉的必要途径。

2. 地区质量声誉测度及其贸易效用研究

目前，针对集体声誉的研究更多停留在理论层面，在实证领域的研究文献相对较少。因此，能够对地区质量声誉进行定量测度的文献相对较少，且既有文献针对地区质量声誉的定义有广义和狭义之分，导致对于地区质量声誉指标的测度也有广义和狭义之分。在广义测度层面，部分文献选择采用国家形象指标作为国家声誉的变量，例如，国家影响力指数（Rose，2016）、国家品牌指数（Dimitrova，2017）等。而绝大多数文献都采用狭义测度方法，即利用一国前期整体出口质量水平衡量集体声誉。例如，有文献利用出口到美国的日本汽车的年度平均价格，作为日本汽车的国家声誉（Goksel and Dalton，2011）。叶迪和朱林可（2017）选取中国单个城市企业出口同类产品平均质量的滞后值，作为地区质量声誉的替代变量。邓路和刘德学（2018）采用狭义层面的测度方法，利用“质量—调整”价格法计算了2007年52个国家的国家层面出口质量指数衡量国家声誉，并同时采用多个广义指标衡量国家声誉。孙林等（2019）参照瑞蒙蒂亚（Raimondia，2016）的做法，得到食品地理标志产品对应的HS 6分位编码产品及其衍生品，然后，按照“生产地—产品（HS 6分位编码）—年份”进行分组，并对地理标志个数进行累加，将得到的同一生产地、同一HS 6分位编码下产品历年累计的地理标志个数作为地区质量声誉的测度指标。

在此基础上，学者们研究了地区质量声誉的贸易效应。在企业出口产品质量层面，柴斯克（Chisik，2003）研究得出，国家质量声誉是国家形成比较优势的重要来源之一，国家质量声誉对国家出口产品的平均质量和产品种类都会产生影响，高质量声誉能够引致质量溢价（Grossman，1980；Kreps and Wilson，1982），而一个国家低质量的标签会使其陷入“低质量陷阱”（Cagé and Rouzet，2015），国外消费者对该国出口企业整体质量的负面认知会成为企业进入出口市场的壁垒，甚至会导致“零贸易”（Dasgupta and Mondria，2018）。进一步地，邓路和刘德学

（2018）研究发现，国家声誉对企业出口产品质量提升有促进作用；董银果和高小龙（2020）基于2000～2013年中国海关进出口数据库HS 6分位编码数据，以本地区企业出口同类农产品的上期平均质量作为农产品地区质量声誉的代理变量，同样证实了地区质量声誉对企业出口农产品质量升级的促进作用，并发现该作用主要通过企业间的“竞争和技术溢出效应”实现。在出口比较优势层面，国家声誉显示了一国在某些产品类型上的专业化，在一国声誉优势特定情况下会形成国家声誉比较优势（Chisik，2003），进而形成特定质量生产偏好，高质量声誉国家会生产并出口高附加值的高质量产品（Rasmusen，2017）。且随着国家质量声誉的提升，其在决定产品价格优势中更容易发挥关键性作用（Landon and Smith，1997；Mccluskey and Loureiro，2003），进而导致企业出口利润的不断增加（薛新红和王忠诚，2016）。在其他层面，叶迪和朱林可（2017）率先基于地级市层面对地区质量声誉展开研究，研究发现，产品质量信息不对称程度越严重，地区质量声誉在购买者决策过程中所起的作用也会越大，因此，地区质量声誉对企业出口表现的影响也会越大。孙林等（2019）基于异质性企业贸易模型，实证检验了地区质量声誉对中国企业食品出口的影响，发现地理标志的地区质量声誉对中国企业的食品出口额存在显著提升作用，且这种作用存在显著异质性。叶迪和刘景卿（2021）进一步以微观企业市场存活视角为切入点，讨论地区质量声誉对处于质量阶梯不同位置企业市场存活状况的影响时发现，地区质量声誉对企业市场存活状况存在显著影响，且该影响会因企业出口产品所处的产品质量阶梯位置的差异而存在显著异质性。

2.3.2 外延维度下农产品地区质量声誉相关研究

通过2.3.1小节的文献综述可以发现，目前，关于地区质量声誉的研究更多集中在制造业领域，而针对农产品地区质量声誉展开具体研究的文献相对较少。同时，在2.1.1小节中，界定地区质量声誉概念时已明确强调，农产品地区品牌作为农产品地区质量声誉的衍生品，可以看作良好地区质量声誉的外在表现形式。因此，要想进一步深入了解农产品地区质量声誉的研究现状，有必要以农产品地区品牌为切入点，归纳和整理其属性特征、成长路径及其对农产品出口贸易的影响等方面的相关文献，加深对农产品地区质量声誉的全面认知，也为后面章节关于农产品地区质量声誉形成机理和影响效用的研究提供支撑。基于此，本节将从农产品地区品牌的属性特征、成长路径及其对农产品出口贸易的影响三个方面梳理相关文献。

1. 关于农产品地区品牌的属性特征研究

很多中外文相关文献对农产品地区品牌的属性特征研究主要从三个方面展开：一是地域属性特征。农产品地区品牌的创建，必须以特定的区域地理位置为依托（Margarisová et al.，2016；肖雪锋，2017）。同样，农产品地区品牌作为区域性经济特色或者区域性文化特色的重要标志，能较好地为品牌发展提供原产地身份证明，并明显区分于其他类型的农产品地区品牌（王雪颖等，2017）。例如，农产品地区品牌能够较好地推动当地农产品质量水平和服务营销水平提升，积极通过地区整体质量声誉的培育推动品牌化发展（Chernatony et al.，2009）。二是非排他性特征。农产品地区品牌作为具有显著地区特征的品牌集合，具有较强的公共品属性，这决定了其在使用许可、管理、营销与传播等过程中存在共同的行动和诉求（崔瑜琴，2015）。三是资产属性特征，农产品地区品牌是以当地农业资源为基础的，而农业资源的稀缺性和唯一性赋予了农产品地区品牌较强的资产属性（胡正明和蒋婷，2010）。

2. 农产品地区品牌的成长路径研究

通过对相关文献进行梳理，本书认为，目前，农产品地区品牌的成长路径主要包括政府驱动、资源禀赋驱动、产业集群驱动、多主体联合驱动四个方面。

（1）政府驱动。地区品牌发展离不开政府支持（熊爱华和邢夏子，2017）。农产品地区品牌作为一种特殊的公共品牌，和产品品牌、企业品牌之间存在较大差异（杨肖丽等，2020），仅依靠企业发展能力难以实现资源的优化配置和高效利用，必须要求政府发挥积极的主导作用（Allen，2010）。在政府宏观调控和指导下，行业协会、企业乃至农户等共同参与，有助于推动形成地区品牌化效应（雷亮，2015）。一方面，政府可积极地为农产品地区品牌建设提供优良的政策环境、制度环境，加大对企业的政策、资金及技术等多方面的扶持力度，推动人才、科技等要素资源向该区域广泛集聚，更好地发挥规模经济优势（Porter，2013）。在必要情况下，地方政府可直接对具有较强市场竞争力、影响力的农产品地区品牌给予资金和政策的优先扶持（李大垒和仲伟周，2019）。另一方面，地方政府还可积极举办不同类型的地区品牌宣传活动，深挖品牌内涵，通过高效的营销手段和专业的技术指导推动农产品地区品牌的创建与维护（何燕子，2013；李道和等，2020）。此外，部分文献还指出，地方政府在农产品地区品牌创建中的角色并非一成不变，需要做出适当调整。例如，刘丽和钟静（2021）指出，农产品地区品牌创建经历了导入期和成长期两个阶段，政府角色也要相应由引导者向保障者转变。

（2）资源禀赋驱动。农业生产过程严重依赖自然资源，当地的气候、土壤、水源等资源禀赋优劣直接决定了农产品生产的产量、品质及成本等的高低（张月莉和刘峰，2015）。这也导致农产品地区品牌形成的重要基础乃至核心动力，是当地的农业资源禀赋（俞燕和李艳军，2015）。一方面，当地得天独厚的自然资源禀赋能增加农产品地区品牌的形象光环（王兴元和朱强，2017），提升其知名度和可识别度，更有利于品牌价值的创造和传递，推动良好地区品牌的发展；另一方面，得天独厚的自然资源禀赋为农产品生产提供了一种特殊环境，决定了本地区生产农产品的特殊性，更容易形成本地区农产品生产及出口的比较优势，甚至可以使农产品生产发展成为主导性产业，最终形成良好的地区品牌。随后，部分文献将资源要素和产业集群发展进行关联，发现资金、人才、装备等资源要素从规模化、专业化两个方面促进相关农业产业集群发展，推动农产品地区品牌建设（余云珠，2019）。

（3）产业集群驱动。农产品实现地区品牌化发展的重要基础是产业集群发展（Rosenfeld，1997），甚至可以将产业集群发展看作地区品牌形成的先决条件（Verdonk et al.，2015）。一方面，产业集群因其较强的协同效应和规模效应易形成紧密的本地化网络联系，推动集群内部企业分工协作进一步深化，降低市场交易中的不确定性和风险，提升企业生产效率，增强市场竞争力（Porter and Yoshihisa，1998），形成市场竞争优势，促进农产品地区品牌成长；另一方面，产业集群的形成基础是地理位置相对比较邻近企业的集聚。随着产业集群发展的不断深化，企业之间的联系与合作更加紧密，企业间的溢出效应和学习效应会显著提升产业集群的整体价值，且该价值要远远大于单个企业价值的累积效应，即“1+1>2”，有助于推动农产品地区品牌的形成与发展。例如，费威和杜晓镔（2020）强调，要做大做强区域内的龙头企业，充分发挥龙头企业的先导作用，并借助产业集聚优势推动地区品牌快速发展。

（4）多主体联合驱动。地区品牌的创建并非政府的“独角戏”，还需要行业协会、企业等经济实体的协同作用（韩哲英等，2012）。龙头企业或骨干企业会凭借当地的自然资源优势或人文资源优势创建企业品牌。随着企业品牌不断发展壮大，可带动本区域内中小企业共同发展，并最终形成以其为核心、运作高效的产、供、销一体化网络。随着单个企业品牌的不断发展壮大，部分消费者会主动将其与原产地关联，且在地方政府支持、引导下，其他企业也会开始创建自己的品牌，最终导致品牌群体规模不断扩大（Dooley and Bowie，2005），促使集群效应不断增强。此时，政府会积极推动农产品地区品牌创建工作，行业协会等中介组织也会积极参与地区品牌的创建与管理，努力将地区品牌的外部影响转化为企业内部行为，促进农产品地区品牌的持续健康发展（赵卫宏和孙茹，2018）。

3. 地区品牌发展与农产品出口贸易

前文已较为详细地阐述了地区质量声誉对出口贸易的作用，但农产品地区品牌作为地区质量声誉的衍生品，相关文献更多集中在农产品地理标志品牌维度。因此，本书将具体综述农产品地理标志品牌对农产品出口贸易影响的相关文献，并主要分为出口贸易规模、出口附加值与国际市场竞争力等层面，为下文提供思路借鉴。

（1）地理标志品牌有助于推动农产品出口贸易规模扩张。姆利克和科瑞斯皮（Mulik and Crespi，2004）以印度香米为研究对象，发现地理标志品牌认证能够有效推动其出口贸易的发展。帕沃（Parwar，2009）从市场竞争环境视角出发，认为加强农产品地理标志品牌认证与保护能够为农产品出口贸易创造公平、稳定的市场竞争环境，推动农产品出口贸易可持续发展。此外，农产品地理标志品牌认定不仅有助于推动实现农业生产的规模化、专业化和标准化，增强农产品的市场竞争力，还能够帮助出口企业简化检验检疫手续和通关手续，增强企业应对市场贸易壁垒的能力，积极推动中国出口农产品实现以质取胜，扩大出口规模（邓启明等，2011）。上述研究主要基于理论层面，而在实证层面中文文献也进行了大量研究。例如，陈捷敏（2009）选取了陕西苹果作为研究对象，实证检验发现“陕西苹果”这一地理标志品牌对其出口存在积极正向影响。冯馨（2018）也强调，中国的农产品出口贸易额会随着行业内农产品获取地理标志认证数量的增加而增加。

（2）地理标志品牌有助于提高农产品出口附加值和国际市场竞争力。地理标志品牌的发展在推动农产品出口贸易规模扩大的同时，还能提升农产品的出口附加值和国际市场竞争力。例如，陈捷敏（2009）以陕西苹果为研究对象，测算其显示性比较优势（revealed comparative advantage，RCA）指数，发现陕西苹果的国际市场竞争力在获得地理标志认证后得到了明显提升。有文献利用1995～2009年法国、意大利和西班牙的葡萄酒出口数据，基于引力模型，研究得出地理标志品牌能够显著提升葡萄酒附加值，并进一步推动葡萄酒出口贸易发展（Agostino and Trivieri，2014）。除了提升附加值以外，地理标志认证还能帮助出口农产品加强突破国际贸易壁垒的能力，扩大农产品出口规模（刘绍从等，

2017）。

2.3.3 农产品出口二元边际及影响因素研究

既有文献认为，中国农产品出口增长规模，主要体现在出口集约边际层面或者出口扩展边际层面。在出口集约边际层面，耿献辉等（2014）基于1995～2010年中国农产品出口HS 6分位编码数据研究发现，2002年以后，出口集约边际扩张对中国农产品出口增长的贡献率始终维持在较高水平。袁德胜等（2014）基于1995～2010年CEPII—BACI数据库的农产品贸易数据，指出中国农产品出口增长主要是由出口集约边际增长拉动的，其贡献率约85%。郭俊芳和武拉平（2015）、张晓恒和周应恒（2015）则分别基于世界综合贸易解决方案数据库（the world integrated trade solution，WITS）和联合国贸易和发展会议数据库（united nations conference on trade and developmen，UNCTAD），同样得出中国农产品出口增长主要沿着出口集约边际增长的结论。在出口扩展边际层面，刘义和阳素文（2014）研究中国蔬菜出口增长时发现，出口扩展边际扩张是推动中国蔬菜出口增长的主要路径。张宇青等（2014）、黄杰等（2018）针对中国出口到发达国家的农产品出口增长展开研究，同样发现中国农产品出口增长主要依靠扩展边际扩张实现。

结合上述两个层面的研究，学者们提出以农产品出口二元边际衡量农产品出口增长规模状态，而目前学术界针对农产品出口二元边际影响因素的研究主要集中在以下三个层面。

（1）国家政策层面因素。一是贸易协定签署。部分学者认为，中国政府和世界各国签订的贸易协定，能显著影响农产品出口二元边际。其中，在协定签署方面，主要包括特惠贸易协定（preferential trade agreement，PTA）、自由贸易协定（free trade agreement，FTA）、区域全面经济伙伴关系协定（regional comprehensive economic partnership，RCEP）等。例如，欧盟特惠贸易协定（preferential trade agreement，PTA）显著促进了发展中国家农产品出口二元边际，但在不同细分部门存在很强的异质性（Cipollin and Salvatici，2010；Scoppola et al.，2013）。袁德胜等（2014）、彭世广和周应恒（2021）指出，签订 FTA 可显著促进农产品出口集约边际、扩展边际扩张。然而，吕建兴和张少华（2021）却持有相反意见，认为 FTA 对农产品出口集约边际作用不明显，同时，显著抑制了农产品出口扩展边际。樊倩（2021）发现，中国签订 RCEP 能够对集约边际的扩张有显著提升作用。

二是关税措施实施与非关税措施实施。布鲁和杰（Bureau and Jean，2013）、黄杰等（2018）、丁存振和肖海峰等（2019）探讨了关税对农产品出口二元边际的影响。此外，朱再清等（2019）从非关税措施出发，探讨了其对农产品出口二元边际的影响。

三是其他因素，例如，从人民币国际化（江凯和陈伟光，2019）、外交关系建立（曹亮等，2016）、贸易自由化（Saxena et al.，2010）等多个国家政策层面，分析了影响农产品出口二元边际的因素。

（2）经济发展水平和贸易成本因素。一方面，部分文献从国内生产总值（gross domestic product，GDP）视角研究，例如，哈尔莫斯和克力努（Hummels and Klenow，2005）、皮特和利亚皮斯（Peter and Liapis，2008）、刘义和阳素文（2014）、陈林等（2018）、丁存振和肖海峰（2019）等发现，GDP 可显著促进出口国集约边际、扩展边际的扩张。也有文献持相反观点，如樊倩（2021）指出，贸易伙伴国的人均 GDP 年均增长率会对扩展边际的扩张有显著的抑制作用。另一方面，部分文献从贸易成本视角进行研究，例如，耿献辉等（2014）针对贸易伙伴生产效率、可变贸易成本等因素展开研究发现，中国农产品出口扩展边际扩张和贸易伙伴国生产效率之间存在显著的负相关关系，但贸易伙伴国生产效率的提升却有助于固定贸易成本较低的国家农产品出口扩展边际的扩张。此外，可变贸易成本是影响中国农产品出口集约边际扩张的重要因素，郭俊芳和武拉平（2015）指出，可变贸易成本和固定贸易成本下降，均对中国农产品出口二元边际的扩张有显著促进作用。同样地，陈林等（2018）指出，固定贸易成本下降会显著提升农产品出口扩展边际；彭世广和周应恒（2021）指出，可变贸易成本下降会提升出口二元边际。当然，也有部分文献对此持怀疑态度。例如，刘义和阳素文（2014）指出，固定贸易成本对集约边际增长不产生影响，但对扩展边际的负面影响显著，而李辉等（2016）指出，固定贸易成本只对出口集约边际有负向影响，而对出口扩展边际无影响。

（3）农业发展因素。张宇青等（2014）指出，进口国的农业经济规模和农业生产率显著促进了中国农产品出口扩展边际的扩张，但农业生产率则显著抑制了中国农产品出口集约边际。杨逢珉等（2015）将中国农产品出口二元边际问题细化到欧盟地区，得出了出口目的国市场农业生产率、农业劳动力占比与二元边际正相关的结论。郭俊芳和武拉平（2015）利用哈尔莫斯和克力努（Hummels and Klenow，2005）提出的二元边际分解法，研究发现进口国的农业经济规模和农业生产率能够显著促进中国农产品出口集约边际扩张，但对出口扩展边际的扩张作用则不明显。然而，部分文献对此却持有不同观点，认为农业经济规模能够显著地推动中国农产品出口扩展边际扩张（樊倩，2021），但农业生产率对出口扩展边际的扩张存在显著抑制作用（李辉等，2016）。

2.3.4 出口农产品质量测度及影响因素研究

1. 出口农产品质量测度研究

近年来，随着微观数据的可获得性不断提升，针对中国农产品出口产品质量的测度研究已比较成熟。比如，蔡振军（2014）基于 SITC Rev. 3－0 类五位码出口数据行业层面的农产品出口数据，采用非纯净价格指数法，通过对 1995～2010 年中国出口农产品总体质量测度后发现，中国出口农产品总体质量处于较低水平。李丽玲和王曦（2015）在研究中国对日本农产品出口贸易问题时，将农产品单位价值作为衡量农产品出口质量的指标。董银果和黄俊闻（2016）采用嵌套 Logit 模型，选取 2005～2012 年中国出口日本的 HS 9 分位编码下的农产品贸易细分数据，研究发现中国出口到日本的农产品质量呈现出正“N”形变动趋势，即呈现出先上升、后下降、再上升的波动。王纪元和肖海峰（2018）采用嵌套 Logit 模型，选取 2005～2014 年中国出口到美国的 1771 种 HS 10 分位编码下的农产品贸易细分数据，研究发现中国出口到美国的农产品质量呈现出先降低、后升高的变动趋势，且中国出口的畜产品质量更高，而出口的水果质量则较低。此外，陈容和许和连（2017）采用产品层面的回归反推法，选取 2000～2013 年中国出口的 HS 6 分位编码下的农产品贸易细分数据测算中国农产品出口质量，研究发现中国的农产品出口质量在整个时间段内呈现递增趋势，但在 2007～2012 年则呈现“U”形变化。董银果和刘雪梅（2019）采用需求结构模型和多重工具变量，基于中国出口到美国的 HS 10 分位编码下的农产品贸易细分数据，研究发现中国出口美国的农产品质量整体上呈现出波动上升趋势，并将在 2018～2025 年趋于平稳。

2. 出口农产品质量的影响因素研究

随着微观数据可获取性的不断提升，学者们使用不同的测度方法测算出口农产品质量，并在此基础上对其影响因素展开了广泛探讨。通过相关文献梳理，本书认为关于出口农产品质量影响因素的研究，主要包括以下两个方面。

第一，关于卫生与植物检疫措施（sanitary and phytosanitary measures，SPS）、食品标准以及技术性贸易壁垒等对出口农产品质量升级的影响研究。李丽玲和王曦（2015）利用 2000～2013 年中国出口日本的 31 种农产品的面板数据，实证检验了中国出口日本的农产品质量和 SPS 措施严格程度存在显著的正相关性。董银果和黄俊闻（2018）采用嵌套 Logit 模型测度出口农产品质量，研究发现进口国实施的 SPS 措施作为一种质量门槛，对出口农产品质量升级有显著的提升作用，且对发展中国家企业而言，受“熊彼特租金”的激励，质量升级提升作用更大。关于出口多样化农产品企业的研究发现，进口国 SPS 措施对出口多样化农产品企业出口质量升级的提升作用更强（董银果和刘雪梅，2019）。刘雪梅和董银果（2021）在探讨异质性技术性贸易措施下中国农产品出口质量升级困境的形成机理时进一步指出，在进口国强制性卫生与植物检疫（SPS）措施影响下，中国出口农产品数量规模和质量升级存在不一致，导致企业在实施“保增长”出口策略时，更容易陷入质量升级困境锁定。奥尔珀等（Olper et al.，2014）研究指出，欧盟食品标准显著提高了出口到欧盟的农产品质量，但在ISO食品和非ISO食品、加工食品和初级食品之间有显著差异。冉冰鑫（2017）研究指出，技术性贸易壁垒通过“倒逼效应”推动技术进步，提升出口农产品质量。高磊（2017）选取61个国家的农药最大残留水平作为食品安全标准严格程度的衡量指标，认为进口国食品安全管控越严格，中国出口食品的质量水平越高，越有助于推动中国农产品出口贸易发展以质取胜。

第二，制度因素是影响出口农产品质量升级的重要因素。陈容和许和连（2018）采用产品层面回归反推法测算2000～2013年中国出口农产品质量，研究发现日本肯定列表制度的实施推动了中国向日本出口农产品的质量升级。刘舜佳和张雅（2019）利用HS 6分位编码下的农产品贸易数据，采用双重差分模型讨论了日本肯定列表制度对中国出口农产品质量的作用，研究发现肯定列表制度显著提升了农产品的平均出口质量，且对中等收入国家的作用更加明显。

2.3.5 农产品出口持续时间的相关研究

1. 农产品出口持续时间测度研究

比斯迪斯和普鲁萨（Besedes and Prusa，2006）将生存分析法引入国际贸易领域，激励更多学者开展贸易出口实证问题研究。自此，中文文献针对中国农产品出口持续时间问题展开了大量研究，在其测度上，有的文献针对特定的出口目的市场进行测度。例如，何树全和张秀霞（2011）选取了中国对美国出口的1989～2008年HS 10分位编码下的农产品数据进行研究，发现中国对美国出口农产品的持续时间相对较短，平均值不超过 4 年；潘家栋（2018）基于 2000 ~ 2015 年中国对美国出口的 HS 6 分位编码下的农产品数据，研究发现中国对美国出口农产品持续时间均值为 6.5 年，中位数为 5 年；再如，李清政等（2016）基于 CEPII—BACI 数据库，利用 1998 ~ 2010 年中国出口东盟的 HS 6 分位编码下的农产品数据，发现中国出口农产品到东盟的持续时间相对较短，平均值仅为 3 年，在此期间中国出口到东盟的出口持续时间超过 1 年的农产品比例为 55.7%，出口持续时间超过 3 年的农产品比例仅为 32.2%。

还有文献测度特定的农产品种类。邵桂兰等（2019）利用全球信息与贸易系统（WITS）数据库，选取 1996 ~ 2017 年 HS 6 分位编码下的水产品为研究对象，研究发现中国水产品出口持续时间会存在明显的"门槛效应"，门槛值为 4 年，贸易关系时间一旦超过 4 年，贸易中断风险就会明显降低。而彭世广等（2020）则采用 2002 ~ 2018 年中国出口的 HS 6 分位编码下的数据，分析了整体出口持续时间及不同种类下的出口持续时间，发现样本期内中国生鲜水果出口持续时间的中位数为 2 年，其中，在 3 年内消失的农产品种类占比高达 60.3%，且随着出口持续时间延长，生鲜水果出口风险率也在不断提升。

2. 农产品出口持续时间影响因素研究

针对影响农产品出口持续时间的因素分析，本书主要从产品因素和外部因素两个方面展开讨论。

第一，产品因素。比斯迪斯和普鲁萨（Besedes and Prusa，2006）从产品异质性角度探讨发现，产品同质性越强，其出口持续时间越短，要比差异化产品在出口市场中的退出风险率高 23%。谭晶荣和童晓乐（2014）则从企业的初始贸易额角度研究发现，产品的初始贸易额越大，越有利于延长其出口持续时间。陈勇兵等（2012）、冯伟等（2013）研究发现，产品的单位价值越小，往往意味着产品的附加值越低，出口风险越高越不利于农产品出口持续时间的延长。但李清政等（2016）在分析中国对东盟农产品贸易关系持续时间的影响因素时发现，产品的单位价值对农产品出口持续时间的影响并不显著，而产品市场份额、产品多元化程度等产品特征变量及国家风险、汇率变动、经济自由度等国家特征变量则对农产品出口持续时间存在显著影响。同样地，季志鹏和张文学（2018）针对中国出口日本的农产品出口持续时间影响因素进行研究，发现农产品的初始贸易额越大，其对中国出口到上述国家的农产品出口持续时间的促进作用越显著。

第二，外部因素。潘家栋（2018）研究指出，人民币贬值有利于中国出口美国的农产品出口持续时间延长。季志鹏和张文学（2018）指出，人民币贬值有利于中国出口日本的农产品出口持续时间延长。此外，日本的关税贸易壁垒及非关税贸易壁垒的提升，会对农产品出口贸易持续时间存在显著的负向影响，日本的港口建设及人均 GDP 等因素的提升，有助于中国对日本农产品出口持续时间延长。李星晨和刘宏曼（2019）研究指出，中国向 FTA 成员国出口农产品的风险率更低，主要原因在于贸易成本更低。但在不确定性因素下，低生产率出口企业的过度增加还可能导致“试错效应”，增加了中国向 FTA 成员国出口农产品的风险率。彭世广等（2020）基于 2002 ~ 2018 年中国 HS 6 分位编码下的生鲜水果出口贸易数据，具体探讨了卫生与植物检疫（sanitary and phytosanitary measures，SPS）措施对中国生鲜水果出口持续时间的影响，发现 SPS 措施实施程度越高，中国生鲜水果出口失败的风险率越高。

2.3.6 研究评述

目前，关于地区质量声誉与农产品出口贸易的研究已取得了较多成果，但仍有以下五个重要方面需要进一步拓展和完善。

第一，在地区质量声誉层面。关于地区质量声誉的研究相对较多，无论是在概念研究，还是在形成机制研究或维护路径研究中均取得了较丰富的研究成果。但相应研究更多地停留在理论层面，在实证领域的研究文献相对较少。因此，能够对地区质量声誉进行定量测度的文献相对较少，且既有文献对地区质量声誉的定义有广义和狭义之分，导致对于地区质量声誉指标的测度也有广义和狭义之分。在广义测度层面，部分文献采用国家形象指标作为国家声誉的变量，例如，国家影响力指数（Rose，2016）、国家品牌指数（Dimitrova，2017）等。而绝大多数研究采用狭义的测度方法，即利用一国整体出口质量水平衡量国家质量声誉。基于此，本书选择利用地区质量声誉的狭义测度方法测算农产品的地区质量声誉。此外，地区质量声誉的贸易效应既有相关研究证明，地区质量声誉会影响企业出口产品质量、出口比较优势、企业出口表现、企业食品出口额等，但是，学者们仅从单一维度考察地区质量声誉对企业出口贸易的影响，而尚未有文献同时研究地区质量声誉对农产品企业出口二元边际、企业出口农产品质量和农产品企业出口持续时间的影响。因此，本书同时研究地区质量声誉对农产品企业出口贸易的三个维度（即农产品企业出口二元边际、企业出口农产品质量和企业出口持续时间）的影响，更全面地考察地区质量声誉的贸易效应。

第二，从农产品地区质量声誉外延维度出发，农产品地区质量声誉的公共属性决定了其形成应该是多方面因素综合作用的结果，既受限于特定区域的资源禀赋水平，又受行业协会的监督和政府的主导作用。因此，本书在探讨农产品地区质量声誉的形成机理时，将综合考虑行业协会和政府监管、当地资源禀赋水平、行业内企业集群规模等多种因素，弥补现有地区质量声誉形成机制的探讨仅考虑制造业产品属性的不足，最终对农产品地区质量声誉的形成进行理论探讨。

第三，在农产品出口二元边际层面。学者们认为，中国农产品出口增长主要体现在出口集约边际层面或出口扩展边际层面。因此，本书结合两个层面的研究，以农产品出口二元边际衡量农产品企业出口增长规模状态。此外，针对农产品出口二元边际影响因素的既有研究，主要集中在国家政策因素、经济发展水平因素、贸易成本因素和农业发展因素等，但是，鲜有文献将地区质量声誉与农产品企业出口二元边际结合起来研究。本书以农产品企业出口二元边际作为衡量农产品企业出口贸易的维度之一，从农产品企业出口二元边际视角研究地区质量声誉的贸易效应，最终对农产品企业出口二元边际的新因素进行理论探索。

第四，在出口农产品质量层面。针对中国农产品出口质量测度的研究，相对比较丰富。早期学者更多采用非纯净价格指数法衡量出口农产品质量，但因农产品单位价格不仅受到质量的影响，生产成本、消费者偏好、出口市场需求等诸多因素均会对农产品单位价格有较大影响，非纯净价格指数法存在很大偏误。为弥补上述不足，学者们提出了反事实推导法测算出口农产品质量，这一方法被广大学者认可并使用。基于此，本书将主要采用反事实推导法，测算中国农产品企业的出口农产品质量。在出口农产品质量影响因素研究方面，既有研究主要讨论了 SPS 措施、食品标准、技术性贸易壁垒、日本肯定列表制度、贸易成本、地理距离、劳动者素质等对出口农产品质量升级的研究，但鲜有文献具体探讨地区质量声誉对出口农产品质量的影响。本书选择以出口农产品质量作为衡量农产品企业出口贸易的维度之一，基于企业出口农产品质量视角研究地区质量声誉的贸易效应，最终对影响出口农产品质量的新因素进行理论探索。

第五，在农产品出口持续时间层面。在出口持续时间的测度上，主要有两种测度方式，一种是针对特定的目的市场进行测度；另一种是针对特定的农产品种类进行测度。本书采用企业—产品—目的国—年度四维层面的中国海关进出口数据库，囿于数据结构，本书选择基于目的市场测度企业—农产品层面出口持续时间。在针对影响农产品出口贸易持续时间的因素分析中，既有研究主要从产品因素和外部因素两个方面展开讨论。但鲜有学者将地区质量声誉与农产品企业出口持续时间相结合进行研究，以考察地区质量声誉对农产品企业出口持续时间的影响。本书选择农产品企业出口持续时间作为衡量农产品企业出口贸易的维度之一，基于企业出口持续时间视角研究地区质量声誉的贸易效应，最终对出口持续时间的新因素进行理论探索。

3 地区质量声誉培育与农产品出口贸易

在 2.1.1 小节中，本书已针对农产品地区质量声誉的基本概念，从内涵和外延两个维度做了明确界定，强调农产品地区质量声誉的内涵是一个相对抽象化的概念，但其衍生品——农产品地区品牌却相对具体化。尤其是农产品地理标志品牌与农产品区域公用品牌等地区品牌，不仅日益成为实现“质量兴农、品牌兴农”的关键支撑，更成为满足消费结构不断升级、适应把握引领经济新常态、提高农业经济发展质量和效益、维护良好地区质量声誉的重要抓手。基于上述现实背景，充分认识农产品地区品牌的创建历程与发展现状，是了解中国农产品高质量发展现状的重要途径，更是具体深入认识中国农产品地区质量声誉培育现状的必然选择。基于此，本章主要以地理标志品牌和区域公用品牌等农产品地区品牌为依托，针对其建设历程和发展现状展开描述，并进一步分析其与农产品出口贸易的现实联系，便于从现实层面更加具体而深刻地认知农产品地区质量声誉培育对中国农产品出口贸易的积极影响，为进一步实现地区质量声誉内涵的深化与外延的扩张提供现实依据，也为积极培育良好的农产品地区质量声誉奠定现实基础。

3.1 培育历程

随着世界各国特色优质农副产品不断升级，诞生了大量具有良好质量声誉的国家品牌。例如，当各国居民提及葡萄酒、咖啡豆、三文鱼、郁金香、奇异果和牛奶等农产品时，最先想到的是法国的葡萄酒、哥伦比亚的咖啡豆、挪威的三文鱼、荷兰的郁金香、新西兰的奇异果和牛奶等，上述品牌农产品成为一个国家（地区）的良好名片。而中国出口农产品也塑造了部分成功案例，例如，中国茅台酒等成为驰名中外的优质品牌农产品，为相关出口企业和出口地区带来了丰厚的出口利润。截至 2017 年，老干妈辣椒制品的日生产能力已超过 300 万瓶，拥有 24 个系列产品，畅销全球各地，产品出口已超过 80 个国家和地区。[①] 同样地，在世界 500 强企业中，著名的四大粮商路易·达孚（louis dreyfus）、嘉吉（cargill）、邦吉（bunge）与阿彻丹尼尔斯米德兰（archer daniels midland，ADM）控制了全球近 80% 的粮食交易量。[②] 中国的中粮集团也成功跻身世界 500 强，成为中国农产品国际品牌的优秀代表，凸显良好的国家质量声誉。

值得注意的是，尽管农业农村部办公厅等七部门在 2020 年 7 月联合印发了《中国特色农产品优势区管理办法》，强调必须要注重打造“中国第一，世界有名”的特色农产品优势区，国家质量声誉的培育和维护已受到中国政府高度重视，但从整体来看，和世界发达国家相比，中国出口农产品在打造国家层面质量声誉方面还有一定的差距。目前，中国政府在打造农产品地区质量声誉时，主要从地级市层面或县域层面展开，在此基础上，不断完善和强化农产品地区标志品牌、区域公用品牌建设。因此，本章介绍质量声誉时，主要从地级市层面或者县域层面展开讨论。

现阶段，部分文献指出，地理标志品牌能够保护如市场细分、声誉和质量标准之类的无形资产，是一国农产品质量政策的体现，也是一国参与国际竞争的重要筹码（王琼，2015）。依托地理标志，可逐渐发展壮大形成具有区域产地特征、地域文化与声誉价值的农产品区域公用品

① 今日头条. https：//www. toutiao. com/article/6672208441676661252/。

② 搜狐网. https：//www. sohu. com/a/575019471_162522/。

牌（费威和杜晓镔，2020）。不难发现，农产品区域公用品牌的创建，离不开地理标志品牌的发展。基于外延维度，本章在对地区质量声誉培育历程进行分析时，将先介绍地理标志品牌的建设历程，后介绍区域公用品牌的建设历程。

3.1.1 地理标志品牌

1986 年 11 月 6 日，国家工商行政管理局商标局发布的《县级以上行政区划名称作商标等问题的复函》，是中国最早提及原产地域名保护的规程，标志着中国农产品地理标志品牌建设进入起步阶段。①

1. 起步阶段

第一，以工商部门为例，1993 年，国家工商行政管理局发布了《商标法实施细则》，并在第六条针对集体商标保护和证明商标保护进行了明确说明，指出其获得商标局核准后方可纳入注册商标的范围，为中国日后通过证明商标和集体商标保护地理标志奠定了基础。②1994 年 12 月 30 日，国家工商行政管理局颁布了《集体商标、证明商标注册和管理办法》，通过证明商标的形式保护与地理标志相关的原产地名称。③1995 年 7 月 13 日，国家工商行政管理总局又颁布了《集体商标与证明商标注册指南》，最终正式建立了国家商标制度对地理标志的保护。④这意味着，国家工商部门地理标志保护工作的重心，已由单纯禁止虚假产地标志转移到主动授权的保护工作。

第二，以质检部门为例，国家质量技术监督局于 1999 年 8 月颁布了《原产地域产品保护规定》，12 月颁布了《原产地域产品的通用要求》，明确规定了原产地域农产品的定义及相关权力的登记和使用等一系列问题，提出要直接对由地理因素决定其质量、特色或声誉的产品给予一定程度的

①②③ 李涛，王思明，高芳．中国地理标志品牌发展报告（2018）［M］．北京：社会科学文献出版社，2018.

④ 新浪财经．https：//finance. sina. com. cn/nongye/nygd/20111209/115810965643. shtml。

保护。[1] 此外，国家质量技术监督局进一步设立了负责原产地域产品保护的审核和注册登记工作的专门部门，并成立了对原产地域产品保护申请进行技术审查的专家审查委员会。这标志着原产地产品保护制度法规体系的初步建成。

综上所述，在农产品地理标志品牌建设起步阶段，主要由工商部门和质检部门共同管理的“二元”管理模式。“二元”管理模式下的中国农产品地理标志品牌建设历程，如图 3－1 所示。

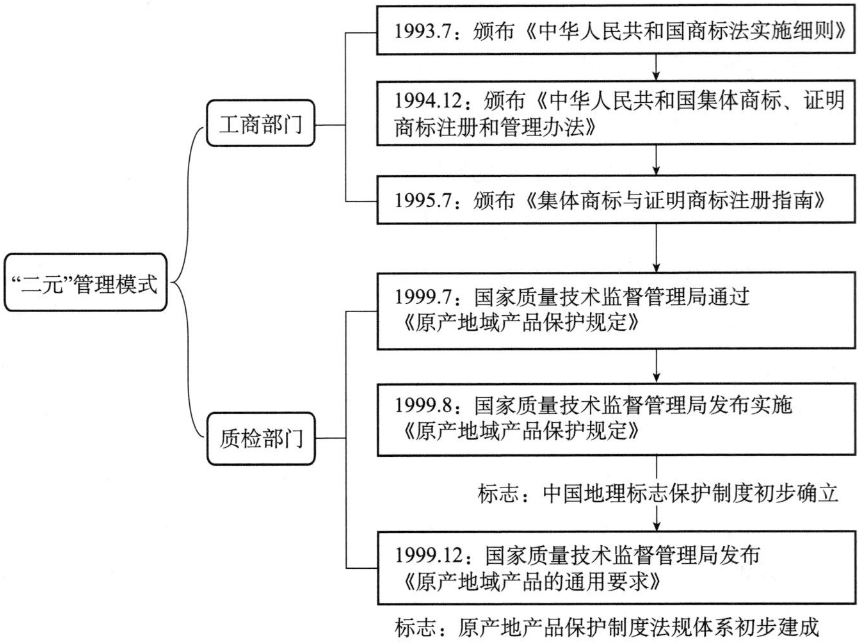

图 3－1　“二元”管理模式下的中国农产品地理标志品牌建设历程

资料来源：笔者根据相关资料整理绘制而得。

2. 成熟阶段

2001 年 1 月，国家质量技术监督管理局批准了对绍兴酒进行地理标志保护，绍兴酒成为中国第一个以原产地命名进行保护的农产品。这标

---

① 新浪财经. https：//finance. sina. com. cn/nongye/nygd/20111209/115810965643. shtml。

志着，中国农产品地理标志品牌建设开始走向成熟。

（1）以工商部门为例，第一次针对地理标志做出明确定义是在2001年12月修订的《中华人民共和国商标法》中，并于2003年4月进一步修订了《中华人民共和国集体商标、证明商标注册和管理办法》，明确规定了通过集体商标制度或证明商标制度进行地理标志保护所需流程及所需提交的材料，增强了通过商标法体系保护地理标志制度的可操作性。

（2）2001年3月，《中华人民共和国原产地标志管理规定》颁布并实施。在2004年10月，国家质检总局成立科技司，设立地理标志管理处，为《中华人民共和国地理标志产品保护规定》的制定和实施做了铺垫。2005年，国家质检总局颁布了《中华人民共和国地理标志产品保护规定》，督促质检部门更好地从事地理标志管理工作。随后，进一步施行《中华人民共和国地理标志保护工作细则》，针对如何规范地理标志保护法规体系提出了具体要求。

（3）2002年2月修订的《中华人民共和国农业法》首次使用了农产品地理标志概念，并对其作出相关规定，这意味着中国农业部门正式拥有了管理地理标志的权力。2007年，农业部通过了《中华人民共和国农产品地理标志管理办法》，对如何进一步规范农产品地理标志的使用问题作出规定。2008年2月，《中华人民共和国农产品地理标志管理办法》正式实施，并于8月发布了第一批受保护农产品名单，意味着中国的农产品地理标志认证、保护及管理工作迈入新阶段。

综上所述，经过近10年的不断努力，中国农产品地理标志品牌建设工作取得了巨大成效，已形成了相对成熟且完备的农产品地理标志认定体系，有效地推动了农产品地理标志认定工作与保护工作。同时，这意味着工商部门、农业部门、质检部门三者协作的“三元”管理模式初步形成。“三元”管理模式下的农产品地理标志品牌建设历程，如图3－2所示。

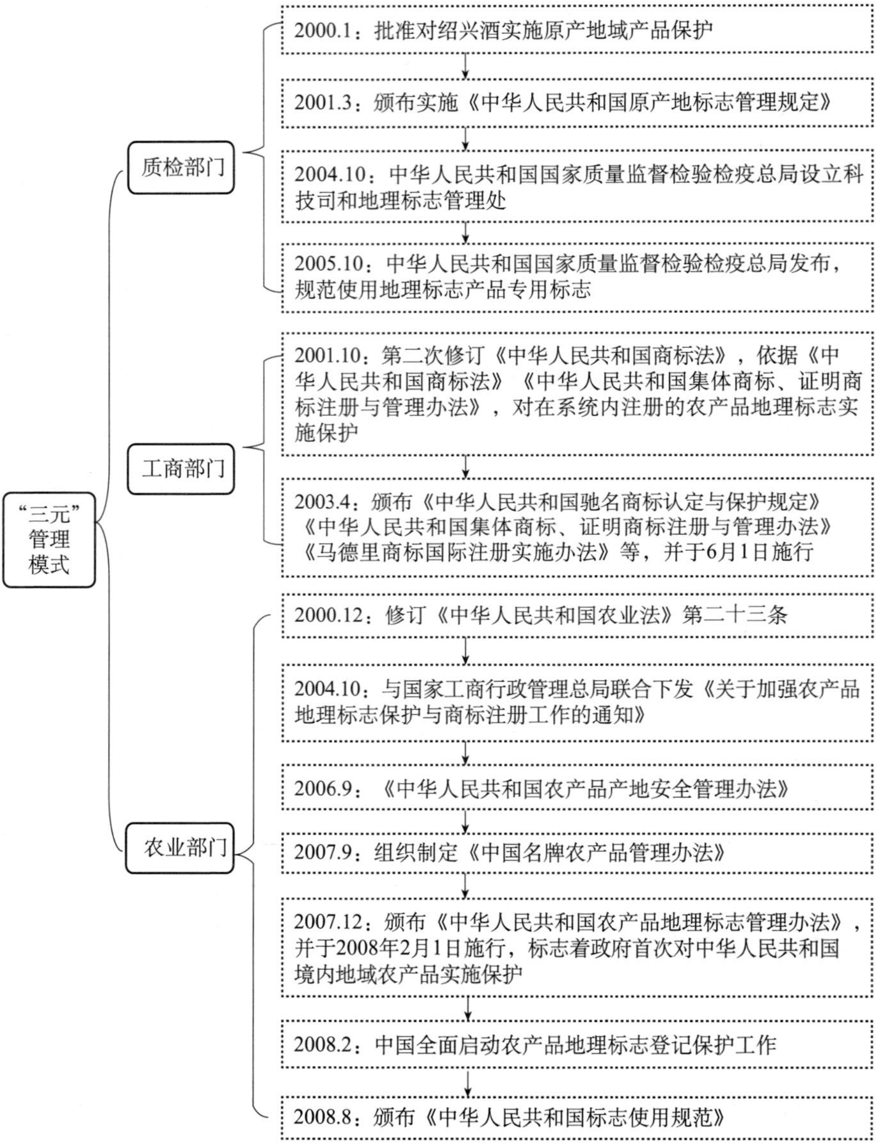

图3－2　“三元”管理模式下的农产品地理标志品牌建设历程

资料来源：笔者根据相关资料整理绘制而得。

3.1.2　区域公用品牌

农产品产业集群的发展，是农产品区域公共品牌形成和成长的重要基础（胡正明和王亚卓，2016），因此，本章针对中国的农产品区域公用品牌建设，主要是从产业集群化发展和品牌化发展两个阶段进行阐述。

对于农产品区域公用品牌建设而言，中国最早从积极打造农产品特色优势区开始，大力发展特色农产品，推进“一村一品”建设。2003年，中国政府先后组织、编制了两轮《优势农产品区域布局规划》，遵从生产潜力大、国际市场价格竞争优势明显等原则，确定了牛奶、小麦、棉花等16个特色优势农产品，按照资源条件好、生产规模大、市场区位优、产业化基础强、环境质量佳的基本要求，确定优势农产品区域。2005年和2007年，中国政府又先后制定或编制了《特色农产品区域布局规划（2006～2015）》与《特色农产品区域布局规划》，进一步明确了专业村、专业乡镇建设，并重点发展特色草食畜、特色水产、特色粮油、地道中药材等10类144种特色农产品。

在特色农产品优势区不断建设发展的基础上，特色农业产业集群建设也得到政府的高度重视。财政部在2015年下发的《农业综合开发扶持农业优势特色产业促进农业产业化发展的指导意见》明确提出，全国要在未来三年内初步形成百个区域农业资源特色产业集群。2018年1月，国家农业综合开发办公室决定启动《农业综合开发扶持农业优势特色产业规划（2019～2021年）》编制工作，强调要着力打造一批农业优势特色产业集群，做大做强一批区域农业特色优势产业。这意味着，中国政府已经开始实现由特色农产品优势区向特色农业产业集群的成功过渡。

特色农业产业集群经过一段时间的发展，已拥有独特的产业优势和区域环境优势。在消费者群体中的良好口碑以及市场运作下，更是发展出众多具有较高知名度的企业品牌和产品品牌，为农产品区域公共品牌建设提供了有力支撑（胡正明和王亚卓，2010）。因此，积极打造农产品区域公用品牌势在必行。中国政府在2016年的中央一号文件中首次引入“品牌”概念，对农业品牌建设路径提出明确要求。① 中国政府在2017年的中央一号文件中首次引入“区域农产品公用品牌”概念，强调要积极推动区域农产品公用品牌建设。② 这意味着，品牌化发展作为农业供给侧结构性改革的重要抓手，农业品牌建设步入正轨。中国政府于2019年启动了中国农业品牌目录制度建设，发布了《中国农业品牌目录制度实施办法》《中国农产品区域公用品牌建设指南》等文件，试图强化现代农业品牌管理体系构建，积极引导农业品牌建设规范化。至此，中国的农产品区域公用品牌建设进入发展快车道。

中国农产品区域公用品牌建设历程，如图3－3所示。

3.2 建设现状

3.2.1 地理标志品牌

地理标志农产品主要是指，来源于某一特定区域范围内，在特殊的地理环境和人文环境下，具有特殊的品质（该品质主要归因于当地特殊的地理环境和人文环境），并且能较好地满足市场中消费者某种需求的农产品。而农产品地理标志品牌作为一种无形资产，来源于地理标志农产品，却又不限于地理标志农产品（李涛等，2018）。因此，本节在分析中国农产品地理标志品牌发展现状时，有必要对目前中国的农产品地理标志认证情况进行分析，然后，再进一步探讨农产品地理标志品牌的发展现状。

---

① 《中华人民共和国政府和美利坚合众国政府经济贸易协议》. 中华人民共和国农业农村部. http://www.moa.gov.cn/govpublic/GJHZS/202001/t20200116_6336149.htm。

② 2016年中央一号文件《中共中央 国务院关于落实发展新理念加快农业现代化 实现全面小康目标的若干意见》. 中华人民共和国农业农村部. http://www.moa.gov.cn/ztzl/2016zyyhwj/2016zyyhwj/201601/t20160129_5002063.htm。

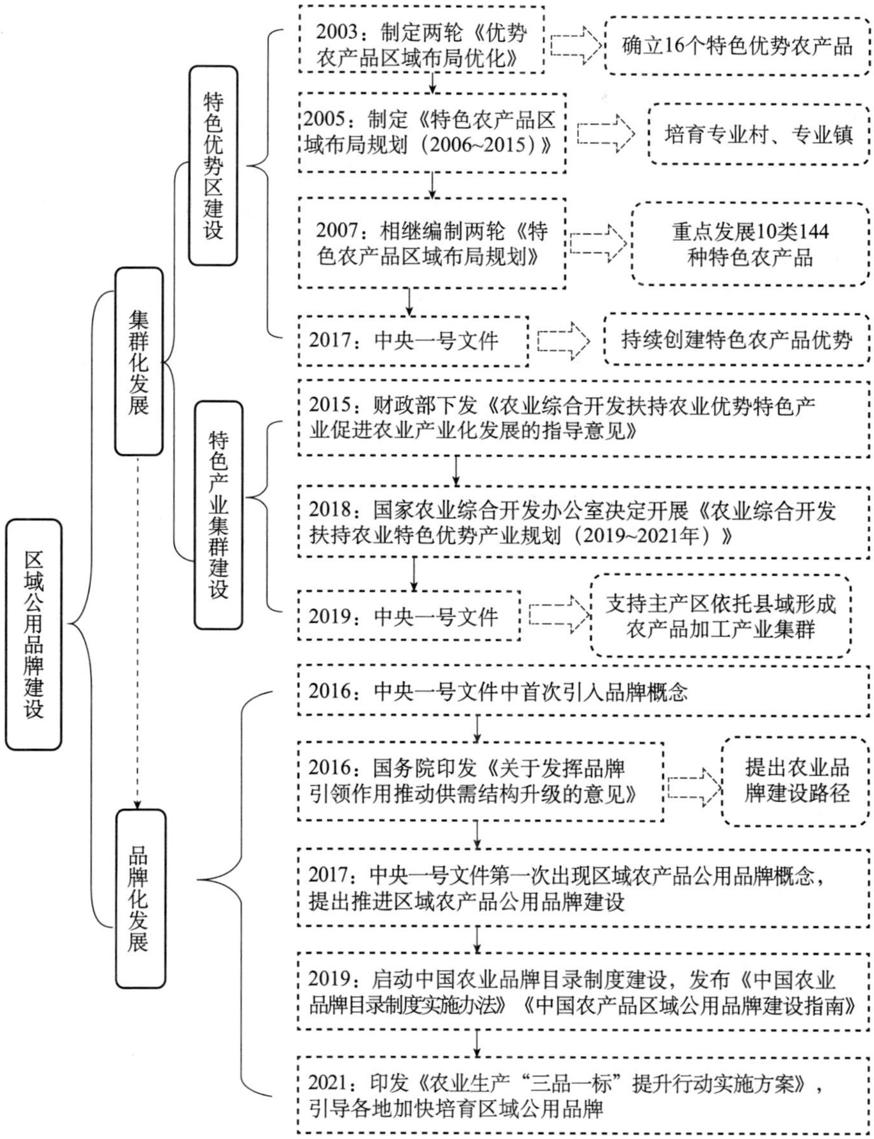

图 3－3　中国农产品区域公用品牌建设历程

资料来源：笔者根据相关内容整理绘制而成。

1. 农产品地理标志认证数量稳步提升

一方面，随着“品牌农业”政策不断落实和乡村振兴战略的实施，地理标志农产品始终秉持着绿色化、优质化、特色化、品牌化的现代发展理念，积极推行投入品减量化、生产标准化、产业生态化的绿色生产模式，极大地推动了乡村特色产业发展；另一方面，随着国内大循环战略的提出，要求始终坚持扩大内需这一战略基点，以质量品牌为重点，推动和保障农产品消费由“吃得饱”向“吃得好”“吃得营养健康”转变，充分发挥地理标志农产品在绿色优质农产品供给中的“生力军”作用。

近年来，地理标志农产品认证工作在中国快速发展，推动了地理标志认证农产品整体数量的快速增长。截至2020年底，中国共注册、认证农产品地理标志3268个。其中，2010年、2013年、2020年的认证数量处于三个峰值点，均超过300，分别为333、328、490，2008～2020年中国注册、认定地理标志农产品数量统计，如图3－4所示。

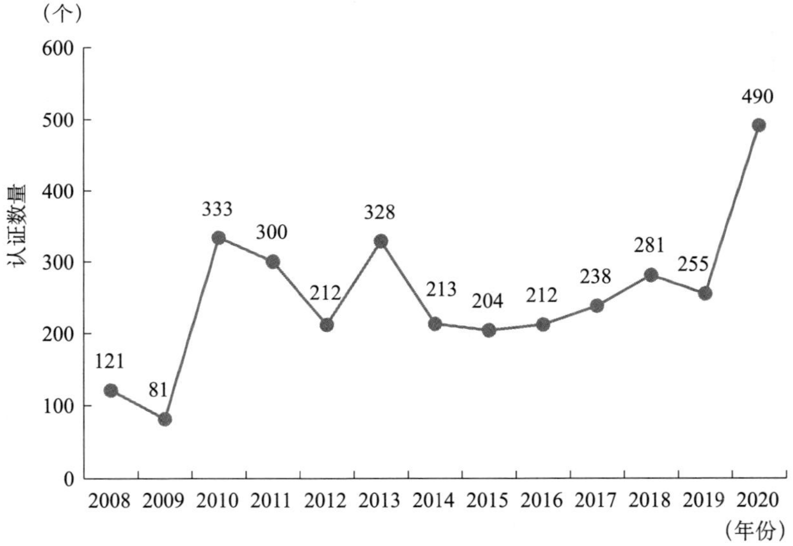

图3－4　2008～2020年中国注册、认定地理标志农产品数量统计

资料来源：笔者根据农业农村部的相关数据整理绘制而得。

在农产品地理标志认证方面取得的良好成绩，离不开中国的31个省（区、市）① 的共同努力。2008～2020年中国的31个省（区、市）

① 中国的31个省（区、市）的数据，未包括中国港澳台地区的数据。

注册、认定农产品地理标志数量统计，见表3－1。由表3－1可知，2020年中国的31个省（区、市）中仅有宁夏没有申请地理标志认定。除宁夏外，辽宁、吉林、青海、江西、山西5个省份2020年认定的农产品地理标志数量也小于2019年。而山东省作为名副其实的地理标志农产品大省，其认证数量最多，总计344个，占全国总数的10.53%；之后是四川和湖北，分别为191个和180个；天津的农产品地理标志数量最少，仅有9个。进一步整理相关数据可以发现，黑龙江、湖北、湖南、内蒙古和山东是2008～2020年每年都能获得地理标志认证的省（区）。

表3－1　2008～2020年中国的31个省（区、市）注册、认定农产品地理标志数量统计

单位：个

省（区、市）	2008年	2009年	2010年	2011年	2012年	2013年	2014年	2015年	2016年	2017年	2018年	2019年	2020年	总计
安徽			7	4	2	8	6	2	6	10	17	7	32	101
北京		1	3	2			3	2	1	1			2	15
福建		5	9	9	12	7	6	8	6	8	9	2	27	108
甘肃		3	9	7	9	11	5	15	14	4	15	17	17	126
广东				2	1	3	2	3	8	5	9	6	15	54
广西		1	13	5	10	13	15	14	14	11	17	13	28	154
贵州			3	1	3	4	9	5	10	19	9	37	37	137
海南								3	4	9	8	6	9	39
河北			3	8	3	6	4	2	2	4	5	5	8	50
河南		5	18	20	4	6	2	1	4	19	24	16	41	160
黑龙江	11	14	13	17	15	15	9	10	7	9	7	13	14	154
湖北	10	2	10	8	8	21	19	16	18	15	16	11	26	180
湖南	6	3	11	6	4	3	4	4	1	7	18	13	36	116
吉林	7		3			1		3	1		4	4	1	24
江苏		6	8	11	5	6	5	5	6	4	5	11	45	117
江西			29	16		15	5	4	5	4	5	11	7	101
辽宁	5		11	14	12	9	12	4	8	7	8	5	3	98

续表

省（区、市）	2008年	2009年	2010年	2011年	2012年	2013年	2014年	2015年	2016年	2017年	2018年	2019年	2020年	总计
内蒙古	8	5	9	11	3	10	11	7	18	12	13	10	14	131
宁夏	26		10	3	2	5	4	2		2	5	1		60
青海			5	1	1	14	10	10	8	6	4	4	3	66
山东	13	8	63	54	46	48	29	17	16	19	10	7	14	344
山西	12		19	22	5	32		11	7	22	13	12	10	165
陕西	15		8	9	4	4	2	15	13	11	15	7	8	111
上海				1	1	4	1	5	1		1		1	15
四川		18	34	29	20	16	18	9	10	5	10	7	15	191
天津				3		2		1	1		1		1	9
西藏		1	1		3		3	2		3	6	1	10	30
新疆		2	8	19	10	36	6	10	11	9	8	2	3	124
云南		4	10	5	15	15	14	7	5	2	4	2	2	85
浙江			11	8	4	7	5	5	4	10	15	20	49	138
重庆	8	3	5	5	10	7	4	2	3	1		5	12	65
总计	121	81	333	300	212	328	213	204	212	238	281	255	490	3268

资料来源：笔者根据农业农村部的相关数据整理而得。

2. 农产品地理标志品牌发展日益成熟

（1）农产品地理标志品牌认证数量不断增加。前文分析已发现，中国的地理标志认证农产品数量迅速增长。在此基础上发展起来的农产品地理标志品牌取得了长足发展，为全国各地农业高质量发展注入新的活力。例如，截至2020年底，中国农产品地理标志品牌的数量已经高达2930个，拥有农产品地理标志品牌数量排前三的省（区、市）分别是山东、四川、湖北，分别为332个、179个、162个。而天津的农产品地理标志品牌数量最少，仅有9个，这说明作为农产品地理标志认证数量最少的直辖市——天津市的农业品牌发展基础相对薄弱，强化农产品地理标志品牌建设势在必行，2020 年中国的 30 个省（区、市）① 农产品地理标志品牌总数统计，如图 3 –5 所示。

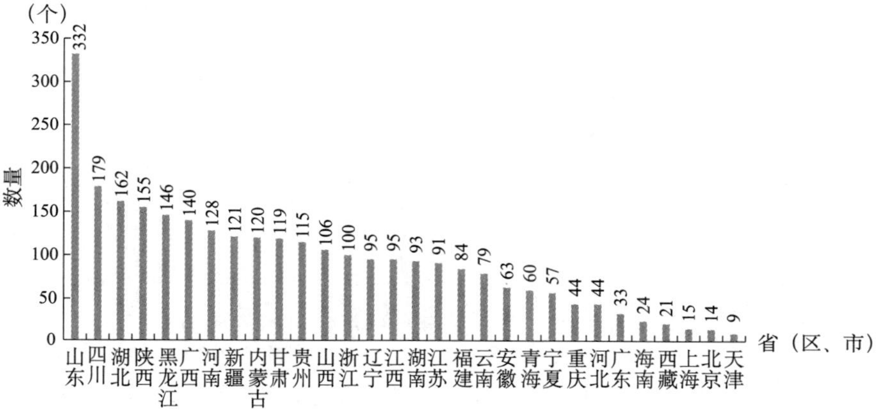

图 3 –5　2020 年中国的 30 个省（区、市）农产品地理标志品牌总数统计

资料来源：笔者根据农业农村部的相关数据整理绘制而得。

（2）不同区域及种类的农产品地理标志品牌发展不平衡日益突出。随着中国农产品地理标志品牌发展的日益成熟，其发展的不平衡性日益凸显。其一，近年来在中国南北方地区间的差异性日益突出，并表现出“南强北弱”的特征。2020 年中国部分省（区、市）农产品地理标志品牌认证数量统计，如图 3 –6 所示。由图可知，北方地区的诸多省（区、市）（例如，天津、新疆、吉林、宁夏等）没有获得新的地理标志农产品认证，北京的农产品地理标志品牌认证数量最少，仅有 1 个，而南方地区的诸多省（区、市），获得农产品地理标志品牌认证的数量位居前列。其中，贵州省得到认证的农产品地理标志品牌数量最高，为 16 个，占全国总体数量的比例为 10%。之后是浙江、安徽和福建，数量分别为 15 个、13 个、12 个，各自占比为 9. 38%、8. 13%、7. 50%。其二，不同类型的农产品获得的地理标志品牌认证数量呈现显著差异性。

① 中国的 30 个省（区、市）的数据，未包括中国西藏自治区的数据和中国港澳台地区的数据。

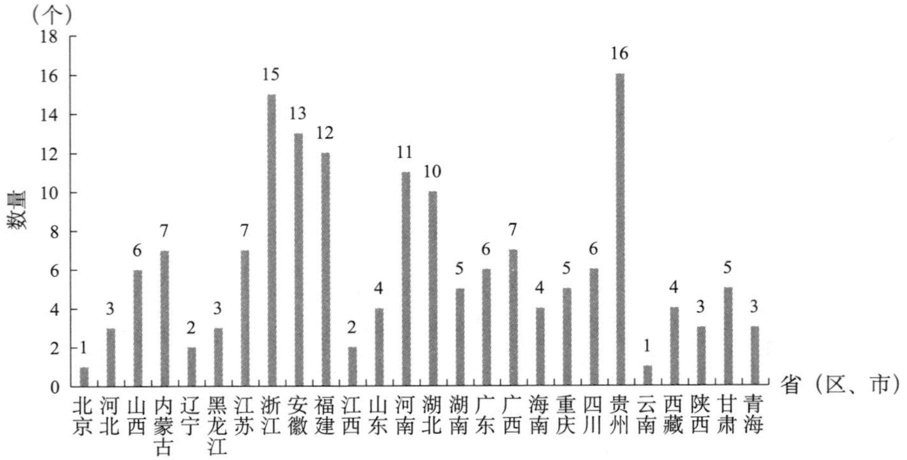

图 3-6　2020 年中国部分省（区、市）农产品地理标志品牌认证数量统计

资料来源：笔者根据农业农村部的相关数据整理绘制而得。

以 2020 年为例，果品获得农产品地理标志品牌认证的数量最多，为 43 个，占比高达 26.88%，之后是蔬菜和粮食，分别为 36 个和 20 个，占比分别为 22.50% 和 12.50%。而花卉、水生植物、糖料、烟草及其他植物获得的农产品地理标志品牌认证数量最少，均为 1 个。2020 年不同类别农产品地理标志品牌认证数量统计，如表 3-2 所示。

表 3-2　　2020 年不同类别农产品地理标志品牌认证数量统计

种类	数量（个）	种类	数量（个）	种类	数量（个）
茶叶	13	水产动物	12	肉类产品	11
蜂类产品	2	水生植物	1	蔬菜	36
果品	43	糖料	1	油料	3
花卉	1	香料	2	棉麻蚕桑	2
粮食	20	烟草	1	药材	11
其他植物	1				

资料来源：笔者根据农业农村部的相关数据整理而得。

3.2.2 区域公用品牌

本节对农产品区域公用品牌发展现状的分析从特色优势区、特色产业集群的发展现状展开描述，然后，再具体分析农产品区域公用品牌建设现状。

1. 农产品特色优势区数量稳步提升

2017～2020年，农业农村部会同国家发展和改革委员会、国家林业和草原局遴选认定四批共计308个农产品特色优势区。其中，2018年第二批认定的农产品特色优势区数量最多，为84个，2019年第三批认定的农产品特色优势区，数量为83个，2017年第一批认定的农产品特色优势区数量最少，为62个。2017～2020年中国农产品特色优势区数量统计，如图3－7所示。

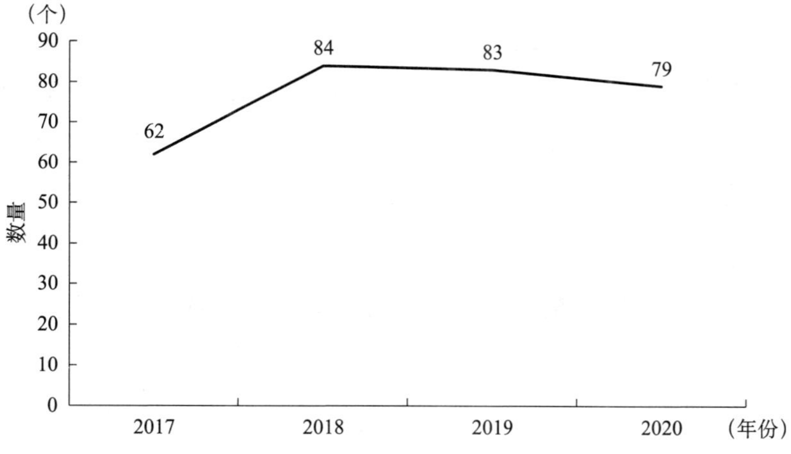

图3－7 2017～2020年中国农产品特色优势区数量统计

资料来源：笔者根据农业农村部的相关数据整理绘制而得。

2017～2020年中国的31个省（区、市）农产品特色优势区数量分布，见表3－3。山东、四川、云南、新疆、江苏、湖南、湖北、江西、广西等省（区）的农产品特色优势区数量相对较多，为中国农业品牌建设及农业强国建设提供了良好支撑。

表 3－3　2017～2020 年中国的 31 个省（区、市）农产品特色优势区数量分布

单位：个

年份	安徽	北京	福建	甘肃	黑龙江	广东	广西	贵州	海南	河北	河南	湖北	湖南	吉林	江苏	江西
2017	1	1	2	1	2	1	3	2	1	3	2	3	3	2	3	2
2018	3	0	2	3	1	3	5	2	1	5	3	3	2	1	4	2
2019	3	1	3	1	4	4	5	4	1	4	2	4	1	4	4	2
2020	3	0	4	2	2	3	5	3	2	5	4	5	5	3	1	4

年份	青海	山东	山西	陕西	上海	四川	天津	西藏	新疆	云南	浙江	重庆	辽宁	内蒙古	宁夏	总计
2017	1	4	1	2	1	3	0	1	3	3	3	3	1	2	2	62
2018	1	5	3	2	1	5	1	2	4	5	2	4	2	4	3	84
2019	2	4	4	4	1	4	1	1	2	1	3	2	3	3	1	83
2020	1	4	3	4	0	5	0	1	1	2	2	2	1	1	1	79

资料来源：笔者根据农业农村部的相关数据整理而得。

整体来看，农产品特色优势区建设有利于提升农产品的生产规模，实现规模经济效应，为良好的地区质量声誉培育提供重要支撑。截至 2023 年，世界棉花籽棉的平均单产为 108. 99 公斤，美国棉花籽棉的平均单产为 123. 77 公斤，而新疆地区的棉花籽棉平均单产能够达到 245. 56 公斤。①

2. 农产品特色优势产业集群数量明显增多，布局日益完善

农业农村部积极推进全产业链建设，大力支持各地加强农产品生产基地、餐厨保险、加工流通等各环节建设，成功打造一批农产品特色优势产业集群。2017 年以来，共累计建设 100 个特色优势产业集群。2020～2021 年中国的 31 个省（区、市）农产品特色优势产业集群数量统计，见表 3－4。广东、新疆的农产品特色优势产业集群数量最多，均为 6 个，上海的农产品特色优势产业集群数量最少，仅有 1 个。

① 中商情报网 . https：//www. askci. com/news/chanye/20211215/0956591691517_ 2. shtml。

表 3－4 2020～2021 年中国的 31 个省（区、市）农产品特色优势产业集群数量统计

单位：个

年份	安徽	北京	福建	甘肃	黑龙江	广东	广西	贵州	海南	河北	河南	湖北	湖南	吉林	江苏	江西
2020	2	1	1	1	3	3	2	1	1	2	2	2	2	1	1	1
2021	1	1	1	2	2	3	2	2	1	2	2	2	2	2	1	2
总计	3	2	2	3	5	6	4	3	2	4	4	4	4	3	2	3

年份	辽宁	内蒙古	宁夏	青海	山东	山西	陕西	上海	四川	天津	西藏	新疆	云南	浙江	重庆	总计
2020	2	2	1	1	2	1	2	1	2	1	1	3	2	1	2	50
2021	1	2	1	1	2	1	2	0	2	1	2	3	1	1	2	50
总计	3	4	2	2	4	2	4	1	4	2	3	6	3	2	4	100

资料来源：笔者根据农业农村部的相关数据整理而得。

3. 农产品区域公用品牌数量不断增加

不同产品类别下中国的 31 个省（区、市）创建农产品区域公用品牌数量统计，如表 3－5 所示。

（1）各省（区、市）之间农产品区域公用品牌数量具有显著差异性。2017 年以来，农业农村部不断加强农产品区域公用品牌建设，积极强化农业品牌培育，累计发布农产品区域公用品牌 300 个，包括东山县斑鸠店镇斑鸠店大蒜、泰安市泰山区沁园春女儿茶等农产品获得宣传推介，有效地推动了当地农产品地区质量声誉建设。当然，受各省（区、市）农业资源条件、地理区位等因素限制，其建设的农产品区域公用品牌数量也存在差异。

第一，山东省作为农业大省，截至 2019 年 11 月拥有的农产品区域公用品牌数量最多，为 17 个，占比约为 5.67%，之后是河南省、广东省和黑龙江省，分别为 16 个、14 个、13 个，占比分别为 5.33%、4.67%、4.33%。西藏的海拔较高，其气候、土壤等资源环境使得适宜生产的农产品种类相对较少，因此，其拥有数量最少的农产品区域公用品牌。

第二，按照东中西部三大区域划分，三大区域的农产品区域公用品牌数量由多到少依次为西部地区 > 东部地区 > 中部地区，数量分别为109 个、98 个、93 个。原因可能在于，一方面，西部地区受自然条件的影响，水土流失导致土壤中有害物质难以富集和存储，且生产过程中对于化肥、农药等化学要素的投入相对较低，导致土壤污染程度较低；另一方面，西部地区在农业生产中有着相对比较丰富的光、热、土壤等资源，且不利于农作物病虫害的发作，夏季作物生产周期比较短，有利于绿色无公害农产品的生产。因此，西部地区良好的自然环境为农产品的品质提升创造了良好条件，更适合农产品区域公用品牌建设与培育，拥有的农产品区域公用品牌数量最多。

表 3－5　不同产品类别下中国的 31 个省（区、市）创建农产品区域公用品牌数量统计

单位：个

省（区、市）	果品	蔬菜	粮食	油料	畜禽	水产	茶叶	林特	食用菌	中药材	其他	总计
东部地区												
北京	2				1			1				4
福建	2	1					3	2	1			9
广东	4	2	2	1		2	1			1	1	14
海南	3	1						1				5
河北	1	1	1					1	1	1		6
江苏	2	1	1		2	4	2					12
辽宁	7		1			2		1				11
山东	4	7	1		1	1	2		1			17
上海	2		2									4
天津	1	1	1			1					2	6
浙江	4	1					4			1		10
共计	32	15	9	1	4	10	12	6	3	3	3	98
中部地区												
陕西	3	1	3					1		1		9
江西	1		3		1		4	2			1	12

续表

省（区、市）	果品	蔬菜	粮食	油料	畜禽	水产	茶叶	林特	食用菌	中药材	其他	总计
						中部地区						
河南	3	4	2	2	2	1	1		1	1		16
黑龙江	1	1	9			1						13
湖北	2				1	3	3		1	1		11
湖南	3	2	1	1	1	1	2					11
吉林			4		3	1			2	1		11
安徽	2					1	5			2		10
共计	15	8	22	3	8	8	15	3	4	6	1	93
						西部地区						
青海		1	1	1	2	1				1		7
甘肃	1	1	1	1	2			1		2	1	10
广西	7	1				1	1			1		11
贵州	1	1	2				1			2		7
内蒙古	1		4	1	5							11
宁夏	2		2		2			1		1		8
陕西	9				1		1		1			12
四川	4	2	1		1		1		2			11
新疆	1		3					3		1		8
云南	4	1	1		1		1	2		1		11
重庆	4	1		1	3		1				1	11
西藏					1	1						2
共计	34	8	15	4	18	3	6	7	3	9	2	109

资料来源：笔者根据《中国农业品牌目录 2019 农产品区域公用品牌》的相关数据整理而得。

（2）不同类型农产品的区域公用品牌建设数量具有显著差异性。从表3-5可见，一是中国的果品类农产品区域公用品牌的数量最多，共计81个，占比高达27%；二是粮食类农产品区域公用品牌，数量为46个，占比为15%；三是蔬菜类农产品区域公用品牌，数量为31个，占比为11%；四是畜禽类农产品区域公用品牌，数量为30个，占比为10%。

中国东中西部三大区域内不同类型下农产品区域公用品牌建设数量统计，见图3-8。从图中不难发现，西部地区在果品、畜禽、林特、中药材四类农产品区域公用品牌建设中具有优势；东部地区在蔬菜、水产两类农产品区域公用品牌建设中优势比较明显；而中部地区在粮食、茶叶两类农产品区域公共品牌建设中具有一定优势。因为西部地区拥有青藏高原、黄土高原、云贵高原等地形，光辐射资源最丰富，日照时间最长，非常有利于植物光合作用产物的积累（会导致果品口感甚佳），所以，造就了丰富多彩的区域特色物种资源（陈印军等，2003）。因此，西部地区的果品、畜禽、林特、中药材四类农产品区域公用品牌建设更具优势。而东部地区一方面，作为中国蔬菜生产和出口的主要地区（彭晖和张颖，2015），蔬菜生产长期处于比较优势地位；另一方面，具有沿海区位优势，便于水产养殖，因此，东部地区的蔬菜和水产两类农产品区域公用品牌建设具有明显优势。而对于中部地区而言，河南省、湖南省和江西省的粮食生产具有生产效率比较优势，湖南省的茶叶生产具有生产效率比较优势（刘彦随和彭留英，2008）。因此，中部地区在粮食和茶叶两类农产品区域公用品牌建设中拥有的比较优势更加明显。

综上所述，中国政府通过积极加强农产品地理标志品牌建设和区域公用品牌建设，极大地推动了中国农业的绿色化、特色化、优质化、品牌化发展，成功塑造了一批具有高地区质量声誉的农业金字招牌，为中国农产品出口贸易健康可持续发展提供了不竭动力。

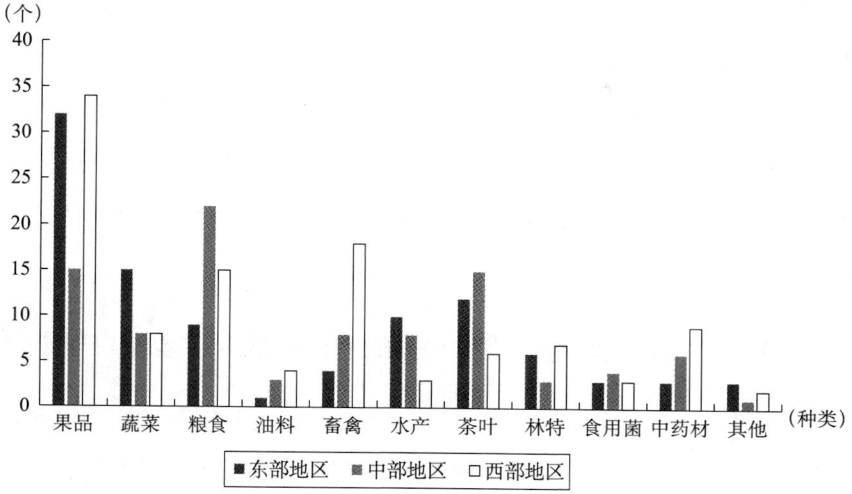

图3－8　中国东中西部三大区域内不同类型下农产品区域公用品牌建设数量统计

资料来源：笔者根据农业农村部的相关数据整理绘制而得。

3.3　现实特征分析

从内涵维度出发，农产品地区质量声誉概念相对比较抽象，难以具象化。尽管2.3.2小节基于地区质量声誉概念的外延，从地区品牌视角探讨了地区质量声誉与农产品出口贸易发展的作用关系，但仅停留在理论层面，在现实中如何表现还需要深入分析。因此，为能够直观地了解农产品地区质量声誉影响农产品出口贸易的现实特征，本节仍从地区质量声誉的外延维度出发，着重描述农产品地区品牌对农产品出口贸易发展的现实影响，主要分为以下四个方面。

3.3.1　助推出口农产品价格上涨

国家大力支持农产品地理标志认证工作，积极推动地理标志品牌发展并取得了良好成效。重要的是，地理标志农产品产值不断增长，出口价格不断上涨。例如，2003 年“金乡大蒜”获得农产品地理标志认证后出口增速大幅度提升，多年来，出口增速始终保持在 10% 以上。到 2008 年，金乡县的大蒜、蒜苔及蒜制品出口量更是高达 90 万吨，价格也由 346 美元/吨增长到 443 美元/吨。再比如，“安溪铁观音”获得农产品地理标志认证后，其出口单价比全国茶叶平均出口单价高 80%。①

3.3.2 拥有良好地区质量声誉的农产区成为主要出口创汇区

近年来，“五常大米”“赣南脐橙”“阳澄湖大闸蟹”“库尔勒香梨”等众多地理标志农产品红遍大江南北，不仅使得农产品富有特色、农产品质量得以保障、产业发展迅速带动经济增长，而且，地理标志农产品成为农产品走出中国、迈向世界的“金字招牌”，成为中国农产品出口主要创汇区。具体体现在以下两个方面。

1. 区域性特色农产品出口金额不断提升

例如，2016 年，中国农产品贸易逆差高达 2500 亿元，但中国的区域性特色农产品仍然实现较大顺差，其中，水产品 730 亿元、茶叶 98 亿元、蔬菜 920 亿元、水果 85 亿元。② 以“台山鳗鱼”为例，仅在 2016 年台山市国家级出口鳗鱼质量安全示范区就实现出口额超过 1.1 万亿美元。2019 年，安徽省的 78 个地理标志农产品中有 15 个远销国外，出口额高达 27.88 亿元。③ 再例如，湖北省特色优势农产品茶叶，近年来，对东盟、欧盟等市场的出口呈现明显增长态势，中华人民共和国武汉海关仅在 2021 年 1～8 月累计监管出口额高达 1.48 万吨，同比增长 12%。同时，湖北省已有 3 家企业在非洲成功建立了茶叶分装生产厂，海外加

① 安徽农网 . http：//www. ahnw. cn/nwkx/Content/b8d630b9 - 4d2f - 4cc1 - a678 - 5aba1cbb3ee1。

② 智库中国 . http：//www. china. com. cn/opinion/think/2017 - 11/20/content_ 41916394. htm。

③ 安徽省市场监督管理局官网公布数据。

工能力每年高达1万吨。①

2. 特色优势农产品出口市场日益多元化

例如，2018年，山西运城水果出口新增塞舌尔、蒙古国、伊拉克、日本等国家，出口国家累计达到59个；运城梨首次出口澳大利亚，运城樱桃首次出口马来西亚。上述案例均较好地说明了获得地理标志认证后的农产品出口市场日益多元化，促进了农产品出口规模扩张。再例如，甘肃省特色农产品在2019年1~8月累计出口金额9302万元，增长20.6%，出口国家和地区接近40个，出口的精深加工特色农产品种类多达36种。② 再如，“台山烤鳗”是用产地为江门台山市的日本鳗为原料烤制的优质烤鳗制品，产品质量一直保持100%安全优质，在日本等国际市场享有非常高的知名度。除日本市场以外，“台山鳗鱼”还出口到俄罗斯、欧盟、韩国、东盟等国际市场。

3.3.3　带动重点龙头企业出口市场竞争力提升

2003年，中国刚加入世贸组织，出口贸易发展还处于不断尝试摸索阶段，农产品出口企业仅有1.3万家，80%的出口企业年均出口规模在100万美元以下，众多中小企业市场开拓能力较弱、信息渠道不畅、质量意识与诚信意识薄弱，农产品更多处于“以量取胜”阶段，未能真正树立“品牌意识”“质量意识”，难以实现“以质取胜”。因此，农业部、财政部等机构联合制定《农业产业化国家重点龙头企业认定和运行监测管理暂行办法》，要求必须重点支持一批特色优势突出、生产基础雄厚、发展前景良好的龙头企业，增强龙头企业农产品出口市场竞争力。

在政策引导下，中国的农业产业化重点龙头企业得到快速发展。截至2021年10月，中国政府共分6批次认定国家级农业产业化重点龙

---

① 中新经纬 . http：//www. jwview. com/jingwei/html/09 －07/426793. shtml。

② 中信经纬 . http：//www. jwview. com/jingwei/html/09 －11/257961. shtml。

头企业1567家，推动各地培育县级以上龙头企业9万家。其中，第一批次认定的国家级农业产业化重点龙头企业数量最少，仅有151家；第五批次认定的国家级农业产业化重点龙头企业数量最多，为359家。① 国家级农业产业化重点龙头企业数量统计，如图3-9所示。在农业产业化重点龙头企业的积极带领下，不同行业农产品的整体出口质量稳步提升，为中国的农产品地区品牌建设和地区质量声誉培育打下了雄厚基础。

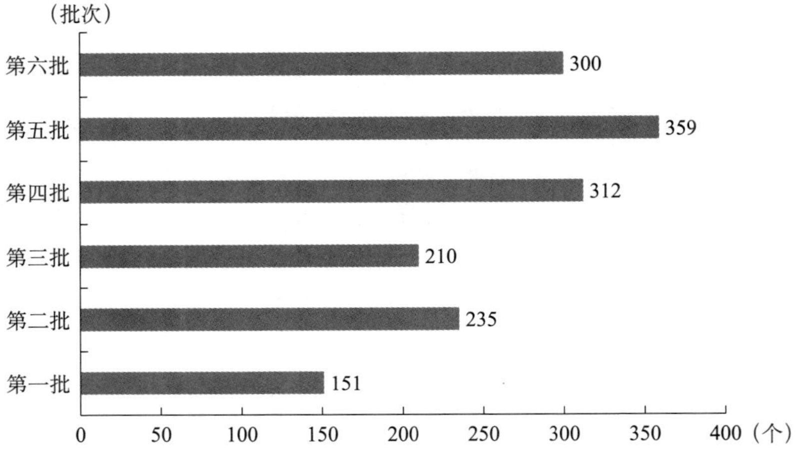

图3-9 国家级农业产业化重点龙头企业数量统计

资料来源：笔者根据搜狐网（https：//www. sohu. com/a/222256076_ 279235）的相关数据整理绘制而得。

3.3.4 签订双边贸易协议时的首选目标

为积极推动地区品牌农产品出口贸易发展的稳定可持续，中国政府积极与世界各国签署贸易协议，加强中国地理标志农产品在国外市场的产权保护，积极为出口农产品创造稳定的市场环境，实现地理标志农产品出口规模的迅速扩张。

---

① 新浪财经，http：//finance. sina. com. cn/nongye/nygd/2012022710932//459612. shtml。

第一，《中澳自由贸易协定》。

中澳自由贸易协定生效之后，2016 年 1 月 1 日实施首轮降税，对推动中澳双边贸易规模扩张发挥了积极作用。随着税率不断降低，中国加大了对澳大利亚的小麦、高粱等多种农产品的进口数量，有效地弥补了上述种类农产品市场需求的不足。自中澳自由贸易协定（FTA）正式生效后，中国于 2019 年 12 月成为澳大利亚最大的进出口贸易伙伴。

第二，《中欧自由贸易协定》。

中欧地理标志"10 + 10"认证。中国和欧盟于 2011 年 3 月 22 日各自确定了"10 + 10"互保试点产品清单，2012 年 11 月获得双方认证，在 2015 年 4 月正式授牌。中欧地理标志互认成效显著，为中国农产品出口贸易做出了重要贡献。截至 2018 年底，"陕西苹果"远销 80 多个国家和地区。"镇江香醋"远销 60 多个国家和地区，并成为中国出口量最大的食醋。"金乡大蒜""龙口粉丝"等年均出口量分别高达 40 多万吨和 80 多万吨。其中，"金乡大蒜"出口欧盟的产量同比增长 26.3%，出口欧盟的产品金额同比增长 51.3%。[①]

第三，《中欧地理标志协定》。

2021 年 3 月 1 日，《中欧地理标志协定》正式生效。该协定共计纳入双方 550 个地理标志产品，其中，中方纳入的地理标志产品数量为 275 个，四川泡菜、五常大米等农产品作为第一批 100 个地理标志产品随着协定的生效即刻得到欧盟保护。第二批 175 个地理标志产品将于协定生效后四年内完成相关保护程序。中欧贸易协定相关内容统计分类，见表 3 - 6。随着中欧地理标志协定生效，中欧贸易发展迎来了重要机遇期，为中国拥有良好地区质量声誉的农产品出口提供了新动能。

---

① 搜狐网 . https://www. sohu. com/a/222256076_ 279235。

表 3-6　中欧贸易协定相关内容统计分类

协议类型	阶段	内容	成效
中欧贸易协定	中欧地理标志“10+10”认证	东山白芦笋、琯溪蜜柚、金乡大蒜、蠡县麻山药、龙井茶、平谷大桃、陕西苹果、盐城龙虾、镇江香醋和龙口粉丝	1. 陕西苹果成功销往欧盟、东盟、阿盟、非洲、北美洲等 80 多个国家和地区； 2. 镇江香醋成为中国出口量最大的食醋，已远销海外 60 多个国家和地区； 3. 金乡大蒜出口欧盟产量和产品金额分别同比增长 26.3%、51.3%； 4. 龙口粉丝年均出口量高达 40 多万吨
	中欧地理标志协定	安溪铁观音、五常大米和安丘大姜等作为第一批 100 个地理标志农产品先得到保护	2020 年第三季度中国取代美国成为欧盟第一大贸易伙伴，2020 年中欧贸易额达 6495 亿美元，同比增长近 4.5%
		第二批 175 个地理标志产品将于协定生效后的四年内完成相关保护程序	

资料来源：笔者搜集相关资料整理而得。

第四，中美第一阶段协议。

中国政府积极推动中美双方贸易合作，尤其是农业领域的合作，积极推动中国农产品出口贸易发展。例如，2020 年 1 月 15 日，经过中美两国经贸团队的共同努力，在平等和互相尊重的基础上，中美双方在美国首都华盛顿正式签署了第一阶段经贸协议，对知识产权、食品、农产品等九方面内容做了细致规定。① 特别是中美双方将加强并促进双方农业领域的合作，中国增加对美国大豆、牛肉、水果等农产品的进口，在 2020～2021 年平均进口规模要达到 400 亿美元。同时，美国政府也加大对中国产香梨、柑橘、鲜枣等地理标志农产品出口市场的开放程度，为中国农产品企业出口创造了更多机会。

第五，区域全面经济伙伴关系协定（regional comprehensive economic partnership，RCEP）。

① 2017 年中央一号文件《中共中央　国务院关于深入推进农业供给侧结构性改革 加快培育农业农村发展新动能的若干意见》. 中国农村网. https：//www.crnews.net/zt/jj2022nzyyhwj/lnyhwj/944845_ 20220221014627.html。

经过8年谈判，签署国（地区）包括中国、日本、韩国和澳大利亚等15个国家（地区），占全球GDP总量约1/3的RCEP于2020年11月15日正式签署。该协定以要求各成员国（地区）之间的关税减让应立即降至零关税、十年内降至零关税两方面承诺为主，对推动自贸区建设发挥了积极作用。其中，在农产品领域内，该协定要求日本分阶段撤销中国地理标志产品——绍兴黄酒的关税，由当前每升约2.7元人民币的关税，在协定生效的2021年直接降至0。

4 地区质量声誉的形成机理与影响效用分析

近年来，随着“三农”问题关注度的不断提高，推动农业实现高质量发展，积极培育良好地区质量声誉，增加农民收入成为政府高度关注的重要议题。2023 年，中央一号文件进一步指出，要支持脱贫地区打造区域公用品牌。[①] 但根据柠檬市场理论，在市场监管不力的情况下，农产品出口过程中可能会出现“劣币驱逐良币”现象，不利于推动农产品整体质量升级，阻碍当地农产品地区质量声誉的形成。因此，相关责任主体应该主动了解农产品地区质量声誉的形成机理，识别影响农产品地区质量声誉形成的关键因素，并在此基础上研究地区质量声誉对农产品企业出口贸易的影响效用，为实现农业高质量发展，增强农产品企业出口动力，推动中国农产品出口贸易可持续发展提出建设性意见。基于此，本章为有效地解答上述问题，将针对农产品地区质量声誉的形成机理及地区质量声誉对农产品企业出口贸易的影响效用展开讨论，并提出相应的研究假设，为后文的实证部分提供理论依据。

---

① 《中共中央　国务院关于做好 2023 年全面推进乡村振兴重点工作的意见》，http：//www. moa. gov. cn/ztzl/2023yhwj/2023nzyyhwj/202302/t20230214_ 6420529. htm.

4.1　形成机理探讨

4.1.1　模型构建的理论基础

演化博弈论主要以有限理性的博弈作为分析框架，博弈双方经过不断学习、适应等过程实现动态均衡，弥补了传统博弈论假设参与人完全理性和完全信息等缺陷。在演化博弈过程中，个体往往是在观察和学习其他个体策略的基础上动态调整自己的策略，因为人是有限理性的，所以，博弈双方在策略选择中存在诸多不确定性（Smith，1986；金帅等，2015）。该理论强调，参与人需要通过相互之间的模仿、学习等动态过程，逐步寻优达到最有利的策略（盛昭瀚和蒋德鹏，2002）。演化博弈分析中最重要的概念是动态复制方程，该方程能够预测有限理性个体的群体行为变化情况（陈通和李志方，2014），具体见式（4－1）：

$$\frac{dx_t}{dt} = x_t(\alpha)\left[\mu_t(\alpha) - \overline{\mu_t} - (g)\right] \qquad \text{式（4－1）}$$

在式（4－1）中，x_t（α）表示 t 时期使用纯策略 α 的农产品企业在企业集群中所占比例，μ_t（α）表示使用纯策略 α 的农产品企业的期望收益，$\overline{\mu_t}(g)$ 表示地区内所有农产品企业的平均期望收益。

传统动态复制方程的假设条件相对过于完美：要求企业生产的产品要有同质性、无差别；市场中存在大量消费者和生产者，且他们对市场价格无明显影响；市场中的信息互通是顺畅的，资源能在不同主体之间自由流动。但这与现实存在差距，可能影响动态复制方程在企业行为中的具体应用（张永林等，2015）。因此，为了更好地探讨针对农产品企业这一行为主体作用下地区质量声誉的形成，本书对动态复制方程的原始假设条件进行拓展，并提出相应的模型假设。

4.1.2　演化博弈模型假设

由前文相关综述可知，农产品地区质量声誉的形成不仅会与政府、行业协会和企业三者紧密关联，同样会与本地区的资源禀赋紧密联系。基于此，本书将主要从以下五方面提出相关研究假设。

第一，假设同一地区有 n 个生产、出口同类农产品的企业。在 t 时期，每个农产品企业都面临相同的策略集合 $M_i = \{m_1, m_2\}$，即（采纳行业质量标准，不采纳行业质量标准）。① 且在 t 期内，采纳行业质量标准的农产品企业所占比例为 x（t），不采纳行业质量标准的农产品企业所占比例则为 1 - x（t）。

第二，假设每个农产品企业拥有的初始资源为 1，企业在采纳行业质量标准时需要额外投入生产成本 ε（ξ），且 ε 的大小与本地区的农业资源禀赋 ξ 成反比。原因在于，企业生产集聚会受到资源禀赋的影响（张宏升，2007），有助于提升企业生产率水平，降低企业生产成本。

第三，假设农产品企业出口某类农产品过程中采纳行业质量标准行为，此时所形成的该类农产品地区质量声誉用 γ 表示，且 γ 能够被同地区内所有农产品企业共享。此处借鉴泰勒（Tirole，1996）强调的集体声誉是个体声誉总和的概念，及温弗瑞等（Winfree et al.，2005）提出的集体声誉属于共同财产的思想，假设地区质量声誉为 $\gamma[\varepsilon, n, x(t)] = [\varepsilon n x(t)]^{\frac{1}{a}}$，其中，$0 \leqslant \varepsilon \leqslant 1$，$a \geqslant 0$。较好地说明了农产品地区质量声誉的形成，由该地区内农产品企业的个数 n、在 t 期内采纳行业质量标准的农产品企业所占比例 x（t）及每个农产品企业采纳行业质量标准所需额外投入生产成本 ε（ξ）共同决定；a 为采纳行业质量标准的生产率参数，假设恒值为 2。

第四，假设采纳行业质量标准的农产品企业收益 π^c 由两部分组成：一是投入其他种类农产品生产所得收益 1 - ε；二是来自上一期的采纳行

① 采取行业质量标准即意味着，农产品企业积极从事生产并出口高质量农产品；不采纳行业质量标准则意味着，农产品企业不会积极从事生产与出口高质量农产品。当生产者普遍遵循行业质量标准时，能够为消费者提供一种较好的客观事实，推动消费者基于良好客观事实下针对产品质量形成较高的主观评价。当绝大多数消费者对本地区出口农产品在购买过程中均形成较高的主观评价时，便推动形成高质量声誉。

业标准行为所带来的收益 $\gamma[\varepsilon, n, x(t-1)]$。假定农产品企业在不采纳行业质量标准时所获收益 π^b 由两部分组成：一是原有资源1；二是采纳行业质量标准的农产品企业所带来的地区质量声誉 γ 的溢出效益值，此处，设定溢出系数为 l。

第五，在现实情况下，当某个地区的农产品企业在生产与出口过程中均采纳行业质量标准时，那么，该地区的农产品出口质量必然得到进一步提升，从而提高本地区农产品地区质量声誉。此时，必须要求政府及时制定、监督并执行相关行业标准，要求行业协会的行规行约充分发挥作用，积极构成多边规制结构，推动本地区农产品企业采纳行业质量标准，避免个别企业的“搭便车”行为。基于此，本书做出三个设定：一是政府和行业协会辨识出农产品企业存在“搭便车”行为的概率，记为 z；二是政府和行业协会对该地区内农产品企业实施行业标准制定及监督时需要耗费的成本，记为 β；三是政府对不遵循或不采纳行业质量标准的农产品企业实施惩罚的力度，记为 ρ，对采纳行业质量标准的农产品企业给予一定奖励，记为 κ。

4.1.3　模型求解

在 t 时期，将采纳行业质量标准的农产品企业的期望收益设定为 μ_t^c，将不采纳行业质量标准的农产品企业的期望收益设定为 μ_t^b，得到式（4－2）和式（4－3）：

$$\mu_t^c = 1 - \varepsilon(\xi) - \beta + \kappa + \gamma[\varepsilon(\xi), n, x(t-1)] \qquad 式（4-2）$$

$$\mu_t^b = 1 + l(1-z)\gamma[\varepsilon(\xi), n, x(t-1)] - z\rho \qquad 式（4-3）$$

基于式（4－2）和式（4－3），每个农产品企业在 t 时期的平均期望收益，见式（4－4）：

$$\overline{\mu_t} = x(t)\mu_t^c + [1 - x(t)]u_t^b \qquad 式（4-4）$$

基于式（4－4），动态复制方程可以进一步表示为式（4－5）：

$$\frac{x(t) - x(t-1)}{x(t-1)} = \mu_t^c - \overline{\mu_t} \qquad 式（4-5）$$

将式（4-2）、式（4-3）和式（4-4）代入式（4-5），可得出在t期内采纳行业质量标准的农产品企业所占比例，如式（4-6）所示。

$$x(t) = x(t-1) + x(t-1)[1 - x(t)]\{[1 - l(1-z)][\varepsilon(\xi)nx(t-1)]^{\frac{1}{2}} - \varepsilon(\xi) - \beta + \kappa + z\rho\} \quad 式（4-6）$$

式（4-6）是一个非线性差分方程，令x（t）=x（t-1），当0<l<1时，可得出三个均衡解，具体为0，1，$\frac{(\varepsilon(\xi)+\beta-\kappa-z\rho)^2}{n\varepsilon(\xi)[1-l(1-z)]^2}$。

当l=1时，式（4-6）可进一步转化为式（4-7）：

$$x(t) = x(t-1) + x(t-1)[1 - x(t)]\{z[\varepsilon(\xi)nx(t-1)]^{\frac{1}{2}} - \varepsilon(\xi) - \beta - \kappa - z\rho\} \quad 式（4-7）$$

根据式（4-7）可解出三个均衡值，分别是0，1，$\frac{(\varepsilon(\xi)+\beta-\kappa-z\rho)^2}{n\varepsilon(\xi)z^2}$。据此，本书提出农产品地区质量声誉形成的三种情景。

情景一（0<l<1）：当$0 \leqslant x(t) < \frac{(\varepsilon(\xi)+\beta-\kappa-z\rho)^2}{n\varepsilon(\xi)[1-l(1-z)]^2}$时，$\mu_t^c < \mu_t^b$，此时，所有农产品企业均不会选择采用行业质量标准，生产及出口农产品质量会处于最低点，极其不利于推动农产品地区质量声誉的形成；当$\frac{(\varepsilon(\xi)+\beta-\kappa-z\rho)^2}{n\varepsilon(\xi)[1-l(1-z)]^2} < x(t) \leqslant 1$时，$\mu_t^c > \mu_t^b$，此时，所有农产品企业均会选择采用行业质量标准，生产及出口农产品质量处于最高点，更容易推动农产品地区质量声誉的形成。当$x^*(t) = \frac{(\varepsilon(\xi)+\beta-\kappa-z\rho)^2}{n\varepsilon(\xi)[1-l(1-z)]^2}$时，代表t时期n家农产品企业中有$\frac{(\varepsilon(\xi)+\beta-\kappa-z\rho)^2}{n\varepsilon(\xi)[1-l(1-z)]^2}$企业会采用行业质量标准，在这种状态下，农产品企业对其所生产及出口的农产品质量维持在最低点和最高点之间，并随着声誉溢出系数l、企业规模n、行业协会和政府等组织对该地区农产品企业实施行业标准制定及监督时所耗费成本β、农产品企业不采纳行业质量标准时被发现概率z、政府对不采纳行业质量标准的农产品生产企业实施惩罚力度 ρ、政府对于遵循或采纳行业质量标准的农产品企业给予奖励力度 κ 等因素的不同而存在差异。

具体地，$x^*(t)=\frac{(\varepsilon(\xi)+\beta-\kappa-z\rho)^2}{n\varepsilon(\xi)[1-l(1-z)]^2}$可表示采纳行业质量标准的农产品生产企业所占比例的门槛值，该门槛值越大，表明农产品生产企业遵循或采纳行业质量标准的可能性越低，越不利于农产品地区质量声誉的形成；反之，则说明农产品生产企业遵循或采纳行业质量标准的可能性越高，越有利于农产品地区质量声誉的形成。进一步分析可知，$x^*(t)$ 的大小和本地区行业内农产品生产企业数量规模 n、农产品生产企业不遵循或不采纳行业质量标准时被发现的概率 z、政府对不遵循或不采纳行业质量标准的企业实施惩罚力度 ρ、政府对遵循或采纳行业质量标准的农产品企业给予奖励力度 κ 等因素呈负相关关系，而与农产品企业遵循或采用行业质量标准时需要额外投入生产成本 ε(ξ)、行业协会对该地区农产品企业实施行业质量标准制定及监督时所耗费成本 β、声誉溢出系数 l 等因素成正相关关系。本书进一步考虑监督机制。一是如果农产品企业不遵循行业质量标准时被发现的概率 z 增大，那么，便会激励更多农产品企业选择采纳行业质量标准，进而提升本地区出口农产品质量的整体平均水平，有利于维护良好的地区质量声誉；二是当行业协会对该地区农产品企业实施行业质量标准制定及监督时所耗费的成本 β 增加时，则必然会削弱行业协会对于潜在“搭便车”行为的监督积极性，不利于实施高效、严格的行业监管，不利于农产品地区质量声誉的形成；三是如果声誉溢出系数 l 增大，则会诱使更多企业存在“搭便车”行为动机，不遵循或不采纳行业质量标准，不利于地区质量声誉的形成；四是随着政府对不遵循或不采纳行业质量标准的企业实施惩罚力度 ρ、政府对于遵循或采纳行业质量标准的农产品企业给予奖励力度 κ 等不断加大，能督促更多企业采纳质量标准，有助于提升本地区出口农产品的整体平均质量，形成良好的地区质量声誉。

情景二（l=1）：当$0\leqslant x(t)<\frac{(\varepsilon(\xi)+\beta-\kappa-z\rho)^2}{n\varepsilon(\xi)z^2}$的情况下，$\mu_t^c<\mu_t^b$，此时，所有农产品企业均不会选择采纳行业质量标准，农产品企业对其所生产及出口的农产品质量维持在最低点，地区质量声誉难以形成；当$\frac{(\varepsilon(\xi)+\beta-\kappa-z\rho)^2}{n\varepsilon(\xi)z^2}<x(t)\leqslant 1$的情况下，$\mu_t^c>\mu_t^b$，此时，所有农产品企业均会选择采纳行业质量标准，农产品企业对其所生产及出口的农产品质量维持在最高点，极易形成良好的地区质量声誉。$x^*(t)=\frac{(\varepsilon(\xi)+\beta-\kappa-z\rho)^2}{n\varepsilon(\xi)z^2}$表示t时期n家农产品企业中共有$\frac{(\varepsilon(\xi)+\beta-\kappa-z\rho)^2}{n\varepsilon(\xi)z^2}$家企业采用行业质量标准，农产品企业对其所生产及出口的农产品质量维持在最低点和最高点之间，$x^*(t)$的大小和本地区行业内农产品企业数量规模n、农产品企业不遵循或不采纳行业质量标准时被发现的概率z、政府对不遵循或不采纳行业质量标准的企业实施惩罚力度ρ、政府对于遵循或采纳行业质量标准的农产品企业给予奖励力度κ等因素呈负相关关系，与农产品企业遵循或采纳行业质量标准时需要额外投入生产成本ε(ξ)、政府及行业协会等组织对该地区农产品企业实施行业质量标准制定及监督时所耗费成本β等因素呈正相关关系，但与声誉溢出系数l大小无关。

情景三（0<l≤1）：当$x^*(t)=0$时，意味着本地区行业内全部农产品企业都不遵循或不采纳行业质量标准，此时，农产品企业对其所生产及出口的农产品行业质量维持在最低点，这是一个纯策略均衡；当$x^*(t)=1$时，则意味着，本地区行业内全部农产品企业都会遵循或采纳行业质量标准，此时，农产品企业对其所生产及出口的农产品质量维持在最高点，这也是一个纯策略均衡。

4.1.4 结论分析

通过前文分析，本书可得出以下五点主要结论。

第一，对于某个地区而言，农产品企业采纳行业质量标准所需额外投入生产成本 $\varepsilon(\xi)$ 增大时，企业会降低其遵循或采纳行业质量标准的动机，从而阻碍地区质量声誉的形成。这要求农产品企业必须充分发挥当地的资源禀赋 ξ 所具有的比较优势，尽可能地降低企业采纳行业质量标准所需额外投入生产成本 $\varepsilon(\xi)$，才能更好地推动本地区农产品企业积极采纳行业质量标准，提升企业出口农产品质量，形成良好的地区质量声誉。

第二，当农产品企业采纳行业质量标准所带来的声誉溢出系数 l 接近于 1 时，不采纳行业质量标准的农产品企业却能够获得较显著的声誉溢出效益，削弱了企业采纳行业质量标准的积极性，更容易诱发“搭便车”行为。因此，这要求行业协会及时披露企业信息，加强行业内企业信息的公开透明度，保障遵循行业质量标准的企业经营利润最大化，有效减少不遵循或不采纳行业质量标准企业的声誉溢出效益。当不采纳行业质量标准的企业经营收益减少时，原先不愿意采纳行业质量标准的企业会转向积极采纳行业质量标准，提升企业出口农产品质量，最终形成良好的地区质量声誉。

第三，当 $\frac{(\varepsilon(\xi)+\beta-\kappa-z\rho)^2}{n\varepsilon(\xi)[1-l(1-z)]^2} \leqslant x(t) \leqslant 1$ 和 $\frac{(\varepsilon(\xi)+\beta-\kappa-z\rho)^2}{n\varepsilon(\xi)z^2} \leqslant x(t) \leqslant 1$ 时，某地区行业内农产品企业数量越少，企业遵循或采纳行业质量标准的可能性越高，本地区出口的农产品平均质量水平越高，越有利于推动良好地区质量声誉的形成。而当一个地区行业内的农产品企业数量过多时，不利于行业内监管，企业会有较强的“搭便车”动机，有较强的意愿不遵循或不采纳行业质量标准，不利于农产品地区质量声誉的形成。

第四，当农产品企业不遵循或不采纳行业质量标准时被发现概率 z 增加时，企业不采纳行业质量标准的行为会极大减少，并导致本地区遵循质量标准的农产品企业占比 $nx(t)$ 提高，提升出口农产品质量整体水平，形成良好的地区质量声誉。

第五，从成本或监管机制视角考虑。一是政府、行业协会等在制定行业标准及监督企业时所耗费成本 β 越多，越不利于行业质量标准的制定与监督功能的发挥。这要求行业协会必须要制定一套严格、高效的行业质量标准制度，规范农产品企业的生产行为及出口行为，优化监督管理模式，降低耗费成本 β，才能督促更多企业遵循并采纳行业质量标准，推动良好地区质量声誉的形成。二是不断强化政府对不遵循或不采纳行业质量标准的农产品企业实施惩罚力度 ρ 与政府对遵循或采纳行业质量标准的农产品企业给予奖励力度 κ，可有效地激励企业积极主动地遵循或采纳行业质量标准，推动良好地区质量声誉的形成。

综上所述，农产品地区质量声誉的形成是多方面因素综合作用的结果，一个地区的农业资源禀赋、农产品企业、行业协会及政府等均在其形成过程中发挥重要作用。整体而言，一是农产品企业在生产及出口过程中要充分发挥当地的资源禀赋优势 ξ，降低企业采纳行业质量标准所需额外投入的生产成本 $\varepsilon(\xi)$；二是政府及行业协会也要积极地管控行业内企业的数量规模 n，还要加强和完善对农产品企业信息披露的能力与监督体系，降低声誉溢出系数 l 及其与政府等组织实施行业质量标准制定及公共监督时所耗费的成本 β，提高对不遵循行业质量标准农产品企业的发现概率 z；三是积极推动政府加大对农产品企业是否遵循行业质量标准时的奖惩力度（κ 和 ρ）。

只有充分立足于当地农业资源禀赋优势，积极推动政府、行业协会、农产品企业之间的协调与合作，才能更好地督促农产品企业积极、主动地遵循行业质量标准，提升本地区出口农产品质量平均水平，最终，在国际市场形成良好的农产品地区质量声誉。

4.2 影响效用理论模型推导

前面已经阐明国际贸易中农产品地区质量声誉是如何形成的，本节将进一步分析地区质量声誉是如何影响农产品企业出口贸易的。一是对地区质量声誉影响农产品企业出口二元边际的效用进行理论推导，并提出相应的研究假设；二是对地区质量声誉影响企业出口农产品质量的效用进行理论推导，并提出相应的研究假设；三是对地区质量声誉影响农产品企业出口持续时间的影响效用进行理论推导，并提出相应的研究假设。

4.2.1 对农产品企业出口二元边际的影响效用

本节参考梅里兹和奥特维埃诺（Melitz and Ottaviano，2008）以及邱和于（Qiu and Yu，2014）的研究，构建地区质量声誉对农产品企业出口二元边际的分析框架。①

1. 模型假定

（1）假设代表性消费者具备标准 CES 函数，这意味着，不同农产品种类之间的外生性加价和同质性加价，以及不同农产品种类和不同国家之间的需求对称。

（2）假设企业生产要素中资本和劳动不能自由跨国流动。

（3）假设企业生产农产品种类会同时影响可变成本和固定成本，即农产品种类越多，则企业生产经营的可变成本和固定成本均会越大。此做法是为了将企业生产农产品种类纳入分析框架。

2. 模型构建与研究假设

（1）需求。假设代表性消费者的效应函数是标准的 CES 形式，如式（4－8）所示。

$$\mu_f = [\int_{j\in\Omega}(q_{jf})^{\frac{\sigma-1}{\sigma}}dj]^{\frac{\sigma}{\sigma-1}} \qquad 式（4-8）$$

在式（4－8）中，f 表示进口国，j 表示农产品，σ 表示农产品间的替代弹性（$\sigma>1$），Ω 表示农产品种类集合，q_{jf}表示消费者消费农产品 j 的数量。根据消费者效用最大化，构建拉格朗日函数，得出进口国 d 购

① 本章理论模型推导中所说企业，均指农产品企业。

买农产品 j 的数量，如式（4－9）所示。

$$q_{jf} = p_{jf}^{-\sigma}\frac{E_f}{p_f} \qquad 式（4-9）$$

在式（4－9）中，E_f 表示进口国 f 的消费者对农产品的总需求，其对应农产品部门的总收入；P_f 表示进口国 f 的整体价格指数；如式(4－10)所示。

$$p_f = \left[\int_{y \in \Omega} p_{if}^{1-\sigma} di\right]^{\frac{1}{1-\sigma}} \qquad 式（4-10）$$

（2）供给。假设出口国 d 的生产者满足柯布—道格拉斯生产函数（cobb－douglas，C－D），为了区分不同地区的异质性，本书在生产函数中引入地区质量声誉 γ。考虑到农产品地区质量声誉越高，则企业产出越多，将生产函数设定为式（4－11）：

$$Y_{jd} = \gamma A_j K_{jd}^{\alpha} M_{jd}^{\beta} L_{jd}^{1-\alpha-\beta} \qquad 式（4-11）$$

在式（4－11）中，Y_{jd}表示企业产出。α、1－α－β 和 β 分别表示资本、劳动和中间品所占的份额，A_j 表示企业生产率的外生固定值。$K_{j\alpha}^{\alpha}$表示企业投入的资本，$L_{jd}^{1-\alpha-\beta}$表示企业投入的劳动，M_{jd}^{β}表示企业投入的中间品。

（3）出口集约边际。

①成本。根据企业生产函数，本节的企业可变成本，主要由企业生产经营所需的资本成本、劳动成本和中间品成本组成，设定资本价格、劳动价格和中间品价格分别为 r、ω 和 P_m。地区质量声誉可有效地缓解信息不对称，不仅可帮助消费者更好地了解产品特性，还可帮助企业节约宣传费用等成本（叶迪和朱林可，2017；董银果和高小龙，2020）。因此，当某类农产品具有良好的地区质量声誉时，其更能吸引消费者的购买行为。据此，本书将企业的可变成本函数表示为式（4－12）：

$$C_j = \frac{1}{\varphi\gamma^{a}}\left(\frac{r}{\alpha}\right)^{\alpha}\left(\frac{w}{1-\alpha-\beta}\right)^{1-\alpha-\beta}\left(\frac{P_m}{\beta}\right)^{\beta} \qquad 式（4-12）$$

在式（4－12）中，φ 表示企业生产率，刻画企业可变成本异质性；γ 表示地区质量声誉，a 表示企业可变成本的地区质量声誉弹性，

且 $a>0$。

在式（4－12）的基础上，本书将企业的成本函数设定为式（4－13）：

$$C=\frac{1}{\varphi\gamma^{a}}\left(\frac{r}{\alpha}\right)^{\alpha}\left(\frac{w}{1-\alpha-\beta}\right)^{1-\alpha-\beta}\left(\frac{P_m}{\beta}\right)^{\beta}+F \qquad \text{式（4－13）}$$

在式（4－13）中，F 表示企业的固定成本。

②均衡。假设每个企业只生产一种农产品，企业生产农产品 j 的数量为 q_j，农产品 j 在市场中的销售价格为 p_j，企业生产经营的总成本是 C（包含可变成本 C_j 和固定成本 F）。因此，企业的利润函数可以表示为式（4－14）：

$$\pi_j=q_jp_j-C=q_j(p_j-C_j)-F \qquad \text{式（4－14）}$$

根据式（4－10）和企业加成定价原则，可以计算企业利润最大化的产品销售价格，见式（4－15）：

$$p_j=\frac{C_j\sigma}{\sigma-1} \qquad \text{式（4－15）}$$

将式（4－12）、式（4－13）和式（4－15）代入式（4－14），此时，企业的利润函数式见式（4－16）：

$$\pi_y=\frac{1}{\sigma-1}\frac{1}{\varphi}\left(\frac{r}{\alpha}\right)^{\alpha}\left(\frac{w}{1-\alpha-\beta}\right)^{1-\alpha-\beta}\left(\frac{P_m}{\beta}\right)^{\beta}q_j\gamma^{-a}-F$$

式（4－16）

根据只有企业出口利润大于零时，企业才会选择出口的原则，可得出企业出口农产品 j 的数量临界值，如式（4－17）所示：

$$q_j^*=\frac{F}{\frac{1}{\sigma-1}\frac{1}{\varphi}\left(\frac{r}{\alpha}\right)^{\alpha}\left(\frac{w}{1-\alpha-\beta}\right)^{1-\alpha-\beta}\left(\frac{P_m}{\beta}\right)^{\beta}}\gamma^{a} \qquad \text{式（4－17）}$$

在式（4－17）中，F≥0，即企业固定成本投入不可能为负。将式（4－17）对地区质量声誉 γ 求导，得到式（4－18）：

$$\frac{\partial q_j^*}{\partial\gamma}=aF\gamma^{a-1}\frac{1}{\sigma-1}\frac{1}{\varphi}\left(\frac{r}{\alpha}\right)^{\alpha}\left(\frac{w}{1-\alpha-\beta}\right)^{1-\alpha-\beta}\left(\frac{P_m}{\beta}\right)^{\beta}>0$$

式（4－18）

根据式（4－18）可知，地区质量声誉对农产品企业出口集约边际的表现为促进作用。

基于此，本书得出以下研究假设：

假设4－1：地区质量声誉提升，会对农产品企业出口集约边际扩张存在显著促进作用。

（4）出口扩展边际。

①成本。与出口集约边际设定不同的是，本书将企业生产农产品种类引入成本函数，企业可变成本主要由两部分组成：一是企业生产经营所需的资本成本、劳动成本和中间品的成本组成，设定资本价格、劳动价格和中间品价格分别是r、w和P_m；二是参考邱斌等（2020）的研究，将企业生产农产品种类Ω引入企业可变成本函数，即随着企业生产农产品种类的增加，其生产可变成本会越来越大。企业的可变成本函数可表示为式（4－19）：

$$C_j = \frac{\Omega}{\varphi\gamma^a}\left(\frac{r}{\alpha}\right)^{\alpha}\left(\frac{w}{1-\alpha-\beta}\right)^{1-\alpha-\beta}\left(\frac{P_m}{\beta}\right)^{\beta} \qquad 式（4－19）$$

考虑到企业生产农产品种类越多，对企业生产设备等固定资产要求越高，即生产农产品种类越多，固定成本越大。本书把企业生产的农产品种类Ω也纳入企业固定成本。为了计算简便，在式（4－19）的基础上，本书将企业成本函数设定为式（4－20）：

$$C = \frac{\Omega}{\varphi\gamma^a}\left(\frac{r}{\alpha}\right)^{\alpha}\left(\frac{w}{1-\alpha-\beta}\right)^{1-\alpha-\beta}\left(\frac{P_m}{\beta}\right)^{\beta} + n\Omega \qquad 式（4－20）$$

在式（4－20）中，nΩ表示企业固定成本，n表示常数（$n>0$），Ω表示企业出口的农产品种类数。

②均衡。假设企业生产Ω种农产品，企业生产农产品j的数量为q_j，农产品j在市场中的销售价格为p_j，企业生产经营的总成本是C（包含可变成本C_j和固定成本F）。因此，企业的利润函数可以表示为式（4－21）：

$$\pi_j = \int_0^{\Omega} q_j p_j dj - C = \int_0^{\Omega} q_j(p_j - C_j)dj - n\Omega \qquad 式（4－21）$$

将式（4－21）对企业生产农产品种类 Ω 求一阶偏导，可以得到式（4－22）：

$$\frac{\partial \pi_j}{\partial \Omega}=q_j(p_j-C_j)-n=0 \qquad \text{式（4－22）}$$

根据剩余需求函数式（4－9）和企业加成定价原则，可以计算出企业利润最大化时农产品 j 的销售价格为式（4－23）：

$$p_j=\frac{C_j\sigma}{\sigma-1} \qquad \text{式（4－23）}$$

根据式（4－9）、式（4－19）、式（4－22）和式（4－23），可以求出企业出口农产品种类（即农产品企业出口扩展边际）为式（4－24）：

$$\Omega^*=\frac{n^{\frac{1}{1-\sigma}}}{\left\{\left[\frac{1}{\varphi\gamma^a}\left(\frac{r}{\alpha}\right)^{\alpha}\left(\frac{w}{1-\alpha-\beta}\right)^{1-\alpha-\beta}\left(\frac{P_m}{\beta}\right)^{\beta}\frac{1}{\sigma-1}\right]^{1-\sigma}\sigma^{-\sigma}\frac{E_f}{p_f}\right\}^{\frac{1}{1-\sigma}}}$$

式（4－24）

将式（4－24）对地区质量声誉 γ 求导，得式（4－25）：

$$\frac{\partial \Omega^*}{\partial \gamma}=\frac{a}{1-\sigma}\frac{n^{\frac{1}{1-\sigma}}}{\gamma^{-a-1}\left\{\left[\frac{\gamma^{-a}}{\varphi}\left(\frac{r}{\alpha}\right)^{\alpha}\left(\frac{w}{1-\alpha-\beta}\right)^{1-\alpha-\beta}\left(\frac{P_m}{\beta}\right)^{\beta}\frac{1}{\sigma-1}\right]^{1-\sigma}\sigma^{-\sigma}\frac{E_f}{p_f}\right\}^{\frac{1}{1-\sigma}-1}}<0$$

式（4－25）

从式（4－25）可知，地区质量声誉提升，抑制了农产品企业出口扩展边际的扩张。

综上所述，本章提出以下研究假设：

假设 4－2：地区质量声誉提升，会对农产品企业出口扩展边际扩张表现为显著抑制作用。

3. 作用机制探讨

第一，良好的地区质量声誉有利于购买者对产品作出较高评价，提升企业出口产品价格（叶迪和朱林可，2017）。随着出口产品价格的提升，一方面，企业规模和产品价格与投入品价格存在正相关关系（Kugler and Verhoogen，2012），即出口农产品价格的提升有助于扩大企业规模，并在规模经济下实现生产率提升和农产品质量升级，进一步推动出口产品价格提升，推动企业以更高价格出口更多产品，并出口到更多市场（Crozet et al.，2009；Manova and Yu，2017），最终推动农产品企业出口集约边际扩张；另一方面，出口产品价格提升诱使更多企业进入该区域，增加了该行业的竞争激烈程度。在产品质量异质性条件下，企业会采取质量竞争战略，通过生产高质量产品和制定较高出口价格，导致产品价格和销售额之间存在正向关系（樊海潮等，2020），最终提高了农产品企业出口集约边际。此外，对于出口企业而言，因良好地区质量声誉导致出口农产品价格提升，为企业生产经营带来了更高利润，企业为了增强该类农产品的竞争优势，必然会弱化对于其他种类农产品的生产及出口，抑制农产品出口扩展边际扩张。而消费者在特定阶段的消费能力是一定的，当其对某类农产品购买支付较高成本时，必然会削弱对其他种类农产品的购买力，对其他种类农产品产生挤出效应，最终抑制农产品企业出口扩展边际的提升。基于此，本书认为，良好的地区质量声誉有助于提升企业出口农产品价格，推动农产品企业出口集约边际扩张，但会抑制农产品企业出口扩展边际扩张，即“声誉溢价效应”。

第二，融资约束一直是困扰企业尤其是中小企业生产经营活动和出口贸易的重要因素，融资约束越高的企业面临的出口可能性越低（Chaney，2005；Minetti and Zhu，2011），而信息不对称作为引致融资约束的重要因素，直接导致部分业绩良好、发展潜力较大的企业难以获取银行的资金支持，阻碍其进入出口市场（史恩义等，2019）。地区质量声誉不仅是缓解信息不对称的有效手段，还是一种无形资产（Tadelis，1999）。良好的地区质量声誉传达出一种良好的商业信用，帮助企业实现更好的融资（孙浦阳等，2014）。因此，具有良好地区质量声誉的企业更容易突破融资约束限制，获得更多外部资金，克服出口门槛的约束，增加企业出口可能性与出口额（Manova，2012）。基于此，本书认为，良好的地区质量声誉作为良好的商业信用可以缓解企业融资约束，帮助当地农产品企业实现融资扩张，推动农产品企业出口二元边际扩张，即“融资扩张效应”。

第三，良好的地区质量声誉有助于提升农产品出口溢价能力，为农产品出口企业带来更高的出口利润。随着企业出口利润不断增加，资本逐利性会驱使更多外资企业对其竞相投资。一方面，外资企业不断进入会使本区域企业获得技术溢出效应，提高产品的生产技术和规范度（房帅等，2020），且本土企业通过外资企业可以更好地了解国际市场需求信息，并通过模仿外资企业实现出口种类的扩张（Aitken et al.，1997；Kokko et al.，1997；Greenaway et al.，2004）；另一方面，良好的地区质量声誉通常代表了一种良好的地区形象或美誉度，而企业在选择区位时往往会将自身提供的服务与所在地区的形象及美誉度联系在一起（陈英武等，2010），形成地理集聚。此时，外资企业进入导致的地理集聚程度提高能够提升企业的出口倾向，促进出口贸易集约边际的提升（Cassey and Schmeiser，2013；刘竹青等，2014）。因此，良好的地区质量声誉可通过提高企业出口利润来吸引外商投资，进而实现本地区农产品企业出口二元边际扩张，即地区质量声誉的“外资引致效应”。

第四，在开放经济条件下，某一国家的产品比较优势在很大程度上决定了该国贸易模式，而资源禀赋优势又决定了一国的产品比较优势。特别是农产品的生产高度依赖土地、生态等流动性较弱的自然资源，导致其与高度依赖劳动、资本等要素的产业相比，更容易受当地资源禀赋结构变化的影响，此时，产品比较优势也会随着时间变化而动态演变（李谷成等，2014）。因此，一旦某地区农产品形成良好的地区质量声誉，与之相关的政策、资源等也会向此地区集中，为本地区该类型农产品注入了新的活力。从传统贸易理论出发，生产的专业集中化会更有利于提高资源配置效率，促进企业产出增加（陈蓉和许培源，2014），提高企业出口集约边际。然而，企业将所有资源用于专业集中化生产少数优势产品，虽然在一定程度上获得了规模经济，但是，对新产品的研发创新会产生挤出效应，不利于企业出口扩展边际的提升。基于此，地区质量声誉会提高农产品市场竞争程度，促进农产品企业出口集约边际扩张，同时，抑制农产品企业出口扩展边际扩张，即市场竞争效应。

综上所述，本书提出以下研究假设。

假设4－3： 地区质量声誉会通过“声誉溢价效应”“融资扩张效应”“外资引致效应”和“市场竞争效应”提高农产品企业出口集约边际，会通过“融资扩张效应”和“外资引致效应”提高农产品企业出口扩展边际，会通过“声誉溢价效应”和“市场竞争效应”抑制农产品企业出口扩展边际。

4.2.2 对出口农产品质量的影响效用

本节在梅里兹和奥特维埃诺（Melitz and Ottaviano，2008）的垄断竞争模型与哈尔克和斯威德森（Hallak and Sivadasan，2009）的质量内生决定模型的基础上，将地区质量声誉纳入理论分析框架，构建地区质量声誉对企业出口农产品质量影响的分析框架。

1. 模型假定

（1）假设代表性消费者具备标准CES函数，这意味着，不同农产品种类之间的外生性加价和同质性加价，以及不同农产品种类和不同国家之间的需求对称。

（2）假设企业生产要素中资本和劳动不能自由跨国流动。

（3）假设一国最终产品市场为垄断竞争市场，每个企业只生产一种农产品。

2. 模型构建与研究假设

（1）需求。假设代表性消费者的效应函数是标准的CES形式，如式（4－26）所示：

$$\mu = \left[\int_{j\in\Omega}(\lambda_j q_j)^{\frac{\sigma-1}{\sigma}}dj\right]^{\frac{\sigma}{\sigma-1}} \qquad 式（4－26）$$

在式（4－26）中，q_j 表示消费者消费农产品 j 的数量（即企业生产农产品 j 的数量），λ_j 表示消费者消费农产品 j 的质量（即企业生产农产品 j 的质量），σ 表示任意两种农产品之间的替代弹性（$\sigma>1$）。根据消费者效用最大化构建拉格朗日函数，求出消费者最优消费量，如式（4－27）所示：

$$q_j = p_j^{-\sigma}\lambda_j^{\sigma-1}\frac{R}{p} \quad \text{式（4－27）}$$

在式（4－27）中，R 表示消费者对农产品 j 的总需求，它对应的是农产品 j 部门的总收入；λ_j 表示农产品 j 的质量；p_j 表示农产品 j 的价格指数（$y\in\Omega$），p 表示农产品市场整体价格指数。价格指数 p，如式（4－28）所示：

$$p = \left[\int_{j\in\Omega} p_j^{1-\sigma}\lambda_j^{\sigma-1}dj\right]^{\frac{1}{1-\sigma}} \quad \text{式（4－28）}$$

（2）供给。垄断竞争市场中代表性企业的柯布—道格拉斯（cobb－douglas，C－D）生产函数，见式（4－29）：

$$Q_j = \varphi K^{\alpha}L^{1-\alpha-\beta}M^{\beta} \quad \text{式（4－29）}$$

在式（4－29）中，Q_j 表示企业产出。α、$1-\alpha-\beta$ 和 β 分别表示资本所占份额、劳动所占份额和中间品所占份额，φ 表示企业生产率的外生固定值。K^{α} 表示企业投入的资本，$L^{1-\alpha-\beta}$表示企业投入的劳动，M^{β} 表示企业投入的中间品。

（3）成本。企业的可变成本主要包括三部分：一是企业生产经营过程中所需的资本 r、劳动 w 和中间品的成本 P_m；二是鉴于农产品地区质量声誉能够有效地缓解信息不对称，降低农产品企业的广告宣传费用等可变成本，诱导消费者产生购买行为，因此，将地区质量声誉直接引入企业可变成本函数；三是参照哈尔克和斯威德森（Hallak and Sivadasan，2009）与施炳展和邵文波（2014）的研究，把出口农产品质量直接引入企业可变成本函数，即出口农产品质量越高，往往意味着企业可变成本越大。因此，企业的可变成本函数可表示为：

$$C_j = \frac{\Omega}{\varphi\gamma^{a}}\left(\frac{r}{\alpha}\right)^{\alpha}\left(\frac{w}{1-\alpha-\beta}\right)^{1-\alpha-\beta}\left(\frac{P_m}{\beta}\right)^{\beta}(\lambda_j)^{\mu} \quad \text{式（4－30）}$$

在式（4－30）中，φ 表示企业生产率，用来刻画企业可变成本异质性；γ 表示地区质量声誉，a 表示企业可变成本的地区质量声誉弹性，且 $a>0$；μ 表示可变成本的质量弹性（$0<\mu<1$），λ_j 表示企业出口农产品 j 的质量水平。

根据哈尔克和斯威德森（Hallak and Sivadasan，2009）与施炳展和邵文波（2014）的研究，将企业出口农产品质量纳入固定成本，即企业出口农产品质量越高，固定成本越大。

综上所述，为了计算简便，将固定成本的函数形式设定为 $F=(\lambda_j)^v$，其中，v 是固定成本的质量弹性（$v>0$）。

（4）均衡。假定企业生产农产品 j 的数量为 q_j，农产品 j 在市场上的销售价格为 p_j，企业生产经营的总成本是 C（包含可变成本 C_j 和固定成本 F）。因此，企业的利润函数可以表示为式（4－31）：

$$\pi_j=q_jp_j-C=q_j(p_j-C_j)-F \qquad 式（4－31）$$

根据剩余需求函数式（4－29）和企业加成定价原则，可以计算企业利润最大化的农产品销售价格为式（4－32）：

$$p_j=\frac{C_j\sigma}{\sigma-1} \qquad 式（4－32）$$

将式（4－27）、式（4－29）和式（4－32）代入式（4－31），此时，企业的利润函数为式（4－33）：

$$\pi_j=G\frac{1}{\gamma^{a(1-\alpha)}}(\lambda_j)^{(\sigma-1)(1-u)}-(\lambda_j)^v \qquad 式（4－33）$$

在式（4－33）中，$G=\frac{R}{p}\ \frac{\beta^{\beta(\sigma-1)}\sigma^{-\sigma}}{(\sigma-1)^{(1-\sigma)}}\left[\frac{1}{\varphi}\left(\frac{r}{\alpha}\right)^{\alpha}\left(\frac{w}{1-\alpha-\beta}\right)^{1-\alpha-\beta}\right]^{1-\sigma}(P_m)^{\beta(1-\sigma)}$。根据利润最大化原则，将式（4－33）对企业出口农产品质量 λ_j 求偏导得：

$$\frac{\partial\pi_j}{\partial\lambda_j}=(\sigma-1)(1-\mu)\frac{1}{\gamma^{a(1-\alpha)}}G(\lambda_j)^{(\sigma-1)(1-\mu)-1}-v(\lambda_j)^{v-1}=0$$

式（4－34）

根据式（4－34），可进一步得出利润最大化下企业出口农产品质量的临界值为：

$$\lambda_j^* = \left\{\frac{v\gamma^{a(1-\sigma)}}{G(\sigma-1)(1-\mu)}\right\}^{\frac{1}{(\sigma-1)(1-\mu)-v}} \quad \text{式（4-35）}$$

在式（4－35）中，固定成本的质量弹性 $v > (\sigma-1)(1-\mu)$（Hallak and Sivadasan，2009；施炳展和邵文波，2014；苏丹妮等，2018），因此，$\frac{1}{(\sigma-1)(1-\mu)-v} < 0$。将企业出口农产品质量的临界值对地区质量声誉 γ 求导，得到式（4－36）：

$$\frac{\partial\lambda_j^*}{\partial\gamma} = \frac{1}{(\sigma-1)(1-\mu)-v}a(1-\sigma)\gamma^{a(1-\sigma)-1}\left\{\frac{v\gamma^{a(1-\sigma)}}{G(\sigma-1)(1-\mu)}\right\}^{\frac{1}{(\sigma-1)(1-\mu)-v}-1} > 0 \quad \text{式（4-36）}$$

根据式（4－36）可知，地区质量声誉提升，可促进企业出口农产品质量升级。故本章提出以下假设：

假设4－4：地区质量声誉提升，对企业出口农产品质量升级存在显著积极作用。

3. 作用机制探讨

前文所述，地区质量声誉会促进企业出口农产品质量升级，然而，其中具体的作用机制还需要进一步分析。

第一，在信息不对称的市场中，前期消费者的质量评价信息是消费者不断更新对某一产品质量的预期，形成质量认知的充分条件（陈艳莹和平靓，2020）。地区质量声誉是缓解信息不对称的有效手段，一旦某地区农产品形成良好的地区质量声誉，将会刺激消费者抱有更高的质量预期，促使消费者提高购买意愿，为当地企业带来更高的出口利润。随着出口利润不断提升，鉴于资本的趋利性，会诱使更多企业加入本地区农产品出口中，对本地区农产品出口企业造成激烈的竞争压力。随着市场竞争压力的不断提升，促使企业开展技术创新活动，并提升其农产品出口质量（许明，2016）。同一行业内企业的大规模集聚，不仅为企业之间进行“示范—模仿”和科研合作提供了平台，还为不同企业人才间的技术交流铺设了通道，激励企业进行研发创新，实现出口农产品质量升级（苏丹妮等，2018）。因此，良好的地区质量声誉有助于推动同一行业内企业的大规模集聚①，增加行业内市场竞争的激烈程度，促进企业积极开展技术创新，推动实现出口农产品质量升级，即“市场竞争效应”。

第二，地区质量声誉作为一种重要的无形资产和“信号显示”标识，能将本地区企业出口农产品的质量信息“打包”传递给消费者，更易获取消费者对于该产品的信任（余劲松，2004；张琥，2008）。降低消费者的信息搜寻成本，扩展消费者的消费效用曲线，导致消费者的溢价购买行为（李丹等，2021）。较高的产品溢价意味着企业利润率提升，使得企业有更多资金开展技术创新和产品质量升级（胡昭玲和宋佳，2013），最终实现企业出口农产品质量升级，即“声誉溢价效应”。

综上所述，本书提出以下研究假设。

假设4-5：地区质量声誉会通过市场竞争效应和声誉溢价效应促进企业出口农产品质量升级。

4.2.3 对农产品出口持续时间的影响效用

农产品企业出口持续时间是指，企业从进入市场到退出市场所经历的时间，其和企业的逐利行为密切相关。如果某种农产品国外价格高于国内价格，那么，企业会选择出口国外市场，以获取更大利润；反之，则选择退出国外市场。例如，潘家栋（2018）研究发现，出口持续时间与国内外价格差距呈显著的正相关关系，即国内外价格差距越大，则企业出口持续时间越长。基于此，本书在信息不对称条件下，对梅利兹（Melitz，2003）的异质性企业模型进行拓展，将地区质量声誉引入理论模型，考察

① 需要注意的是，企业大规模集聚并非指企业数量的无限扩张，而是一个相对比较合理的集聚规模，能够有效地规避企业的“搭便车”行为。

地区质量声誉对农产品企业出口持续时间的影响，为后文的实证研究奠定了理论基础。为了便于研究，本书在模型设定时，假定企业和消费者之间的信息是不对称的，且一个企业只能生产并出口一种农产品。

1. 模型设定

（1）需求。假设进口国消费者具有的 CES 效用函数，见式（4－37）：

$$\mu_f = [\int_{j\in\Omega}(q_{jf})^{\frac{\sigma-1}{\sigma}}dj]^{\frac{\sigma}{\sigma-1}} \quad 式（4-37）$$

在式（4－37）中，f 表示进口国，j 表示农产品种类，σ 表示农产品间的替代弹性（σ＞1），Ω 表示农产品种类集合，q_{jf}表示消费者消费农产品 j 的数量。本书根据消费者效用最大化原则构建拉格朗日函数，见式(4－38)：

$$L_f = [\int_{j\in\Omega}(q_{jf})^{\frac{\sigma-1}{\sigma}}dj]^{\frac{\sigma}{\sigma-1}} + \lambda(E_f - P_f)\int_{j\in\Omega}(q_{jf})dj \quad 式（4-38）$$

在式（4－38）中，E_f 表示进口国 f 的市场需求，P_f 表示进口国 f 的整体价格指数。通过求解拉格朗日函数，可以求出进口国 f 购买农产品 j 的价格，见式（4－39）：

$$p_{jf} = \left(\frac{E_f}{q_{if}P_f}\right)^{\frac{1}{\sigma}} \quad 式（4-39）$$

（2）供给。本书假设出口国 d 的生产者满足柯布—道格拉斯（cobb－douglas，C－D）生产函数，并引入地区质量声誉 γ。考虑到地区质量声誉会缓解生产者（企业）和消费者的信息不对称，节约企业广告宣传费用，降低其市场开拓成本（叶迪和朱林可，2017），最终会激励企业扩大农产品生产规模。综上所述，本书的生产函数设定，如式（4－40）所示：

$$Y_{jd} = A_j\gamma K_{jd}^{\alpha}L_{jd}^{1-\alpha} \quad 式（4-40）$$

在式（4－40）中，d 表示出口国，A_j 表示外生生产率，K_{jd}表示资本投入，L_{jd}表示劳动投入，α 表示资本的投入份额，1－α 表示劳动的投入份额。根据生产者的利润最大化原则，构建式（4－41）：

$$\max \pi_{jd} = p_{jd} Y_{jd} - \lambda_d K_{jd} - \omega_d L_{jd} \qquad \text{式 (4-41)}$$

联立式（4－40）和式（4－41），并分别对资本投入和劳动投入求一阶偏导，可进一步得出式（4－42）和式（4－43）：

$$p_{jd}\gamma_j A_j \alpha K_{jd}^{\alpha-1} L_{jd}^{1-\alpha} - \lambda_d = 0 \qquad \text{式 (4-42)}$$

$$p_{jd}\gamma_j A_j (1-\alpha) K_{jd}^{\alpha} L_{jd}^{-\alpha} - \omega_d = 0 \qquad \text{式 (4-43)}$$

联立式（4－42）和式（4－43），可进一步得出农产品在出口国 d 的价格，见式（4－44）：

$$p_{jd} = \gamma_j A_j \lambda_d^{\alpha} \omega_d^{1-\alpha} (1-\alpha)^{\alpha} \alpha^{-\alpha} \qquad \text{式 (4-44)}$$

首先，考虑到农产品企业在出口贸易中存在关税壁垒、贸易壁垒等成本加成，因此，本书引入 τ 衡量一系列贸易成本的加成率；其次，考虑到货币汇率会影响农产品在国内外的价格衡量，因此，本书引入 e 衡量汇率。基于此，可以得到出口国 d 农产品 j 的出口价格为$\frac{1+\tau}{e}p_{jd}$。

考虑到出口持续时间与农产品国内外价格差距呈正相关性，本书主要利用农产品 j 在进口国的进口价格 p_{jf} 与农产品 j 在出口国的出口价格 $\frac{1+\tau}{e}p_{jd}$ 之差间接表示其出口持续时间，见式（4－45）：

$$T_j = p_{jf} - \frac{1+\tau}{e} p_{jd} \qquad \text{式 (4-45)}$$

将式（4－39）和式（4－44）代入式（4－45），得到式（4－46）：

$$T_j = \gamma^{\frac{\sigma-1}{\sigma}} \left(\frac{E_f}{q_{jf} P_f}\right)^{\frac{1}{\sigma}} - \frac{A_j}{\gamma} \lambda_d^{\alpha} \omega_d^{1-\alpha} (1-\alpha)^{\alpha} \alpha^{-\alpha} \frac{1+\tau}{e} \qquad \text{式 (4-46)}$$

将式（4－46）对地区质量声誉 γ 求偏导，得出式（4－47）：

$$\frac{\partial T_j}{\partial \gamma} = \frac{\sigma-1}{\sigma} \gamma^{\frac{-1}{\sigma}} \left(\frac{E_f}{q_{jf} P_f}\right)^{\frac{1}{\sigma}} + \frac{A_j}{\gamma^{-2}} \lambda_d^{\alpha} \omega_d^{1-\alpha} (1-\alpha)^{\alpha} \alpha^{-\alpha} \frac{1+\tau}{e} > 0$$

式（4－47）

由式（4－47）可以得出地区质量声誉延长了农产品企业出口持续时间，提高其出口贸易稳定性$\frac{\partial T_j}{\partial \gamma} > 0$。

本书提出以下研究假设：

假设 4－6：地区质量声誉提升促进了农产品企业出口持续时间的延长，增强其出口贸易稳定性。

2. 作用机制讨论

前文所述，地区质量声誉会促进农产品企业出口持续时间延长，提高其出口贸易稳定性。然而，具体的作用机制还需要进一步分析。

第一，在国际贸易领域，信息不对称作为交易中的一种普遍现象，日益成为制约贸易可持续发展的重要因素。而良好的地区质量声誉代表一种产品高质量信号，有助于缓解贸易双方的信息不对称程度，使其产品在出口市场中更易获得消费者的购买价格溢价，增加企业生产经营利润率，帮助企业有更多资金投入产品的生产研发中，提升出口农产品质量（张琥，2008）。而农产品企业出口农产品质量越高，其遭受国际市场贸易壁垒的冲击越小，越可能保持稳定的出口贸易关系，延长农产品企业出口持续时间（杨连星等，2016），即“声誉溢价效应”。

第二，根据产品生命周期理论，每一种产品从开发到衰退都要经历成长、成熟等几个不同阶段，这也导致不同技术水平的国家在出口同一种产品时，所处的市场竞争地位不同，成为影响国际贸易及投资变化的关键性因素。良好的地区质量声誉有助于吸引外商投资，外商所带来的先进生产技术、管理经验等能形成溢出效应，提高当地农产品出口企业的生产技术水平，延长农产品的成长周期、成熟周期，提升当地农产品的市场竞争力，促进农产品出口贸易的稳定性。随着农产品出口企业生产技术不断升级，企业生产效率大幅度提升。根据企业异质性理论，只有高生产率企业才可能在出口贸易中实现持久性出口，选择退出市场的企业生产率一般较低（Melitz，2003）。因此，良好的地区质量声誉有助于吸引较多外商投资，推动资源重新配置，在技术溢出作用下进一步提升企业生产率，帮助企业有效降低农产品出口的固定成本，延长农产品企业出口持续时间，增强农产品企业出口贸易稳定性，带来技术升级效应。

第三，良好的地区质量声誉能够为该区域内生产企业带来额外的经济利润，吸引更多企业进入，形成产业集聚（唐松，2015）。在产业集聚作用下，大量相互关联的企业会集聚到拥有高地区质量声誉的区域（商世民，2016）。此时，一方面，从市场份额角度出发，企业集聚导致市场竞争程度增加，企业为积极应对市场竞争，会通过不断提升出口农产品质量以增加市场竞争力（在 4.2.1 小节已说明），抢占更多市场份额，降低农产品企业出口风险，延长农产品企业出口持续时间；另一方面，从要素成本角度出发，对于同一行业内部的企业而言，因为其在技术结构、投入产出结构及劳动力使用等方面近似度较高（苏丹妮等，2018），所以，同一行业内的企业在有限区域内的大规模集聚会造成要素需求骤增，导致要素成本大幅度提升。随着要素成本的提高，企业生产成本增加，也会压缩企业利润空间及产品创新研发经费投入，降低企业研发成功概率，抑制企业生产率提高（Brakman et al.，2001）。而新新贸易理论强调，企业进入出口市场要克服出口固定成本，企业生产率降低会削弱其产品在国际市场的竞争力，不利于企业出口关系的可持续（Melitz，2003）。

综上所述，良好的地区质量声誉可能导致区域内企业大量集聚，提升市场竞争激烈程度，不仅促使部分企业提升其出口农产品质量，延长其出口持续时间，还会促使部分企业因承担高额生产成本导致研发投入降低，抑制了企业生产率提高，增加出口退出风险。因此，在市场竞争效应下，地区质量声誉提升对农产品企业出口持续时间的影响可正可负，有待进一步检验。

据此，本书提出以下研究假设。

假设 4-7：地区质量声誉会通过声誉溢价效应和技术升级效应延长农产品企业出口持续时间，但市场竞争效应对农产品企业出口持续时间的具体影响尚未确定，有待进一步检验。

5 地区质量声誉对中国农产品出口二元边际影响的实证检验

古典贸易理论和新古典贸易理论强调，出口增长来源于现有产品出口数量的增加，即集约边际。新贸易理论则强调，出口增长来源于出口产品种类的扩张，即扩展边际。而新新贸易理论融合上述两种思想，将集约边际和扩展边际纳入同一理论框架，解释出口增长问题（樊倩，2021）。此后，以新新贸易理论为代表，基于二元边际视角探讨出口贸易增长成为众多学者的研究方向，但尚未有学者将地区质量声誉与农产品企业出口二元边际结合起来研究。尤其是现阶段，中国农产品仍然存在较大的出口潜力，也面临着技术创新薄弱、品牌农产品缺乏等问题，这在一定程度上限制了中国农产品出口竞争优势的进一步发挥（程国强，2005）。探讨地区质量声誉对农产品出口二元边际的影响，对提升农产品出口市场规模有着重要意义。基于此，本章将基于企业—产品层面，实证检验地区质量声誉对农产品企业出口二元边际的影响，为当前各级政府加强地区质量声誉培育和建设提供理论依据和决策参考。

5.1 模型设定、变量说明与数据来源

5.1.1 模型设定

根据哈默尔和克莱努（Hummels and Klenow，2005）的研究可知，企业出口扩展边际可以由企业是否选择出口、出口市场范围和出口产品种类表示，但鉴于本书研究的农产品企业样本都是出口企业，无法利用企业出口与否衡量企业出口扩展边际。基于此，本章选择利用企业出口农产品种类数量衡量其出口扩展边际，并利用出口市场范围做替代指标进行稳健性检验。而企业出口集约边际可以用企业出口农产品数量和企业出口农产品价格表示（刘斌和王乃嘉，2016），本章选择利用企业出口农产品数量衡量企业出口集约边际。鉴于本章研究样本是非平衡面板样本，涉及每年都有企业进入和企业退出的问题，为控制不随企业及时间变化的因素影响农产品企业出口二元边际，本章在设定模型时还控制了上述两个层面的固定效应。基于此，本章最终设定模型（5-1）和模型（5-2）：

$$lnnum_{iedt} = \beta_0 + \beta_1 lnnearquality_{ijedt} + \beta_2 lnX + \mu_i + \mu_t + \varepsilon_{ijedt}$$

模型（5-1）

$$\ln exp_{ijedt} = \beta_0 + \beta_1 lnnearquality_{ijedt} + \beta_2 lnX + \mu_i + \mu_t + \varepsilon_{ijedt}$$

模型（5-2）

在模型（5-1）和模型（5-2）中，i 表示企业，j 表示农产品，d 表示出口目的国市场，e 表示企业 i 所处地级市，t 表示年份。$lnnum_{iedt}$ 表示农产品企业出口扩展边际，$lnexp_{ijedt}$ 表示农产品企业出口集约边际，$lnnearquality_{ijedt}$ 表示地区质量声誉，μ_i 表示企业固定效应，μ_t 表示时间固定效应，lnX 表示一系列控制变量（包含当地农业经济发展水平 lngdp、农业机械总动力 lnjx、当地粮食总产量 lntgo、当地人口数量

lnpeople、规模以上工业企业单位数 lnnumber、行政区域面积 lnarea 和年末金融机构各项贷款余额 lnfsave），ε_{ijedt}表示残差项。模型（5－1）和模型(5－2)是本章实证的基准回归模型，其作用是为了检验地区质量声誉对农产品企业出口二元边际的总体影响。其中，模型（5－1）中的估计系数 β_1 表示地区质量声誉对农产品企业出口扩展边际的总体影响，若估计系数为正，说明地区质量声誉对提升农产品企业出口扩展边际总体上有显著的促进作用；反之，则是抑制作用。模型（5－2）中的估计系数 β_1 表示地区质量声誉对农产品企业出口集约边际的总体影响，若估计系数为正，说明地区质量声誉对农产品企业出口集约边际扩张总体上有显著的促进作用；反之，则是抑制作用。

5.1.2　变量说明

1. 核心解释变量

本书关于地区质量声誉指标的测度基于企业出口农产品质量测算指标，因此，本节有必要对企业出口农产品质量测算过程进行说明，然后，针对地区质量声誉指标进行量化。

（1）出口农产品质量测度。本书针对企业出口农产品质量的测算，主要是借鉴柯汉德沃等（Khandelwal et al.，2013）的方法，用相同的农产品种类、相同的农产品价格、相同市场下的企业出口表现度量出口农产品质量。即在其他条件相同的情况下，出口市场中企业所占的市场份额越大，意味着该企业出口农产品质量越高。

假设代表性购买者的效用函数，见式（5－1）：

$$U=[\sum_j(\lambda_j q_j)^{\frac{\delta-1}{\delta}}]^{\frac{\delta}{\delta-1}} \qquad \text{式（5－1）}$$

在式（5－1）中，λ_j 表示农产品 j 的质量，q_j表示农产品 j 的数量，δ 表示农产品之间的替代弹性。农产品 j 相应的价格指数，见式（5－2）：

$$P=[\sum p_j^{1-\delta}\lambda_j^{\ \delta-1}]^{\frac{1}{1-\delta}} \qquad \text{式（5－2）}$$

在消费者购买农产品 j 时，追求效应最大化导致的对于农产品 j 的需求数量，见式（5－3）：

$$q_j = p_j^{-\delta}\lambda_j^{\delta-1}\frac{M}{P^{1-\delta}} \quad \text{式（5－3）}$$

在式（5－3）中，M 表示消费者支出。位于城市 e 的企业 r 出口到 d 国的农产品 j 的数量，见式（5－4）：

$$q_{rjedt} = P_{rjedt}\lambda_{rjedt}\frac{M_{dt}}{P_{dt}^{1-\delta}} \quad \text{式（5－4）}$$

式（5－4）两边取自然对数，为避免产品计量单位等产品固定特征的干扰，同时引入产品固定效应，可得式（5－5）：

$$\ln(q_{rjedt}) + \delta\ln(p_{rjedt}) = \eta_j + \eta_{dt} + (\delta-1)\ln(\lambda_{rjedt}) \quad \text{式（5－5）}$$

在式（5－5）中，η_j 表示 HS 8 分位编码下农产品 j 的固定效应，η_{dt}表示国家—时间固定效应。根据本书的研究主题和研究背景，λ_{rjedt}包含了地区质量声誉影响，消费者在针对农产品质量进行主观判断时，必然会受到地区质量声誉的影响（叶迪和朱林可，2017）。接下来，本书将 $\ln(\lambda_{ijedt})$进一步细分，见式（5－6）：

$$\ln(\lambda_{rjedt}) = \ln(\lambda_{jedt}^{1}) + \ln(\lambda_{rjedt}^{2}) \quad \text{式（5－6）}$$

在式（5－6）中，λ_{jedt}^{1}表示“地区质量声誉”对购买者判断出口农产品质量时的影响，λ_{rjedt}^{2}表示企业 r 的某些因素对出口农产品质量的影响。将式（5－6）代入式（5－5），可得式（5－7）：

$$\ln(q_{rjedt}) + \delta\ln(p_{rjedt}) = \eta_j + \eta_{dt} + (\delta-1)\ln(\lambda_{jedt}^{1}) + (\delta-1)\ln(\lambda_{rjedt}^{2}) \quad \text{式（5－7）}$$

用产品—城市—目的国—年份的固定效应 φ_{jedt}代替式（5－8）右边的前三项，最终可得式（5－8）：

$$\ln(q_{rjedt}) + \delta\ln(p_{rjedt}) = \varphi_{jedt} + \varepsilon_{rjedt} \quad \text{式（5－8）}$$

此时，企业 r 出口农产品 j 的质量估测值，见式（5－9）：

$$quality_{rjedt} = \ln \hat{\lambda^{2}}_{rjedt} = \frac{\hat{\varepsilon}_{rjedt}}{\delta-1} \quad \text{式（5－9）}$$

（2）地区质量声誉的测度。和工业品不同，农产品具有易腐烂、保鲜度要求高、不宜储存等特点，属于生物活性很强的快消品，这决定了农产品在被消费者购买后必然会在短期内被食用。且农产品作为快消品，消费者在短期内会有多次购买行为，导致在短期内消费数次后便会对购买的农产品形成评价，影响后期的购买行为。现阶段，随着嫁接、温室大棚等种植技术不断改进以及催熟剂等的大量使用，农产品生产周期短，在一年内多次生产及出口同一农产品已成为事实。因此，本书认为，对于农产品而言，当期的地区内其他企业出口同类农产品的平均质量能够较好地反映其地区质量声誉，对消费者的购买决策起到关键作用。故本章在叶迪和朱林可（2017）测度方法的基础上，将同期本城市其他企业出口某类农产品到某个国家的平均质量作为本书的地区质量声誉指标。

在计算平均质量时，本书采用加权平均的方式，权数为企业 r 出口农产品 j 的市场份额，如式（5－10）所示。

$$lnnearquality_{ijedt} = \sum_{r \neq i} \beta_{rjedt} quality_{rjedt} \qquad 式（5-10）$$

在式（5－10）中，β_{rjedt}用企业 r 占除了企业 i 之外城市 e 范围内 t 年出口同一农产品 j 到同一目的国 d 的其他企业出口总值的比例表示，如式（5－11）所示。

$$\beta_{rjedt} = \frac{Exportquantity_{rjedt}}{\sum_{g \neq i} Exportquantity_{gjedt}} \qquad 式（5-11）$$

2. 被解释变量

农产品企业出口扩展边际（$lnnum_{iedt}$）。该指标的测度，参考刘斌和王乃嘉（2016）的做法，用 HS 6 分位编码下的地区 e 内同一个企业 i 出口到同一目的国 d 的农产品种类数表示。

农产品企业出口集约边际（$\ln exp_{ijedt}$）。该指标的测度，主要是利用地区 e 内企业 i 出口到目的国 d 的农产品 j 的数量表示。

3. 控制变量

（1）lngdp 表示当地农业经济发展水平，用第一产业增加值衡量。

既有研究表明，一个地区的农业经济增长与农产品出口总额之间存在长期稳定的均衡关系（郑云，2006；李练军和王树柏，2007）。某地区农业经济增长水平越高，表明这个地区农业生产能力越强，更容易实现当地农产品出口的多元化或集约化，影响农产品企业出口二元边际。因此，本章选取当地农业经济发展水平作为控制变量。

（2）lnjx 表示农业机械总动力。农业机械化是现代农业发展的物质基础，其对农业经济发展有重要影响。理论上，农业机械化程度越高，越有利于农产品生产规模提高，影响农产品企业出口二元边际。因此，本章选取农业机械总动力作为控制变量。

（3）lntgo 表示粮食总产量。对于一个地区而言，其耕地面积有限且短期内农业生产技术提升有限，粮食总产量提升则意味着，对蔬菜、水果等类型农产品种植规模的挤出效应，不利于农产品出口扩展边际的提升。同时，中国在粮食生产方面缺乏比较优势（高颖等，2013），限制了中国的粮食出口能力，且作为人口大国，中国对于粮食的需求量逐年增大，粮食生产更多地用于自给自足，以应对各种突发危机或冲突，最终导致本地区农产品出口集约边际下降。因此，本章选取粮食总产量作为控制变量。

（4）lnpeople 表示城市人口数量。一个城市人口数量越多，其对农产品的内部需求越大。当农产品产出一定时，城市人口数量增加会挤占农产品出口比例，影响农产品企业出口二元边际。因此，本章选取城市人口数量作为控制变量。

（5）lnfsave 表示年末金融机构各项贷款余额。一个地区的年末金融机构各项贷款余额越多，表明当地金融机构在年末无法收回的贷款越多，一方面，说明当地借款企业的偿还能力较弱，企业生产经营状况不良，企业会更难以获得金融机构资金支持，企业生产效率难以提升，抑制本地区的农产品出口集约边际扩张；另一方面，为实现金融资金的稳定性，降低金融风险，金融机构贷款余额越多，金融机构在发放贷款时会更倾向于选择支持朝阳产业，有较强意愿将资金贷给出口新类型农产品的企业，推动企业出口扩展边际的扩张。因此，本章选取年末金融机构各项贷款余额作为控制变量。

（6）lnnumber 表示规模以上工业企业单位数。一个地区的规模以上工业企业单位数越高，说明该地区的工业技术越发达，在“技术溢出效应”下越可能促使本地农业生产技术水平提升。而农业生产技术水平提升会进一步促进农业生产效率升级，提升农业产出水平和创新能力，最终推动本地区农产品企业出口二元边际的提升。因此，本章选取规模以上工业企业单位数作为控制变量。

（7）lnarea 表示行政区域面积。城市作为知识、技术、创新的发源地和集散地，行政区域面积越大，劳动力越集中，不仅有助于技术创新（Jacobs，1969），还有助于推动集聚经济增长和规模经济增长（韩立达和史敦友，2018）。因此，对于生产种植技术比较成熟的农产品，一个地区行政区域面积越大，越容易形成集聚经济和规模经济，推动集约边际扩张。这也会对其他种类农产品的生产和种植产生挤出效应，降低农产品企业出口扩展边际的扩张。因此，本章选取行政区域面积作为控制变量。

变量的描述性统计，如表 5 -1 所示。由表 5 -1 可以细致地了解各个变量的数据结构。

表 5 -1　　变量的描述性统计

变量	变量名称	观测值	平均值	标准差	最小值	最大值
$lnnearquality_{ijedt}$	地区质量声誉	718034	0.0472	0.1440	-3.7333	1.3830
lngdp	第一产业地区生产总值	716179	11.7951	0.7854	4.6151	14.0801
lnjx	农业机械总动力	712732	3.3207	0.8544	0.0953	7.3219
lntgo	粮食总产量	688367	12.1599	0.9274	2.6391	15.0244
lnpeople	城市人口数量	718039	2.2927	1.4455	-3.9120	4.6792
lnfsave	年末金融机构各项贷款余额	712695	12.7522	1.2376	3.3322	17.1653
lnnumber	规模以上工业企业单位数	708126	4.6314	1.2008	0.0000	10.6105

续表

变量	变量名称	观测值	平均值	标准差	最小值	最大值
lnarea	行政区域面积	716143	7.4459	0.7073	0.6931	12.7480
$lnnum_{iedt}$	出口扩展边际	718039	2.7629	1.4060	0.0000	6.2841
$\ln exp_{ijedt}$	出口集约边际	718039	9.1247	2.4082	0.0000	20.5229

注：以上数据是根据相关数据库的相关数据计算整理且进行了取对数处理。

资料来源：笔者根据本书整理得出的非平衡面板数据样本运用 Stata 11.0 软件的回归结果整理而得。

5.1.3 数据来源与数据处理

本书的农产品出口贸易数据主要来自 2000 ~2014 年中国海关进出口数据库，该数据库包括了所有 HS 8 分位编码下的进出口数据，有金额、数量、原产国（进口）/目的国（出口）、企业名称、企业类型和贸易方式等。本书涉及的处理过程分为七步：第一步，删除信息缺失的样本，即缺失企业名称、出口目的国名称、产品名称的样本数据。第二步，剔除单笔贸易交易规模在 50 美元以下，或者数量单位小于 1 的样本，同时，删除进口贸易样本，仅保留出口贸易样本。第三步，考虑在出口贸易中可能存在大量中间商，其可能会对价格做出相应调整，导致其出口的产品价格和产品信息在一定程度上并不能真实、有效地反映出口产品质量信息。因此，本书进一步将这类企业删除。第四步，在同一产品编码下，某些产品可能存在多种数量计数单位，扰乱了价格的可比性。为保证产品价格的可比性，本书仅将同一产品编码下计数单位最多的样本纳入本书研究样本。然后，将中国海关进出口数据库中 HS 8 分位编码下的产品数据与国际海关数据 HS 6 分位编码下的产品数据对齐，并将行业编码统一到 HS2012 版。第五步，在编码对齐的基础上，仅保留农产品样本数据，本书分析的农产品是指，海关协调编码制度前 24 章，即 HS01 ~ HS24 分位编码，因此，删除 HS 6 分位编码下大于等于 250000 的产品样本，仅保留 HS 6 分位编码下小于 250000 的产品样本。第六步，将中国海关进出口数据库中的企业十位编码提取前4位，便得到企业所处地级市的4分位编码。第七步，按照产品—地区—年份—目的国4个维度，筛选企业数大于等于2的农产品出口贸易样本。

其余控制变量数据主要来源于各地级市历年统计年鉴，本章将其按照4分位地级市代码和年份匹配到中国海关进出口数据库中，得到本章研究所需的非平衡面板数据样本。

5.2 模型检验与结果分析

5.2.1 基准回归结果

基准回归结果，如表5-2所示。表中列（1）~列（2）是地区质量声誉对农产品企业出口扩展边际作用的结果，列（1）仅加入核心变量进行回归，列（2）同时加入核心变量和控制变量进行回归，且均控制了企业固定效应和时间固定效应。回归结果均表明，地区质量声誉对农产品企业出口扩展边际扩张有显著抑制作用，均通过了1%的显著性水平检验。列（3）~列（4）是地区质量声誉对农产品企业出口集约边际作用的结果，列（3）仅加入核心变量进行回归，列（4）同时加入核心变量和控制变量进行回归，且均控制了企业固定效应和时间固定效应。回归结果表明，地区质量声誉对农产品企业出口集约边际扩张有显著的促进作用，且均通过了1%的显著性水平检验。综上所述，4.2.1小节中假设4-1和假设4-2得到验证。

表5-2　　基准回归结果

变量	出口扩展边际		出口集约边际	
	(1)	(2)	(3)	(4)
$lnnearquality_{ijedt}$	-0.1916*** (-44.25)	-0.1905*** (-43.37)	0.5072*** (29.45)	0.5111*** (29.30)
lngdp		0.0366*** (18.80)		-0.0321*** (-4.14)

续表

变量	出口扩展边际		出口集约边际	
	(1)	(2)	(3)	(4)
lnjx		-0.0147*** (-8.02)		0.0230*** (3.16)
lntgo		-0.0078*** (-5.95)		-0.0024 (-0.46)
lnpeople		-0.0168*** (-12.75)		0.0022 (0.41)
lnfsave		0.0044*** (2.93)		-0.0320*** (-5.35)
lnnumber		0.0096*** (6.54)		0.0304*** (5.22)
lnarea		-0.0073*** (-5.39)		0.0160*** (2.97)
常数项	2.8636*** (1016.99)	2.5915*** (128.27)	8.6601*** (773.04)	9.1114*** (113.55)
企业固定效应	是	是	是	是
时间固定效应	是	是	是	是
观测值	718034	677032	718034	677032
调整 R^2	0.8905	0.8918	0.4090	0.4075

注：*** 表示在 1% 的水平上显著，括号内数值为 t 值。

资料来源：笔者根据本书整理得出的非平衡面板数据样本运用 Stata 11.0 软件的回归结果整理而得。

对于控制变量而言，年末金融机构各项贷款余额、规模以上工业企业单位数、行政区域面积 3 个控制变量对农产品企业出口二元边际的作用结果符合本章预期。进一步分析其他控制变量可知，第一产业产值对农产品企业出口集约边际增长有显著的抑制作用，但对农产品企业出口扩展边际增长有显著的促进作用，这说明一个地区农业经济的快速发展更有利于当地实现农产品企业出口的多元化发展，当地政府会更重视当地农业经济发展结构的均衡性。农业机械总动力水平提高对农产品企业出口集约边际增长有显著的促进作用，而对农产品企业出口扩展边际增长则有显著的抑制作用。原因可能在于，对于当地农业发展而言，其受地形、自然条件、土地规模等因素影响较明显，农业机械总动力水平提高更多是在原有生产设备基础上实现升级，甚至为实现生产规模化，对当地其他种类农产品生产或出口产生“挤出效应”，抑制了农产品企业出口扩展边际提升。对于粮食总产量和地区内人口数量两个指标，其均对农产品企业出口扩展边际扩张有显著的抑制作用，但对出口集约边际作用不明显。

5.2.2 异质性分析

1. 企业出口农产品类型异质性

为了更好地识别不同类型农产品条件下企业出口二元边际如何受地区质量声誉影响，本节将进行不同类型农产品的异质性检验。本章将农产品划分为两种不同类型。一是参考庞德良和郑琼洁（2010）的方法，将农产品按照《国际贸易标准分类》（SITC Rev. 3）分为农林牧渔初级农产品（共32种）和基于农业资源的制成品（共39种）；二是参考瑞格弥等（Regmi et al.，2005）的方法，将农产品按照HS 4分位编码下分为高附加值农产品和中低附加值农产品，其中，高附加值农产品包含园艺产品和加工产品，而中低附加值农产品包含半加工产品和传统大宗产品。不同农产品类型下的回归结果（一），见表5－3。其中，表5－3中的列（1）～列（2）是出口不同类型农产品企业出口扩展边际的回归结果，不难发现，地区质量声誉对出口两种不同类型农产品企业出口扩展边际提升均具有显著抑制作用，且作用系数大小为基于农业资源的制成品>农林牧渔初级农产品。主要原因在于，对于出口基于农业资源制成品的企业而言，其在出口过程中无论是配送环节还是销售环节均需要支付较高的成本，且其承担的关税普遍高于初级农产品，最终导致其在出口过程中承担更高的贸易成本（Rauch，1999）。而初级农产品具有较高同质性，进出口活动常常在接近完全竞争的市场条件下进行，且市场上初级农产品的特征和价格更加透明，出口企业对于推广产品和维护销售网络的需求较少，贸易成本也较低（李星晨和刘宏曼，2019）。同时，出口农林牧渔初级农产品的企业因不需要承担较高的贸易成本，其有能力支付地区质量声誉诱导下骤升的高额土地租金，可以承包较多土地，实现规模化生产和多元化生产。因此，地区质量声誉对出口基于农业资源的制成品企业的出口扩展边际提升的抑制作用，强于出口农林牧渔初级农产品企业。

表 5-3　不同农产品类型下的回归结果（一）

变量	出口扩展边际		出口集约边际	
	农林牧渔初级农产品（1）	基于农业资源的制成品（2）	农林牧渔初级农产品（3）	基于农业资源的制成品（4）
$lnnearquality_{ijedt}$	-0.1320*** (-14.80)	-0.2013*** (-38.89)	0.5493*** (15.52)	0.6554*** (32.22)
lngdp	0.0256*** (6.99)	0.0373*** (16.11)	-0.0046 (-0.31)	-0.0326*** (-3.58)
lnjx	-0.0266*** (-7.86)	-0.0077*** (-3.48)	0.0203 (1.51)	0.0267*** (3.08)
lntgo	0.0217*** (8.57)	-0.0195*** (-12.52)	-0.0248** (-2.47)	0.0093 (1.53)
lnpeople	-0.0338*** (-12.25)	-0.0091*** (-6.08)	0.0258** (2.35)	-0.0109* (-1.85)
lnfsave	0.0142*** (5.31)	-0.0051*** (-2.77)	-0.0243** (-2.29)	0.0513*** (-7.10)
lnnumber	0.0078*** (2.90)	0.0141*** (7.89)	0.0190* (1.78)	0.0421*** (6.04)
lnarea	-0.0104*** (-4.38)	-0.0008 (-0.50)	0.0002 (0.02)	0.0242*** (3.63)
常数项	2.1887*** (58.05)	2.7825*** (115.08)	9.0060*** (60.17)	9.1440*** (96.25)
企业固定效应	是	是	是	是
时间固定效应	是	是	是	是
观测值	192346	467647	192346	467647
调整 R^2	0.8848	0.8988	0.5352	0.3758

注：***、**、*分别表示在1%、5%、10%的水平上显著，括号内数值为t值。

资料来源：笔者根据本书整理得出的非平衡面板数据样本运用 Stata 11.0 软件的回归结果整理而得。

表5－3的列（3）～列（4）是不同类型农产品条件下的企业出口集约边际的回归结果。不难发现，地区质量声誉对出口两种不同类型农产品企业出口集约边际提升均存在显著促进作用，且作用系数大小为基于农业资源的制成品>农林牧渔初级农产品。主要原因在于，一是对于出口基于农业资源的制成品企业，其在生产过程中投入了大量生产设备、运输设备等固定成本，相当于将企业生产和企业出口在一定程度上进行捆绑，只有在现有设备基础上生产特定的产品种类，才能实现生产专业化和经济效益最大化。尤其是在良好地区质量声誉带来的高价格溢价作用下，出口该类农产品的企业更有动力和能力提升其生产效率，扩大出口规模，实现出口集约边际扩张，即“溢价刺激效应”。二是随着健康意识和收入的提高，消费者对高档加工农产品的需求增加（王二朋等，2020），高质量声誉的制成品往往有较高的附加值，会更受消费者青睐，从而刺激其出口，即“消费需求引导效应”。三是对于出口农林牧渔初级农产品企业，其生产市场进入门槛较低，且受地域范围内土地规模的限制，即使对于该区域质量声誉较高的农产品进行土地流转化生产和种植，其生产规模增长也有限，不可能导致产量大幅度增长，限制了企业出口集约边际的迅速扩张，即“土地规模限制效应”。因此，在“溢价刺激效应”“消费需求引导效应”和“土地规模限制效应”的综合作用下，地区质量声誉对出口基于农业资源的制成品企业出口集约边际提升的促进作用，明显大于出口农林牧渔初级农产品企业。

不同农产品类型下的回归结果（二），见表5－4。表5－4的列（1）～列（2）是地区质量声誉对出口不同附加值类型农产品企业出口扩展边际作用的回归结果。不难发现，地区质量声誉对出口两种不同附加值类型农产品企业出口扩展边际提升均有显著抑制作用，且作用系数大小为中低附加值农产品>高附加值农产品。主要原因在于，附加值实现的重要前提是产品要获得市场认可，消费者愿意购买。根据比较优势附加值原则，出口企业必须充分分析市场，以差异化的产品满足特定的消费市场，促使企业努力扩大产品差异化（周琛影，2006）。在比较优势附加值原则下，出口高附加值农产品的企业出口扩展边际扩张动机更强，能够弱化地区质量声誉对其的抑制作用，最终导致地区质量声誉对出口中低附加值农产品企业出口扩展边际提升的抑制作用更强。

表5－4　　不同农产品类型下的回归结果（二）

变量	出口扩展边际		出口集约边际	
	高附加值农产品（1）	中低附加值农产品（2）	高附加值农产品（3）	中低附加值农产品（4）
$lnnearquality_{ijedt}$	－0.1357*** （－14.13）	－0.2021*** （－39.98）	0.6413*** （16.84）	0.6262*** （31.40）
lngdp	0.0194*** （4.96）	0.0382*** （16.84）	0.0032 （0.21）	－0.0307*** （－3.44）
lnjx	－0.0181*** （－5.08）	－0.0103*** （－4.77）	0.0259* （1.83）	0.0246*** （2.89）
lntgo	0.0182*** （6.75）	－0.0163*** （－10.72）	－0.0343*** （－3.21）	0.0106* （1.77）
lnpeople	－0.0296*** （－10.01）	－0.0112*** （－7.65）	0.0198* （1.69）	－0.0067 （－1.16）
lnfsave	0.0144*** （5.06）	－0.0037** （－2.08）	－0.0327*** （－2.89）	－0.0443*** （－6.27）
lnnumber	0.0035 （1.21）	0.0138*** （7.99）	0.0320*** （2.82）	0.0345*** （5.06）
lnarea	－0.0095*** （－3.76）	－0.0033** （－1.99）	－0.0072 （－0.72）	0.0203*** （3.12）
常数项	2.2541*** （56.56）	2.7540*** （116.36）	9.1739*** （58.03）	9.0567*** （96.99）
企业固定效应	是	是	是	是
时间固定效应	是	是	是	是
观测值	178272	481721	178272	481721
调整 R^2	0.8828	0.8985	0.5229	0.3821

注：***、**、*分别表示在1%、5%、10%的水平上显著，括号内数值为t值。

资料来源：笔者根据本书整理得出的非平衡面板数据样本运用Stata 11.0软件的回归结果整理而得。

表5－4的列（3）～列（4）是地区质量声誉对出口两种不同附加

值类型农产品企业出口集约边际的回归结果，不难发现，地区质量声誉对出口两种不同附加值类型农产品企业出口集约边际提升均有显著促进作用，且作用系数大小为高附加值农产品 > 中低附加值农产品。原因可能在于两点，一是集聚下规模经济效应。出口高附加值农产品企业获取的经营利润高于出口中低附加值农产品的企业，当某区域出口的农产品形成良好的地区质量声誉时，会为本区域农产品带来出口竞争优势和较高的价格溢价，有效地刺激和推动本区域出口高附加值农产品企业的空间集聚。出口高附加值农产品企业的空间集聚不仅能增加出口企业的国内附加值（闫志俊和于津平，2019），而且，可增加企业的出口经营利润，促使企业扩大出口规模，提高农产品在国外市场的份额（金缀桥和杨逢珉，2017），提升企业出口集约边际。二是集聚下的技术溢出效应。集聚区域内细化的生产分工可以降低中小企业的市场进入门槛，频繁的交流与接触能够增强企业间的商业信用，缓解中小企业面临的融资约束，提高企业生产效率与出口容量（Ciccone，2002；Long and Zhang，2011），且相关产业在邻近区域内的聚集能够为企业跨产业交流与合作提供更多机会，有利于技术外溢和技术创新（Glaeser and Gottlieb，2009），提升企业生产效率。因此，随着地区质量声誉的提升，在集聚下的规模经济效应和技术溢出效应双重作用下，出口高附加值农产品的企业凭借其生产技术优势更容易实现生产效率提升和附加值增加，进一步增强农产品出口市场竞争优势，推动出口集约边际更快增长。

2. 企业所在地区及出口目的地异质性

第一，考虑中国东部地区、中部地区、西部地区在资源禀赋、农业生产率水平等方面存在的显著差异，极可能导致地区质量声誉对农产品企业出口二元边际有显著的地区差异，因此，本节进一步针对企业分布区域异质性进行检验。不同区域下的回归结果（一），见表 5 – 5。表 5 – 5 的列（1）~列（3）分别是中国东部地区、中部地区、西部地区的地区质量声誉影响农产品企业出口扩展边际的回归结果，其抑制作用大小为中部地区 > 西部地区 > 东部地区。原因在于，东部地区市场化开放程度要高于中部地区和西部地区（张慧，2018），东部地区企业更容易获得海外先进生产技术，生产率往往更高，更容易研发更多差异化产品（张杰等，2013），这在一定程度上可以削弱地区质量声誉对东部地区企业出口扩展边际的抑制作用。因此，与中部地区和西部地区相比，东部地区的地区质量声誉对农产品企业出口扩展边际的抑制作用要小于中部地区和西部地区。

表 5－5　　不同区域下的回归结果（一）

变量	出口扩展边际			出口集约边际		
	东部地区 (1)	中部地区 (2)	西部地区 (3)	东部地区 (4)	中部地区 (5)	西部地区 (6)
$lnnearquality_{ijedt}$	-0.1878*** (-40.36)	-0.2338*** (-11.91)	-0.2100*** (-11.36)	0.5113*** (27.48)	0.7691*** (10.00)	0.3148*** (4.44)
lngdp	0.0414*** (17.55)	0.0888*** (10.80)	0.0203*** (2.85)	-0.0380*** (-4.03)	-0.0788** (-2.45)	-0.0265 (-0.97)
lnjx	-0.0181*** (-7.78)	-0.0185*** (-3.29)	-0.0228*** (-4.40)	0.0499*** (5.37)	0.0206 (0.94)	-0.0326* (-1.64)
lntgo	-0.0087*** (-5.47)	-0.0413*** (-6.52)	0.0110** (2.08)	-0.0191*** (-3.00)	0.0030 (0.12)	0.0186 (0.92)
lnpeople	-0.0132*** (-9.01)	-0.0279*** (-4.94)	-0.0206*** (-4.03)	-0.0051 (-0.88)	0.0723*** (3.27)	0.0168 (0.86)
lnfsave	0.0058*** (3.08)	0.0036 (0.71)	-0.0014 (-0.38)	-0.0539*** (-7.14)	-0.0216 (-1.08)	0.0004 (0.03)
lnnumber	0.0117*** (6.39)	0.0051 (0.84)	-0.0027 (-0.66)	0.0425*** (5.80)	0.0229*** (0.97)	0.0292* (1.88)
lnarea	-0.0060*** (-3.31)	-0.0030 (-0.55)	-0.0014 (-0.39)	0.0411 (5.68)	-0.0230 (-1.09)	-0.0231* (-1.67)
常数项	2.5744*** (98.29)	2.2054*** (32.03)	2.3243*** (39.59)	9.2881*** (88.67)	10.0405*** (37.21)	8.8776*** (39.38)
企业固定效应	是	是	是	是	是	是
时间固定效应	是	是	是	是	是	是

续表

变量	出口扩展边际			出口集约边际		
	东部地区 (1)	中部地区 (2)	西部地区 (3)	东部地区 (4)	中部地区 (5)	西部地区 (6)
观测值	554227	63617	51997	554227	63617	51997
调整 R^2	0.8931	0.8933	0.8553	0.3860	0.4353	0.5240

注：***、**、*分别表示在1%、5%、10%的水平上显著，括号内数值为t值。

资料来源：笔者根据本书整理得出的非平衡面板数据样本运用Stata 11.0软件的回归结果整理而得。

表5－5的列（4）～列（6）是中国东部地区、中部地区、西部地区的地区质量声誉影响农产品企业出口集约边际的回归结果，其作用系数大小为中部地区＞东部地区＞西部地区。原因在于，中部地区的市场化程度要比西部地区市场化程度更高，东部地区、中部地区所拥有的高度市场开放条件、优越的制度环境及较高的经济发展水平为企业发展注入了活力（张慧，2018），因此，东部地区、中部地区的企业更容易实现较大的资金规模积累，提高企业生产率。在良好的地区质量声誉下，国外消费者对于产品的认可度和忠诚度不断提高，海外市场份额不断增大，东部地区、中部地区的企业更有意愿和能力通过增加研发投入等提高产品出口竞争力，实现其出口集约边际扩展，最终导致地区质量声誉对东部地区、中部地区农产品企业出口集约边际的提升作用大于西部地区农产品企业。

第二，在农产品国际贸易领域，各国资源禀赋条件及经济发展水平不同，导致各国在进口同种类型的农产品时所采取的技术性贸易措施存在显著差异。同时，世界各国消费者对于进口农产品的关注点也存在显著差异，例如，部分消费者可能对进口农产品的价格较敏感，部分消费者则可能更关注进口农产品的质量（谢众民和朱信凯，2019）。对发达国家和发展中国家而言，无论是在经济发展水平，还是在居民消费能力、居民生活观念等方面均有巨大差异，导致地区质量声誉对农产品企业出口二元边际的影响存在差异性。因此，有必要检验农产品出口目的国的异质性。基于此，本书将农产品出口目的国按照国际货币基金组织的分类标准分为发达国家和发展中国家两组样本，针对农产品出口目的国异质性进行检验。

不同区域下的回归结果（二），见表5－6。由表5－6的列（1）~列（2）的回归结果可知，地区质量声誉对出口发达国家和出口发展中国家农产品企业的出口扩展边际扩张均有显著的抑制作用，且对于出口发达国家的农产品企业出口扩展边际扩张的抑制作用明显大于出口发展中国家。主要原因在于，地区质量声誉能有效缓解信息不对称，向海外市场消费者释放一种高质量信号。但因国际竞争不断加剧，技术性贸易措施已成为影响中国农产品出口的主要障碍（张相文等，2010；董银果和姜盼，2011）。这需要中国农产品出口企业不断提高其出口农产品质量，增强其出口农产品竞争力。然而，当某地区出口农产品已具有高地区质量声誉时，企业继续加强农产品质量认证和创新时的固定成本会特别高，导致市场集中度提升及销往国外市场品种减少（Marette，2008）。因此，在中国农产品出口主要目标为发达国家这一现实背景下（西鹏，2019），相对于低贸易壁垒的发展中国家而言，出口农产品到发达国家品种数的减少会随着本地区质量声誉的不断提升而更加明显，最终导致地区质量声誉提升对出口发达国家农产品企业出口扩展边际扩张的抑制作用要明显大于出口发展中国家。

表5－6　　不同区域下的回归结果（二）

变量	出口扩展边际		出口集约边际	
	（1）发达国家	（2）发展中国家	（3）发达国家	（4）发展中国家
$lnnearquality_{ijedt}$	−0.1860*** （−33.20）	−0.1443*** （−19.40）	0.5388*** （23.21）	0.4691*** （17.03）
lngdp	0.0283*** （10.66）	0.0529*** （17.83）	0.0117 （1.07）	−0.0820*** （−7.46）
lnjx	−0.0046* （−1.85）	−0.0246*** （−8.86）	0.0047 （0.45）	0.0416*** （4.04）
lntgo	−0.0151*** （−8.52）	−0.0026 （−1.32）	−0.0009 （−0.13）	0.0026 （0.35）

续表

变量	出口扩展边际		出口集约边际	
	（1）发达国家	（2）发展中国家	（3）发达国家	（4）发展中国家
lnpeople	-0.0157*** (-8.70)	-0.0175*** (-8.96)	-0.0001 (-0.02)	0.0028 (0.38)
lnfsave	0.0018 (0.88)	0.0026 (1.14)	-0.0642*** (-7.50)	-0.0019 (-0.23)
lnnumber	0.0140*** (7.05)	0.0039 (1.74)	0.0554*** (6.72)	0.0300 (0.36)
lnarea	-0.0024 (-1.27)	-0.0105*** (-5.13)	0.0352*** (4.54)	-0.0111 (-1.46)
常数项	2.5489*** (94.49)	2.6270*** (83.79)	8.8184*** (78.88)	9.4654*** (81.56)
企业固定效应	是	是	是	是
时间固定效应	是	是	是	是
观测值	350567	313795	350567	313795
调整 R^2	0.8945	0.8931	0.3914	0.4763

注：***、*分别表示在1%、10%的水平上显著，括号内数值为t值。

资料来源：笔者根据本书整理得出的非平衡面板数据样本运用Stata 11.0软件的回归结果整理而得。

不同区域下的回归结果（二），见表5-6。由表5-6的列（3）~列（4）回归结果可知，地区质量声誉对于出口发达国家的农产品企业出口集约边际扩张的促进作用要明显大于出口发展中国家，一是投资引致效应。良好的地区质量声誉有助于吸引较多的外商直接投资，促使外资企业在此进行农业生产。对于发达国家跨国公司而言，其进行农业对外直接投资大多是为了寻求资源和扩张市场，利用其他国家的丰富资源和充足劳动力进行农业生产以降低成本，替代本国不具有比较优势农产品的生产，这会间接提高发达国家对东道国农产品的进口需求，推动东道国农产品企业出口集约边际扩张；而对于发展中国家跨国公司进行农业对外直接投资的动机主要是获取东道国先进的生产技术，通过逆向技术溢出提升生产水平，实现高产量、高质量的农产品生产（韩家彬和贺洋，2019)，这削弱了出口到发展中国家农产品数量的增长动力，导致对于东道国农产品企业出口集约边际的扩张作用弱。二是“门槛效应”，一般而言，发达国家的农产品贸易准入门槛比发展中国家更高，出口到发达国家的农产品企业一般比出口到发展中国家的农产品企业拥有更高的技术水平（谢众民和朱信凯，2019)。在良好地区质量声誉作用下，出口农产品到发达国家市场的企业更有能力实现研发技术的创新与突破，提升企业生产效率，更容易实现出口集约边际扩张。因此，在投资引致效应和门槛效应作用下，良好的地区质量声誉对于出口发达国家的农产品企业出口集约边际扩张的促进作用要明显强于出口发展中国家的农产品企业出口集约边际扩张。

3. 农产品地理标志认证下的异质性检验

前文说到，农产品地理标志品牌作为地区质量声誉的衍生品，代表一种较高的质量声誉，这意味着，某地区行业内出口农产品是否获得地理标志认证，可能会导致地区质量声誉对农产品出口贸易的影响存在异质性。因此，本书按照某地区行业内的农产品是否获得地理标志认证为分界点，将总样本划分为出口获得地理标志认证农产品的企业样本和出口未获得地理标志认证农产品的企业样本两种类型。考虑到数据的完整性，本书对农业部、国家质量监督检验检疫总局和国家工商行政管理总局的截至 2014 年 12 月底的地理标志产品数据进行了全面收集。

所收集数据的具体处理过程分为五步：第一，鉴于中国农产品地理标志登记保护范围主要以县级、市级为主，极少部分涉及省级，因此，为了便于研究，本书删除省级层面的地理标志认证农产品，且将所收集的地理标志对照保护的范围均对接到相应的地级市层面，而对于四个直辖市（北京、上海、天津、重庆）则保留了其区（县）级层面的认证数据；第二，删除同一产品反复注册的重复值，保留该产品第一次获得认证的相关数据，并进一步删除了已经失效的地理标志认证农产品；第三，借助 HS 编码查询网（https：//www. hsbianma. com/），将地理标志农产品按照 HS 4 分位编码进行手动一一对应匹配；第四，将匹配好的地理标志认证数据和本章的基准回归样本进行匹配，并进一步划分出口获得地理标志认证农产品的企业样本和出口未获得地理标志认证农产品的企业样本。

农产品地理标志认证下的异质性检验结果，见表 5－7。表中的列（1）和列（3）是出口获得地理标志认证农产品的企业样本回归结果，列（2）和列（4）是出口未获得地理标志认证农产品的企业样本回归结果。由回归结果不难发现，当农产品获得地理标志认证后，地区质量声誉对农产品企业出口集约边际和出口扩展边际的作用，明显强于出口未获得地理标志认证农产品的企业。主要原因在于，一是农产品获得地理标志认证为其增加了一种品牌标识，不仅是向消费者有效地传递农产品质量信息的新途径，能有效地扩大传统农产品的地区质量声誉（张传统，2015），还是消费者进行购买决策的重要信息源，有助于农产品企业建立稳定的消费群体并保持稳定的市场份额，解决农产品“滞销卖难”的问题（张梯杰等，2011），推动农产品出口贸易规模扩张。二是农产品获得地理标志认证与其所在地域有较强的相关性，是对本区域地理自然环境和历史人文环境决定下特殊品质的反映（孙亚楠，2014）。对农产品企业而言，只有出口本地区获得地理标志认证的农产品才能凸显本地区农产品的特色优势，更好地发挥声誉效用。此时，农产品企业更倾向于选择出口获得地理标志认证的农产品，进而不利于农产品企业出口扩展边际的扩张。

表 5－7　　　　农产品地理标志认证下的异质性检验结果

变量	出口扩展边际		出口集约边际	
	（1）认证	（2）未认证	（3）认证	（4）未认证
lnnearquality	－0. 1797 *** （－41. 61）	－0. 1073 *** （－11. 99）	0. 5570 *** （25. 04）	0. 0793 *** （27. 33）

续表

变量	出口扩展边际		出口集约边际	
	(1) 认证	(2) 未认证	(3) 认证	(4) 未认证
lngdp	0. 0301 *** (12. 16)	-0. 0008 (-0. 32)	-0. 0019 (-0. 18)	0. 0134 (0. 96)
lnjx	-0. 0215 *** (-9. 89)	0. 0097 *** (4. 18)	0. 0130 (1. 42)	-0. 0139 (-1. 07)
lntgo	-0. 0108 *** (-6. 22)	-0. 0058 *** (-3. 88)	-0. 0014 (-0. 19)	-0. 0094 (-1. 12)
lnpeople	-0. 0067 *** (-4. 72)	-0. 0232 *** (-9. 93)	0. 0043 (0. 71)	0. 0034 (0. 26)
lnfsave	0. 0276 *** (16. 35)	-0. 0090 *** (-3. 95)	-0. 0562 *** (-7. 87)	0. 0021 (0. 17)
lnnumber	0. 0004 (0. 03)	0. 0243 *** (11. 47)	0. 0375 *** (5. 29)	0. 0019 (0. 16)
lnarea	-0. 0203 *** (-13. 29)	0. 0072 *** (3. 84)	0. 0301 *** (4. 68)	0. 0096 (0. 91)
常数项	2. 4449 *** (102. 83)	2. 9935 *** (104. 68)	8. 9658 *** (89. 26)	9. 6690 *** (59. 94)
企业固定效应	是	是	是	是
年度固定效应	是	是	是	是
观测值	435079	241963	435079	241963
调整 R^2	0. 9176	0. 9345	0. 3887	0. 3999

注：*** 表示在 1% 的水平上显著，括号内数值为 t 值。

资料来源：笔者根据本书整理得出的非平衡面板数据样本运用 Stata 11. 0 软件的回归结果整理而得。

5. 2. 3 稳健性检验

1. 变换回归样本

同一行业内过少的企业数量，可能通过逆向因果关系①或者企业间不可见的商业联系而产生内生性问题（叶迪和朱林可，2017）。本节将

① 单个企业的出口表现，可能影响周围企业的平均质量。

通过改变同一行业内的最小企业数目，考察基准回归结果的稳健性。具体地，将所有行业按照内部企业数目划分为企业数大于3、企业数大于6和企业数大于9 三组分样本。稳健性检验一的回归结果，见表5-8。由表中回归结果可知，在不同样本条件下，地区质量声誉均对农产品企业出口扩展边际扩张有显著的抑制作用，对农产品企业出口集约边际扩张有显著的促进作用，且作用系数大小和方向与基准回归结果均没有明显差别，均通过了1%的显著性水平检验。这充分表明，本章的基准回归结果是稳健的。

表5-8　　稳健性检验一的回归结果

变量	出口扩展边际			出口集约边际		
	(1) 企业数大于3	(2) 企业数大于6	(3) 企业数大于9	(4) 企业数大于3	(5) 企业数大于6	(6) 企业数大于9
$lnnearquality_{ijedt}$	-0.1948*** (-43.53)	-0.2001*** (-42.56)	-0.1973*** (-40.02)	0.4310*** (23.91)	0.4753*** (25.01)	0.4883*** (24.54)
lngdp	0.0368*** (17.26)	0.0366*** (16.06)	0.0366*** (15.07)	-0.0260*** (-3.03)	-0.0352*** (-3.82)	-0.0356*** (-3.64)
lnjx	-0.0131*** (-6.42)	-0.0135*** (-6.12)	-0.0131*** (-5.51)	-0.0101** (-1.97)	0.0311*** (3.49)	0.0260*** (2.72)
lntgo	-0.0079*** (-5.52)	-0.0076*** (-4.92)	-0.0063*** (-3.84)	-0.0016 (-0.28)	-0.0038 (-0.62)	-0.0073 (-1.10)
lnpeople	-0.0170*** (-12.12)	-0.0157*** (-10.66)	-0.0155*** (-10.05)	0.0012 (0.22)	-0.0018 (-0.30)	-0.0012 (-0.20)
lnfsave	0.0030* (1.80)	0.0037** (2.04)	0.0015 (0.76)	-0.0384*** (-5.70)	-0.0340*** (-4.66)	-0.0257*** (-3.28)
lnnumber	0.0089*** (5.45)	0.0066*** (3.70)	0.0062*** (3.24)	0.0323*** (4.90)	0.0297*** (4.13)	0.0216*** (2.80)
lnarea	-0.0071*** (-4.67)	-0.0060*** (-3.60)	-0.0063*** (-3.48)	0.0175*** (2.85)	0.0192*** (2.86)	0.0196*** (2.69)
常数项	2.7630*** (123.30)	2.8078*** (116.00)	2.8465*** (109.54)	9.1938*** (101.85)	9.3041*** (95.12)	9.3247*** (88.89)
企业固定效应	是	是	是	是	是	是
时间固定效应	是	是	是	是	是	是

续表

变量	出口扩展边际			出口集约边际		
	（1）企业数大于3	（2）企业数大于6	（3）企业数大于9	（4）企业数大于3	（5）企业数大于6	（6）企业数大于9
观测值	526408	448789	393764	526408	448789	393764
调整 R^2	0.8948	0.8965	0.8973	0.4103	0.4102	0.4106

注：***、**、*分别表示在1%、5%、10%的水平上显著，括号内数值为t值。

资料来源：笔者根据本书整理得出的非平衡面板数据样本运用Stata 11.0软件的回归结果整理而得。

2. 更换回归方法与自变量

第一，考虑到回归方法不同可能会影响本章的基准回归结果，因此，本节补充进行个体聚类标准误回归和时间聚类标准误回归。稳健性检验二的回归结果，见表5-9。其中，表5-9的列（1）和列（4）是个体聚类标准误回归结果，列（2）和列（5）是时间聚类标准误回归结果。从中不难发现，地区质量声誉在两种不同回归方法下均对农产品企业出口集约边际提升有显著的促进作用，对农产品企业出口扩展边际提升均有显著的抑制作用，且作用系数大小、方向与基准回归结果均未出现明显变化，均通过了1%的显著性水平检验，同样充分说明本章的基准回归结果是稳健的。

第二，前文在异质性分析一节中已证明了农产品地理标志认证能够更好地促进农产品地区质量声誉作用的发挥，推动中国农产品出口贸易的稳定发展。且考虑到叶迪和朱林可等（2017）关于地区质量声誉的测度方法可能存在一定缺陷，部分文献已采用地理标志认证数量指标反映地区质量声誉。本节进一步借鉴孙林等（2019）的做法，利用某替代地区质量声誉指标做稳健性检验。其中，该地区同一行业内农产品获得地理标志认证数量之和的值越大，则意味着该地区农产品地区质量声誉越高。表5-9中的列（3）和列（6），表示地区质量声誉对农产品企业出口集约边际扩张有显著的促进作用，且对出口扩展边际扩张有显著的抑制作用，这表明，本章基准回归结果是稳健的。

表5-9 稳健性检验二的回归结果

变量	出口扩展边际			出口集约边际		
	(1) 个体聚类标准误回归	(2) 时间聚类标准误回归	(3) 更换自变量	(4) 个体聚类标准误回归	(5) 时间聚类标准误回归	(6) 更换自变量
$lnnearquality_{ijedt}$	-0.1905*** (-19.47)	-0.1905*** (-25.76)	-0.0170*** (- 25.28)	0.5111*** (13.79)	0.5111*** (9.17)	0.0288*** (10.82)
lngdp	0.0366*** (3.85)	0.0366** (2.22)	0.0390*** (19.95)	-0.0321*** (-2.94)	-0.0321 (-1.23)	-0.0359*** (-4.63)
lnjx	-0.0147 (-1.51)	-0.0147 (-1.09)	-0.0158*** (-8.58)	0.0230** (2.23)	0.0230 (1.31)	0.0249*** (3.41)
lntgo	-0.0078 (-1.27)	-0.0078 (-0.91)	-0.0098*** (-7.47)	-0.0024 (-0.32)	-0.0024 (-0.29)	0.0010 (0.19)
lnpeople	-0.0168** (-2.40)	-0.0168*** (-2.83)	-0.0176*** (-13.34)	0.0022 (0.29)	0.0022 (0.10)	0.0033 (0.63)
lnfsave	0.0044 (0.55)	0.0044 (0.32)	0.0054*** (3.57)	-0.0320*** (-3.47)	-0.0320 (-1.57)	-0.0335*** (-5.60)
lnnumber	0.0096 (1.37)	0.0096 (1.26)	0.0060*** (4.04)	0.0304*** (3.43)	0.0304** (2.37)	0.0361*** (6.16)
lnarea	-0.0073 (-1.13)	-0.0073 (-0.99)	-0.0102*** (-7.45)	0.0160** (2.11)	0.0160 (1.36)	0.0212*** (3.91)
常数项	2.5915*** (21.79)	2.5915*** (17.65)	2.6068*** (128.76)	9.1114*** (75.63)	9.1114*** (45.84)	9.0941*** (113.15)
企业固定效应	是	是	是	是	是	是
时间固定效应	是	是	是	是	是	是
观测值	677032	677032	677046	677032	677032	677046
调整 R^2	0.8918	0.8918	0.8916	0.4075	0.4075	0.4068

注：***、** 分别表示在1%、5%的水平上显著，括号内数值为t值。

资料来源：笔者根据本书整理得出的非平衡面板数据样本运用Stata 11.0 软件的回归结果整理而得。

5.2.4 内生性问题处理

对于回归分析中的内生性问题，一般包含三类：一是变量的测度误差；二是自变量与因变量互为因果，例如，随着农产品企业出口二元边际的不断扩张，企业出口利润可能会不断增长，企业为获取持续的出口利润，必然会加强对质量的安全监管，进而影响本地区农产品的地区质量声誉；三是遗漏变量，模型潜在的遗漏变量可能会对农产品企业出口二元边际和地区质量声誉均有影响。因此，考虑到这些问题可能会对本章的基准回归结果产生影响，本节主要参考刘志彪和张杰（2009）的做法，利用滞后一期变量和滞后二期变量作为工具变量，采用两阶段最小二乘法处理内生性问题。选择地区质量声誉的滞后一期值和滞后二期值为工具变量的原因在于，滞后值属于历史数据，不会对当前农产品贸易行为产生影响。同时，地区质量声誉的提高是长期改善的结果，因此，地区质量声誉的滞后一期值和滞后二期值与当前地区质量声誉有明显的直接联系。为保证工具变量的有效，本书进行了一系列检验：（1）Anderson canon. corr. LM 统计量，其检验工具变量识别不足问题，原假设为工具变量不可识别；（2）Cragg – Donald Wald F 统计量是工具变量弱识别检验，原假设为存在弱相关性。

内生性检验的结果，见表 5 – 10。表 5 – 10 的列（1）~列（2）分别是以滞后一期值为工具变量和以滞后二期值为工具变量时地区质量声誉对农产品企业出口扩展边际的作用结果，列（3）~列（4）分别是以滞后一期值为工具变量和以滞后二期值为工具变量时，地区质量声誉对农产品企业出口集约边际的作用结果。不难发现，在不同的工具变量下，地区质量声誉均对农产品企业出口扩展边际提升有显著的抑制作用，对农产品企业出口集约边际提升有显著的促进作用，且作用系数大小、方向与基准回归结果基本保持一致。这表明，本章的基准回归结果通过了内生性检验，回归结果是有效的。

表 5 – 10　　　　内生性检验的结果

变量	出口扩展边际		出口集约边际	
	以滞后一期值为工具变量（1）	以滞后二期值为工具变量（2）	以滞后一期值为工具变量（3）	以滞后二期值为工具变量（4）
$lnnearquality_{ijedt}$	–5.5918*** （–75.08）	–5.8122*** （–75.41）	0.6206*** （5.22）	0.5487*** （4.54）

续表

变量	出口扩展边际		出口集约边际	
	以滞后一期值为工具变量（1）	以滞后二期值为工具变量（2）	以滞后一期值为工具变量（3）	以滞后二期值为工具变量（4）
lngdp	0.3319*** (72.53)	0.3306*** (71.84)	-0.2409*** (-33.93)	-0.2416*** (-33.47)
lnjx	-0.1442*** (-40.77)	-0.1488*** (-41.80)	0.4055*** (73.91)	0.4094*** (73.32)
lntgo	-0.1239*** (-37.15)	-0.1222*** (-36.52)	0.0930*** (17.98)	0.0887*** (16.90)
lnpeople	-0.0394*** (-11.51)	-0.0346*** (-10.08)	-0.1798*** (-33.90)	-0.1831*** (-33.97)
lnfsave	-0.1215*** (-32.00)	-0.1222*** (-31.89)	-0.1070*** (-18.15)	-0.1043*** (-17.34)
lnnumber	0.1707*** (45.10)	0.1709*** (44.76)	0.0052 (0.88)	0.0053 (0.88)
lnarea	-0.0280*** (-8.52)	-0.0286*** (-8.62)	0.0404*** (7.93)	0.0376*** (7.24)
常数项	2.6650*** (51.32)	2.8782*** (54.86)	10.3780*** (128.81)	10.3897*** (126.27)
企业固定效应	是	是	是	是
时间固定效应	是	是	是	是
观测值	647146	623934	647146	623934
调整 R^2	0.7804	0.7917	0.9401	0.9403
Anderson canon.	2.0e+04	1.9e+04	2.0e+04	1.9e+04
corr. LM 统计量	[0.000]	[0.000]	[0.000]	[0.000]
Cragg-Donald Wald	2.1e+04	1.9e+04	2.1e+04	1.9e+04
F 统计量	{16.38}	{16.38}	{16.38}	{16.38}

注：*** 表示在1%的水平上显著，括号内数值为t值。

资料来源：笔者根据本书整理得出的非平衡面板数据样本运用 Stata 11.0 软件的回归结果整理而得。

5.3 作用机制检验

在第4章，本书从理论上提出了地区质量声誉会通过融资扩张效应、外资引致效应、声誉溢价效应和市场竞争效应提高农产品企业出口集约边际；通过融资扩张效应和外资引致效应，提高农产品企业出口扩展边际；通过声誉溢价效应和市场竞争效应，抑制农产品企业出口扩展边际（假设4-3），但该理论的合理性尚未可知。基于此，接下来，将利用中介效应模型检验理论分析的合理性。

第一，针对声誉溢价效应机制的检验，具体设定模型（5-3）~模型（5-5）。

$$\ln p_{ijedt} = \beta_0 + \beta_1 \ln nearquality_{ijedt} + \beta_2 \ln X + \mu_i + \mu_t + \varepsilon_{ijedt}$$

模型（5-3）

$$\ln num_{iedt} = \beta_0 + \beta_1 \ln nearquality_{ijedt} + \beta_2 \ln p_{ijedt} + \beta_3 \ln X + \mu_i + \mu_t + \varepsilon_{ijedt}$$

模型（5-4）

$$\ln exp_{ijedt} = \beta_0 + \beta_1 \ln nearquality_{ijedt} + \beta_2 \ln p_{ijedt} + \beta_3 \ln X + \mu_i + \mu_t + \varepsilon_{ijedt}$$

模型（5-5）

其中，$\ln p_{ijedt}$表示农产品j的出口价格，$\ln num_{iedt}$表示农产品企业i的出口扩展边际，$\ln exp_{ijedt}$表示农产品企业i的出口集约边际，$\ln nearquality_{ijedt}$表示农产品j对应的地区质量声誉，μ_i表示企业固定效应，μ_t表示时间固定效应，lnX表示一系列控制变量，ε_{ijedt}表示残差项。

第二，针对融资扩张效应机制检验，具体设定模型（5-6）~模型（5-8）。

$$\ln fin_{edt} = \beta_0 + \beta_1 \ln nearquality_{ijedt} + \beta_2 \ln X + \mu_i + \mu_t + \varepsilon_{ijedt}$$

模型（5-6）

$$\ln num_{iedt} = \beta_0 + \beta_1 \ln nearquality_{ijedt} + \beta_2 \ln fin_{edt} + \beta_3 \ln X + \mu_i + \mu_t + \varepsilon_{ijedt}$$

模型（5-7）

$$\ln exp_{ijedt} = \beta_0 + \beta_1 \ln nearquality_{ijedt} + \beta_2 \ln fin_{edt} + \beta_3 \ln X + \mu_i + \mu_t + \varepsilon_{ijedt}$$

模型（5－8）

其中，$\ln fin_{edt}$表示融资扩张程度，在此用地区 e 的金融机构各项贷款余额表示，其值越大，则在一定程度上说明企业面临的融资约束越小，越有利于企业实现融资扩张；$\ln num_{iedt}$表示农产品企业 i 的出口扩展边际，$\ln exp_{ijedt}$表示农产品企业 i 的出口集约边际，$\ln nearquality_{ijedt}$表示农产品 j 对应的地区质量声誉，μ_i 表示企业固定效应，μ_t 表示时间固定效应；lnX 表示一系列控制变量。值得注意的是，本章将地区金融机构余额看作中介变量，因此，在中介效应模型中，不再将其纳入控制变量范畴；ε_{ijedt}表示残差项。

作用机制检验结果（一），见表 5－11。表 5－11 是声誉溢价效应、融资扩张效应作用机制的检验结果，列（1）的检验结果表明，地区质量声誉显著提升了出口农产品价格，列（2）的检验结果表明，出口农产品价格的提升不利于农产品企业出口扩展边际的扩张，因此，综合列（1）和列（2）的检验结果可知，地区质量声誉会通过提升出口农产品价格抑制农产品企业出口扩展边际的扩张；列（3）的检验结果表明，出口农产品价格提升对农产品企业出口集约边际扩张有显著的促进作用，因此，综合列（1）和列（3）的检验结果可知，地区质量声誉会通过提升出口农产品价格而提高农产品企业出口集约边际，即声誉溢价效应。此外，列（4）的检验结果表明，地区质量声誉显著提升了地区的融资扩张能力，列（5）的检验结果表明，地区融资扩张水平的提升显著地提高了农产品企业出口扩展边际，因此，综合列（4）和列（5）的检验结果可知，地区质量声誉会通过提升地区内企业融资能力，推动本地区农产品企业出口扩展边际的扩张；列（6）的检验结果表明，地区内企业融资能力提升对农产品企业出口集约边际扩张有显著促进作用，因此，综合列（4）和列（6）的检验结果可知，地区质量声誉会通过提升地区内企业融资能力，进而提高农产品企业出口集约边际，即融资扩张效应。

表 5－11　　　　　　　　作用机制检验结果（一）

变量	声誉溢价效应			融资扩张效应		
	(1) lnp_{ijedt}	(2) $lnnum_{iedt}$	(3) $lnexp_{ijedt}$	(4) $lnfin_{edt}$	(5) $lnnum_{iedt}$	(6) $lnexp_{ijedt}$
$lnnearquality_{ijedt}$	1.8352 *** (155.28)	－0.1849 *** (－41.19)	1.2737 *** (74.36)	0.0069 * (1.91)	－0.1909 *** (－43.33)	0.5086 *** (29.03)
lnp_{ijedt}		－0.0033 *** (－7.06)	0.4169 *** (234.40)			
$lnfin_{edt}$					0.0030 ** (1.95)	0.0322 *** (5.33)
lngdp	0.0124 ** (2.34)	0.0364 *** (18.39)	0.0303 *** (－4.00)	0.0456 *** (28.00)	0.0364 *** (18.37)	－0.0354 *** (－4.50)
lnjx	0.0024 (0.49)	－0.0145 *** (－7.82)	0.0247 *** (3.51)	0.2291 *** (153.52)	－0.0145 *** (－7.83)	0.0237 *** (3.23)
lntgo	0.0011 (0.32)	－0.0099 *** (－7.38)	0.0010 (0.20)	－0.0106 *** (－9.61)	－0.0099 *** (－7.38)	0.0005 (0.10)
lnpeople	0.0026 (0.74)	－0.0172 *** (－12.95)	0.0034 (0.67)	0.0528 *** (48.36)	－0.0172 *** (－12.96)	0.0023 (0.44)
lnfsave	－0.0026 (－0.63)	0.0030 ** (1.95)	0.0333 *** (－5.74)			
lnnumber	－0.0086 ** (－2.16)	0.0116 *** (7.83)	0.0264 *** (4.66)	0.7030 *** (828.71)	0.0117 *** (7.85)	0.0301 *** (5.08)
lnarea	0.0002 (0.05)	－0.0031 ** (－2.18)	0.0135 *** (2.51)	0.1520 *** (132.95)	－0.0031 ** (－2.18)	0.0134 ** (2.40)
常数项	0.8163 *** (14.85)	2.6040 *** (127.09)	9.4616 *** (121.00)	6.8039 *** (468.21)	2.6013 *** (126.98)	9.1213 *** (111.96)
企业固定效应	是	是	是	是	是	是
时间固定效应	是	是	是	是	是	是
观测值	669851	669851	669851	669851	669851	669851
调整 R^2	0.4134	0.8917	0.4514	0.8997	0.8917	0.4043

注：***、**、* 分别表示在 1%、5%、10% 的水平上显著，括号内数值为 t 值。

资料来源：笔者根据本书整理得出的非平衡面板数据样本运用 Stata 11.0 软件的回归结果整理而得。

第三，针对投资引致效应机制的检验，具体设定模型（5－9）～模型（5－11）。

$$\ln fdi_{edt} = \beta_0 + \beta_1 \ln nearquality_{ijedt} + \beta_2 \ln X + \mu_i + \mu_t + \varepsilon_{ijedt}$$

模型（5－9）

$$\ln num_{iedt} = \beta_0 + \beta_1 \ln nearquality_{ijedt} + \beta_2 \ln fdi_{edt} + \beta_3 \ln X + \mu_i + \mu_t + \varepsilon_{ijedt}$$

模型（5－10）

$$\ln exp_{ijedt} = \beta_0 + \beta_1 \ln nearquality_{ijedt} + \beta_2 \ln fdi_{edt} + \beta_3 \ln X + \mu_i + \mu_t + \varepsilon_{ijedt}$$

模型（5－11）

其中，$\ln fdi_{edt}$表示地区 e 内的外商直接投资水平，$\ln num_{iedt}$表示农产品企业 i 的出口扩展边际，$\ln exp_{ijedt}$表示农产品企业 i 的出口集约边际，$\ln nearquality_{ijedt}$表示农产品 j 对应的地区质量声誉，μ_i 表示企业固定效应，μ_t 表示时间固定效应，lnX 表示一系列控制变量，ε_{ijedt}表示残差项。

第四，针对市场竞争效应机制的检验，具体设定模型（5－12）～模型（5－14）。

$$\ln hhi_{sedt} = \beta_0 + \beta_1 \ln nearquality_{ijedt} + \beta_2 \ln X + \mu_i + \mu_t + \varepsilon_{ijedt}$$

模型（5－12）

$$\ln num_{iedt} = \beta_0 + \beta_1 \ln nearquality_{ijedt} + \beta_2 \ln hhi_{sedt} + \beta_3 \ln X + \mu_i + \mu_t + \varepsilon_{ijedt}$$

模型（5－13）

$$\ln exp_{ijedt} = \beta_0 + \beta_1 \ln nearquality_{ijedt} + \beta_2 \ln hhi_{sedt} + \beta_3 \ln X + \mu_i + \mu_t + \varepsilon_{ijedt}$$

模型（5－14）

其中，$\ln hhi_{sedt}$表示农产品 j 所在行业 s 的市场竞争程度，在此用同一年度、同一地区、同一行业内的企业数目衡量市场竞争程度，$\ln num_{iedt}$表示农产品企业 i 的出口扩展边际，$\ln exp_{ijedt}$表示农产品企业 i 的出口集约边际，$\ln nearquality_{ijedt}$表示农产品 j 所对应的地区质量声誉，μ_i 表示企业固定效应，μ_t 表示时间固定效应，lnX 表示一系列控制变量，ε_{ijedt}表示残差项。

作用机制检验结果（二），见表 5－12。表 5－12 是外资引致效应和市场竞争效应作用机制的检验结果。其中，列（1）的检验结果表明，地区质量声誉可显著提高本地区的外商直接投资水平，列（3）的检验结果表明，提高本地区外商直接投资水平，可显著地推动农产品企业出口集约边际扩张，因此，综合列（1）和列（3）的检验结果可知，地区质量声誉会通过提升地区外商直接投资水平提高农产品企业出口集约边际扩张；列（2）的检验结果表明，提高地区外商直接投资水平对农产品企业出口扩展边际扩张有显著促进作用。因此，综合列（1）和列（2）的检验结果可知，地区质量声誉会通过提高某地区外商直接投资水平提高农产品企业出口扩展边际，即外资引致效应。此外，列（4）的检验结果表明，地区质量声誉能显著提升该地区市场竞争程度，列（5）的检验结果表明，地区市场竞争程度提升显著抑制了农产品出口扩展边际的扩张，因此，综合列（4）和列（5）的检验结果可知，地区质量声誉会通过提升地区市场竞争程度抑制本地区农产品企业出口扩展边际的扩张；列（6）的检验结果表明，地区市场竞争程度提升对农产品企业出口集约边际扩张有显著促进作用，因此，综合列（4）和列（6）的检验结果可知，地区质量声誉会通过提高地区市场竞争程度，推动农产品企业出口集约边际扩张，即市场竞争效应。

表 5-12　　　　作用机制检验结果（二）

变量	外资引致效应			市场竞争效应		
	(1) $\ln fdi_{edt}$	(2) $\ln num_{iedt}$	(3) $\ln exp_{ijedt}$	(4) $\ln hhi_{sedt}$	(5) $\ln num_{iedt}$	(6) $\ln exp_{ijedt}$
$\ln nearquality_{ijedt}$	0.0155 *** (13.63)	0.5116 *** (29.20)	-0.1930 *** (-43.83)	1.3948 *** (142.04)	-0.2167 *** (-48.62)	0.2236 *** (12.71)
$\ln fdi_{edt}$		0.1927 *** (9.99)	0.1382 *** (28.51)			
$\ln hhi_{sedt}$					-0.0188 *** (-33.82)	0.2061 *** (93.94)
lngdp	0.0142 *** (27.77)	-0.0327 *** (-4.15)	0.0344 *** (17.38)	0.0359 *** (8.24)	0.0360 *** (18.46)	-0.0396 *** (-5.14)
lnscience	-0.0287 *** (-60.21)	0.0182 ** (2.47)	-0.0105 *** (-5.67)	-0.0236 *** (-5.76)	-0.0143 *** (-7.78)	0.0280 *** (3.86)
lntg	0.0005 (1.55)	0.0006 (0.12)	-0.0099 *** (-7.44)	-0.0100 *** (-3.43)	-0.0076 *** (-5.80)	-0.0004 (-0.07)

续表

变量	外资引致效应			市场竞争效应		
	(1) $lnfdi_{edt}$	(2) $lnnum_{iedt}$	(3) $lnexp_{ijedt}$	(4) $lnhhi_{sedt}$	(5) $lnnum_{iedt}$	(6) $lnexp_{ijedt}$
lnpeople	-0.0096*** (-28.09)	0.0005 (0.09)	-0.0159*** (-11.96)	-0.0056* (-1.88)	-0.0167*** (-12.68)	0.0031 (0.60)
lnfsave	0.0160*** (40.82)	-0.0292*** (-4.81)	0.0008 (0.50)	0.0011 (0.32)	0.0044*** (2.93)	-0.0322*** (-5.43)
lneds	0.0065*** (17.07)	0.0313*** (5.29)	0.0108*** (7.25)	0.0225*** (6.84)	0.0092*** (6.26)	0.0258*** (4.46)
lnarea	0.0018*** (5.04)	0.0138** (2.46)	-0.0033** (-2.36)	-0.0096*** (-3.14)	-0.0072*** (-5.27)	0.0182*** (3.40)
常数项	5.8251*** (1103.14)	10.2441*** (73.82)	1.7963*** (51.51)	3.2566*** (72.10)	2.5303*** (124.85)	8.4398*** (105.47)
企业固定效应	是	是	是	是	是	是
时间固定效应	是	是	是	是	是	是
观测值	669851	669851	669851	677042	677042	677042
调整 R^2	0.9888	0.4044	0.8919	0.5973	0.8920	0.4154

注：***、**、*分别表示在1%、5%、10%的水平上显著，括号内数值为t值。

资料来源：笔者根据本书整理得出的非平衡面板数据样本运用 Stata 11.0 软件的回归结果整理而得。

综上所述，根据表5-11和表5-12的回归结果可知，地区质量声誉会通过融资扩张效应和外资引致效应对农产品企业出口二元边际扩张产生积极的促进作用；但对于声誉溢价效应和市场竞争效应这两条作用途径而言，地区质量声誉会通过其对农产品企业出口集约边际有显著的提升作用，但对农产品企业出口扩展边际扩张则有显著的抑制作用，假设4-3得证。

6 地区质量声誉对中国出口农产品质量影响的实证检验

党的十九大报告指出，中国经济已由高速增长转向高质量发展，[①]因此，在新时期仅以出口“量”的增长作为外贸目标将难以为继，出口“质”的提升将成为企业新的发展方向。如何有效地提升中国农产品出口质量，将成为政府迫切需要解决的重要课题。2022 年中央一号文件做出明确批示，开展农业品种培优、品质提升、品牌打造和标准化生产提升行动，推进食用农产品承诺达标合格证制度，完善全产业链质量安全追溯体系。[②] 由此可见，通过创建品牌，培育良好的地区质量声誉，将会成为提升中国企业出口农产品质量、增强农产品出口竞争优势的重要切入点。我们必须清醒地认识到，有良好地区质量声誉的农产品在国内外市场享有更高认可度，进而导致地区质量声誉更容易被非法借用。例如，五常大米的“有价无市”，“洗澡蟹”“留学蟹”“过水蟹”等冲击“阳澄湖大闸蟹”。这种“搭便车”行为肆意发展，必然会导致“公地悲剧”，削弱中国企业出口农产品质量升级的动力，损害中国农产品出

---

① 《决胜全面建成小康社会 夺取新时代中国特色社会主义伟大胜利》. http//www. china. org. cn/chinese/2017 - 11/06/content_41852215. htm。

② 《中共中央 国务院关于做好 2022 年全面推进乡村振兴重点工作的意见》；中华人民共和国农业农村部 . http：//www. moa. gov. cn/ztzl/jj2022zyyhwj/2022nzyyhwj/202202/t20220222_6389276. htm。

口贸易可持续发展。

本章将基于企业—产品层面，主要针对三个问题展开探讨：一是实证检验地区质量声誉是否会对企业出口农产品质量升级有显著影响？如果有显著影响，这种影响有何异质性；二是利用中介效应，实证检验前文提出的地区质量声誉影响农产品出口质量作用机制的合理性；三是实证检验前文理论分析中的“搭便车”现象是否存在？如果存在，其机理如何？行为主体主要是哪一类企业？

6.1 模型设定、变量说明与数据来源

6.1.1 模型设定

在第4章，本书从理论层面分析了地区质量声誉影响企业出口农产品质量升级的影响效用，发现地区质量声誉对企业出口农产品质量升级有显著的促进作用。接下来，本书将通过构建实证模型检验地区质量声誉对企业出口农产品质量的影响。本书的研究样本是非平衡面板数据，涉及每年农产品进入和退出的问题，为了控制企业、地区、行业及时间变化因素可能对农产品出口质量存在的影响，本书在设定模型时控制了上述四个层面的固定效应。基于此，本章设定基准回归模型（6－1）：

$$\mathrm{lnquality}_{ijedt} = \beta_0 + \beta_1 \mathrm{lnnearquality}_{ijedt} + \beta_2 \mathrm{lnX} + \mu_i + \mu_t + \mu_e + \mu_s + \varepsilon_{ijedt}$$

模型（6－1）

在模型（6－1）中，i表示企业，j表示农产品，e表示企业i所处地级市，d表示出口目的国市场，t表示年份，s表示农产品j所在的行业。$\mathrm{lnquality}_{ijedt}$表示企业i出口农产品j的质量，$\mathrm{lnnearuqlity}_{ijedt}$表示地区质量声誉，$\mu_i$表示企业固定效应，$\mu_t$表示时间固定效应，$\mu_e$表示地区固定效应，$\mu_s$表示行业固定效应，lnX表示一系列控制变量［包含当地农业经济发展水平（lngdp）、农业机械总动力（lnjx）、当地粮食总产量（lntgo）、当地人口数量（lnpeople）、规模以上工业企业单位数（Innumber）、行政区域

面积（lnarea）和年末金融机构各项贷款余额（lnfsave）]，ε_{ijedt}表示残差项。模型(6-1)是本章实证的基准回归模型，其目的是检验地区质量声誉对企业出口农产品质量的作用，其中，估计系数 β_1 表示地区质量声誉对企业出口农产品质量的作用，若估计系数 β_1 为正，说明地区质量声誉对企业出口农产品质量升级有显著促进作用；反之，则为抑制作用。

6.1.2 变量说明

在第 5 章，本书已经将核心解释变量（地区质量声誉）的指标测算进行了细致说明，故此处不再赘述。接下来，阐述被解释变量和控制变量的测度机理及影响机理。

1. 被解释变量

关于企业出口农产品质量的测算，在第 5 章已经做过细致说明，不再赘述。

2. 控制变量

（1）lngdp 表示当地农业经济发展水平，用第一产业增加值衡量。第一产业增加值越多，表明农业生产获取的利润越高，生产者越有动力增加研发投入，推动生产技术水平提升，提高产品生产质量，最终实现企业出口农产品质量升级。因此，本章选取该指标作为控制变量。

（2）lnjx 表示农业机械总动力值。一个地区的农业机械总动力值越大，说明该地区的农业生产机械化水平越高，越有能力生产高质量农产品，最终实现本地区企业出口农产品质量升级。因此，本章选取农业机械总动力指标作为控制变量。

（3）lntgo 表示粮食总产量。一个地区粮食总产量提高可能由两方面因素导致，一方面，是技术因素。某地区粮食生产技术水平提升，导致本地区粮食产量增加。粮食生产技术水平提升会在技术溢出效应作用下，推动本地区农业生产技术水平提升，并提高本地区农业生产率，最终提升企业出口农产品质量。另一方面，是规模因素。随着中国市场粮食进口规模不断扩大，粮食净进口成为当前中国粮食贸易的新常态（王瑞峰等，2018）。为了缓解粮食供需平衡，当地政府会加大粮食种植规模，对其非粮食类农产品种植产生一定挤出效应，不利于其他种类农产品规模经济效益提升，阻碍其他种类农产品生产质量升级及出口质量升级。综上所述，粮食总产量提高对企业出口农产品质量升级的具体作用可正可负，因此，本章选取粮食总产量作为控制变量。

（4）lnpeople 表示城市人口数量。一个城市人口规模越大，越容易产生两方面影响：一方面，从需求角度，城市规模越大，一个城市对农产品的需求量必然增加。根据供需理论，需求增加必然会推动农产品价格提升，从而诱使当地农产品由出口转内销，即市场转移效应。此时，高质量农产品大多会选择在当地销售，抑制本地区农产品出口质量升级。另一方面，从供给角度，城市劳动力供给能力不断提升会导致生产过程中劳动力数量投入增多，提高生产供需质量，并进一步改进产品质量（张纯音，1979），从而推动本地区企业农产品出口质量升级。综上所述，城市人口数量增加对企业出口农产品质量升级的具体作用可正可负，因此，本章选取城市人口规模作为控制变量。

（5）lnfsave 表示年末金融机构各项贷款余额。一个地区的年末金融机构各项贷款余额越多，表明当地金融机构在年末收不回的贷款越多，间接反映借款企业生产经营状况不好，产品销售不出去，偿还能力较弱。进一步限制企业资金投入水平，阻碍企业生产率提升，不利于企业实现出口农产品质量升级。因此，本章选取年末金融机构各项贷款余额作为控制变量。

（6）lnnumber 表示规模以上工业企业单位数。一个地区的规模以上工业企业单位数越高，说明该地区的工业技术越发达，技术溢出效应必然会促使农业生产技术水平提升，推动本地区企业出口农产品质量升级。因此，本章选取规模以上工业企业单位数作为控制变量。

（7）lnarea 表示行政区域面积。城市作为知识、技术、创新的发源地和集散地，行政区域面积越大，行政区域内劳动力越集中，既有助于形成技术创新（Jacobs，1969），又有助于推动集聚经济和规模经济增长（韩立达和史敦友，2018）。因此，一个地区行政区域面积越大，对于生产种植技术比较成熟的农产品而言，越容易形成集聚效应和规模经济，增加生产者获得的经营利润，增加企业产品的研发投入，推动本地区企业出口农产品质量升级。因此，本章选取行政区域面积作为控制变量。

变量的描述性统计，见表6-1。从表中可详细地了解各个变量的数据结构。

表6-1　变量的描述性统计

变量	变量名称	观测值	平均值	标准差	最小值	最大值
$lnnearquality_{ijedt}$	地区质量声誉	718034	0.0472	0.1440	-3.7333	1.3830
lngdp	当地农业经济发展水平	716179	11.7951	0.7854	4.6151	14.0801
lnjx	农业机械总动力值	712732	3.3207	0.8544	0.0953	7.3219
lntgo	粮食总产量	688367	12.1599	0.9274	2.6391	15.0244
lnpeople	城市人口数量	718039	2.2927	1.4455	-3.9120	4.6792
lnfsave	年末金融机构各项贷款余额	712695	12.7522	1.2376	3.3322	17.1653
lnnumber	规模以上工业企业单位数	708126	4.6314	1.2008	0.0000	10.6105
lnarea	行政区域面积	716143	7.4459	0.7073	0.6931	12.7480
$lnquality_{ijedt}$	出口农产品质量	717152	-0.0432	0.3148	-9.1710	1.5081
$lnnearprice_{ijedt}$	地区价格声誉	718051	6.1215	2.8288	-8.9765	16.4535
$lnprice_{ijedt}$	出口农产品价格	718051	0.9850	1.6189	-12.5061	16.7489

注：以上数据均取对数进行处理。

资料来源：笔者根据中国海关进出口数据库和各地级市统计年鉴数据整理而得。

6.2　模型检验与结果分析

6.2.1　基准回归分析

基准回归结果，见表6-2。

表6-2　基准回归结果

变量	(1)	(2)	(3)	(4)
$lnnearquality_{ijedt}$	0.2980*** (112.36)	0.2967*** (108.93)	0.4896*** (168.71)	0.4903*** (164.34)

续表

变量	(1)	(2)	(3)	(4)
lngdp		0.0022 * (1.85)		0.0024 *** (1.85)
lnjx		0.0011 (0.97)		0.0017 (1.38)
lntgo		0.0010 (1.27)		−0.0001 (−0.09)
lnpeople		0.0001 (0.10)		0.0005 (0.61)
lnfsave		−0.0063 *** (−7.18)		−0.0040 *** (−3.94)
lnnumber		0.0035 *** (4.02)		0.0007 (0.74)
lnarea		0.0020 ** (2.46)		0.0016 * (1.70)
常数项	−0.0595 *** (−12.24)	−0.0449 *** (−3.48)	−0.0965 *** (−51.16)	−0.0946 *** (−6.90)
地区固定效应	是	是	否	否
行业固定效应	是	是	否	否
企业固定效应	否	否	是	是
时间固定效应	是	是	是	是
观测值	717149	676179	717149	676179
调整 R^2	0.1070	0.1071	0.0224	0.0215

注：***、**、*分别表示在1%、5%、10%的水平上显著，括号内数值为t值。

资料来源：笔者根据本书整理得出的非平衡面板数据样本运用Stata 11.0软件的回归结果整理而得。

表6-2为基准回归结果，本书将核心变量和控制变量依次纳入模型进行回归分析，以防止多重共线性问题。在表6-2中，列（1）仅引入核心变量，并控制了地区固定效应、行业固定效应、时间固定效应的回归结果；列（2）同时引入核心变量和控制变量，并控制了地区固定效应、行业固定效应、时间固定效应的回归结果；列（3）仅引入核心变量，并控制了企业固定效应、时间固定效应的回归结果；列（4）同时引入核心变量和控制变量，并控制了企业固定效应、时间固定效应的

回归结果。回归结果均表明，地区质量声誉对企业出口农产品质量升级有显著促进作用，且均通过了1%的显著性水平检验。因此，假设4-4得证。

对于控制变量而言，当地农业经济发展水平、行政区域面积、规模以上工业企业单位数等均对农产品出口质量升级有显著的促进作用，符合基本预期。一个地区的年末金融机构各项贷款余额和本地区企业出口农产品质量之间有显著负相关关系，且通过了1%的显著性水平检验，同样符合预期。一个地区的粮食总产量和人口规模对企业出口农产品质量升级作用不明显，表明粮食总产量和人口规模两个控制变量的促进作用和抑制作用正好相抵，不能显著影响企业出口农产品质量升级。对于农业机械总动力指标，研究发现其对企业出口农产品质量升级的促进作用并不明显，原因在于，中国的农业机械化水平存在结构性不平衡现象，部分农业机械处于市场饱和状态，行业集中度远低于欧美发达国家，市场竞争加剧，行业亟须整合，很多行业农业机械化水平提升对于出口农产品质量升级促进作用不大，导致整体作用不明显。

6.2.2 异质性分析

1. 产品异质性

为了更好地识别不同类型农产品的出口质量如何受地区质量声誉影响，本节将进行产品异质性检验。对于农产品类型的划分，本章具体做法和5.2.2小节一致，故不再赘述。

表6-3为不同产品类型下的回归结果，列（1）~列（2）是地区质量声誉对企业出口农林牧渔初级农产品和基于农业资源的制成品，两种不同类型农产品质量的作用结果。不难发现，地区质量声誉对两者均有显著促进作用，且作用系数大小为农林牧渔初级农产品>基于农业资源的制成品。原因可能在于，一是“成本节约效应”。现阶段，农产品企业在出口过程中面临众多的技术性贸易壁垒和非技术性贸易壁垒，对

农产品出口造成了严重阻碍。而农林牧渔初级农产品在接受诸如SPS措施等非技术贸易壁垒调查时，为了保证产品质量，其运输成本和贮藏成本比加工农产品更高（董丹丹和曹历娟，2019）。因此，若某地区农产品形成良好的地区质量声誉，将有助于该地区此类农产品在国际市场获得更高的认可度，减少各种贸易壁垒限制，实现成本节约，增加企业生产经营利润，使企业有更多研发资金投入，最终提高企业出口农产品质量。二是竞争激励效应。农林牧渔初级农产品的生产进入门槛较低，在良好的地区质量声誉激励下，会诱使部分企业选择进入该区域从事农林牧渔初级农产品的生产和出口，加大该区域内部企业之间的竞争激烈程度。在竞争压力下，企业若想维持及拓展农林牧渔初级农产品的出口市场份额，必然会积极增强农产品市场竞争力，提升出口农产品质量。综上所述，在良好地区质量声誉的成本节约效应和竞争激励效应作用下，企业出口农林牧渔初级农产品质量升级速度更快。

表6-3　　不同产品类型下的回归结果

变量	农林牧渔初级农产品（1）	基于农业资源的制成品（2）	高附加值农产品（3）	中低附加值农产品（4）
$lnnearquality_{ijedt}$	0.4951*** (77.67)	0.4460*** (132.37)	0.4808*** (72.48)	0.4538*** (135.40)
lngdp	0.0021 (0.82)	0.0010 (0.67)	0.0034 (1.27)	0.0012 (0.80)
lnjx	0.0039 (1.60)	0.00003 (0.03)	0.0045* (1.82)	-0.0002 (-0.15)
lntgo	-0.0009 (-0.48)	0.0003 (0.29)	-0.0022 (-1.21)	0.0001 (0.14)
lnpeople	0.0018 (0.89)	-0.0002 (-0.19)	0.0027 (1.31)	-0.0005 (-0.47)
lnfsave	-0.0049*** (-2.58)	-0.0013 (-1.12)	-0.0063*** (-3.18)	-0.0017 (-1.44)
lnnumber	0.0020 (1.03)	0.0007 (0.58)	0.0030 (1.52)	0.0004 (0.37)
lnarea	-0.0004 (-0.22)	0.0012 (1.08)	-0.0004 (-0.26)	0.0017 (1.55)

续表

变量	农林牧渔初级农产品（1）	基于农业资源的制成品（2）	高附加值农产品（3）	中低附加值农产品（4）
常数项	-0.1046 *** (-3.88)	-0.0804 *** (-5.12)	-0.0945 *** (-3.43)	-0.0822 *** (-5.25)
企业固定效应	是	是	是	是
时间固定效应	是	是	是	是
观测值	192004	467172	177983	481193
调整 R^2	0.1089	0.0502	0.1085	0.0462

注：***、*分别表示在1%、10%的水平上显著，括号内数值为t值。

资料来源：笔者根据本书整理得出的非平衡面板数据样本运用Stata 11.0软件的回归结果整理而得。

表6-3的列（3）~列（4）分别是地区质量声誉对企业出口高附加值农产品质量升级和地区质量声誉对企业出口中低附加值农产品质量升级的作用结果，同样可以发现，地区质量声誉对两者均有显著促进作用，且作用系数大小为高附加值农产品>中低附加值农产品。原因在于，随着全球价值链的不断分解，生产要素在国际市场的流动更加频繁，出口高技术附加值产品能够更好地推动中国出口农产品结构的优化（王如玉和肖海峰，2021）。这必然会促使中国政府加大对高附加值农产品出口扶持力度，在资金、通关、技术等方面给出相应的优惠政策，缩减企业出口成本，间接增加企业经营利润，促使企业加大技术研发与创新投入，提升企业生产效率，实现企业出口高附加值农产品质量更快升级。

2. 企业所处地区及出口目的地异质性

首先，中国地域辽阔，不同区域在气候、土壤、交通及其他自然资源要素中有巨大差异，导致不同区域农业经济发展水平的差异（杨鑫和穆月英，2017）。考虑到中国东中西部三大区域在资源禀赋、农业生产率水平等方面存在的显著差异，极有可能会导致地区质量声誉对企业出口农产品质量升级的影响有显著的地区差异性，因此，本节对企业分布区域异质性进行检验。其次，考虑到发达国家和发展中国家在经济发展水平、居民消费能力、居民生活观念等方面的巨大差异，可能会导致地区质量声誉对企业出口农产品质量升级的影响存在差异性，因此，本节还对企业出口目的国异质性进行检验。具体地，将企业出口目的国按照国际货币基金组织的分类标准分为发达国家和发展中国家两组样本。

不同区域下的回归结果，见表6－4。表6－4中的列（1）～列（3）分别是中国东中西部三大区域样本地区质量声誉影响企业出口农产品质量的回归结果。不难发现，地区质量声誉对企业出口农产品质量升级促进作用的大小依次为西部地区>中部地区>东部地区。原因可能在于，国家为推动西部地区快速发展而实施了西部大开发战略，不仅为西部地区发展提供了强有力的政策支持，而且为西部地区农业生产技术升级、引进投资等创造了良好的政治环境。2002年，农业部出台《关于加快西部地区特色农业发展的意见》，对如何加快西部地区特色农业产业发展，提升西部地区农业品牌竞争力给出了相应指导，为拥有较强农业资源禀赋优势的西部地区农产品地区质量声誉培育注入了新的活力。西部地区农产品质量声誉培育进程不断加快，有助于吸引更多高新技术企业加入本地区农业生产及出口，且技术溢出边际效用较大，对于本地区农业生产技术水平提升作用更强，可更大幅度地实现本地区企业出口农产品质量升级。因此，在政策引导支持作用下，西部地区凭借农业资源禀赋优势，更易实现出口农产品质量升级。

表6－4　不同区域下的回归结果

变量	东部地区 (1)	中部地区 (2)	西部地区 (3)	发达国家 (4)	发展中国家 (5)
$lnnearquality_{ijedt}$	0.4823*** (152.09)	0.5532*** (43.73)	0.5589*** (42.32)	0.5111*** (109.65)	0.4468*** (110.03)
lngdp	0.0035** (2.21)	−0.0196*** (−3.70)	0.0037 (0.72)	−0.0010 (−0.54)	0.0053*** (2.86)
lnjx	0.0037** (2.31)	0.0040 (1.11)	−0.0016 (−0.44)	0.0030* (1.67)	−0.0022 (−1.27)
lntgo	−0.0005 (−0.42)	0.0097** (2.38)	−0.0057 (−1.52)	0.0002 (0.17)	0.0011 (0.89)
lnpeople	−0.0003 (−0.34)	0.0015 (0.42)	−0.00002 (−0.01)	0.0019 (1.49)	−0.0008 (−0.64)

续表

变量	东部地区 (1)	中部地区 (2)	西部地区 (3)	发达国家 (4)	发展中国家 (5)
lnfsave	-0.0080 *** (-6.25)	0.0045 (1.38)	0.0034 (1.27)	-0.0031 ** (-2.08)	-0.0033 ** (-2.33)
lnnumber	0.0035 *** (2.80)	-0.0026 (-0.67)	0.0007 (0.25)	0.0012 (0.80)	0.00003 (0.02)
lnarea	0.0033 *** (2.67)	0.0024 (0.70)	-0.0025 (-0.97)	0.0004 (0.26)	0.0018 (1.37)
常数项	-0.0817 *** (-4.58)	-0.0570 (-1.29)	-0.0976 ** (-2.33)	-0.0523 *** (-2.68)	-0.1501 *** (-7.65)
企业固定效应	是	是	是	是	是
时间固定效应	是	是	是	是	是
观测值	553507	63571	51914	350005	313509
调整 R^2	0.0242	0.0025	0.0187	0.0304	0.0798

注：***、**、*分别表示在1%、5%、10%的水平上显著，括号内数值为t值。

资料来源：笔者根据本书整理得出的非平衡面板数据样本运用Stata 11.0软件的回归结果整理而得。

表6-4中的列（4）~列（5）分别是出口发达国家和出口发展中国家时，地区质量声誉对企业出口农产品质量升级的作用结果。从中可以发现，地区质量声誉提升对企业出口发达国家和出口发展中国家的农产品质量升级均有显著促进作用，且作用系数大小为出口发达国家>出口发展中国家。主要原因在于，一方面，根据经典的林德假说（Linder Hypoth），发达国家市场收入水平高，对高质量产品的需求更高（吴群锋等，2021）。因此，发达国家的消费者，往往倾向于消费更高质量的产品（Bastos and Silva，2009；Hallak and Carlos，2010；Manova and Zhang，2012），且更加关注进口农产品质量及安全问题（孙林等，2019），对进口农产品质量有更高需求。而良好地区质量声誉通常意味着产品的高质量，有助于提升消费者对其的认可度和购买力，增加企业出口利润，推动企业出口农产品质量更快升级。另一方面，发达国家居民较高的收入水平决定了居民愿意为高质量声誉产品支付价格溢价，增加了出口发达国家的企业出口利润，加剧了出口发达国家的企业聚集竞争程度。而实施产品差异化作为提升企业出口竞争力的重要途径（周定

根等，2019），提高出口农产品质量，提升产品所处的质量阶梯位置作为实现差异化的重要手段，导致与出口发展中国家相比，出口到发达国家的农产品质量升级速度更快。

对发展中国家而言，消费者在购买进口农产品时会更关注产品价格，而相对忽视产品质量（孙林等，2019）。即使高质量的农产品进入发展中国家市场，高质量意味着较高价格，极易导致产品在市场上的认可度较低。此时，出口农产品质量较高的企业不能获得正常利润，无法在出口市场生存（叶迪和刘景卿，2021），被迫退出出口市场，致使市场的出口农产品质量升级速度较慢，最终弱化地区质量声誉积极作用的发挥。

综上所述，在良好的地区质量声誉作用下，出口发达国家的企业有更强的出口农产品质量升级动力，致使出口发达国家的企业出口农产品质量升级速度快于出口发展中国家的企业出口农产品质量升级速度。

3. 农产品地理标志认证下的异质性检验

本节同样将总体样本进一步划分为出口获得地理标志认证农产品的企业样本与出口未获得地理标志认证农产品的企业样本两类。地理标志认证下的异质性检验结果，如表6－5所示。在表中，列（1）～列（2）是出口获得地理标志认证农产品的企业样本回归结果，列（3）～列（4）是出口未获得地理标志认证农产品的企业样本回归结果。不难发现，对于出口获得地理标志认证农产品的企业而言，地区质量声誉对该类企业出口农产品质量升级的促进作用更强，原因可能在于两个方面。一是价格溢价效应。农产品在获得地理标志认证后，间接向消费者传达了一种高质量信息，绝大多数消费者有意愿为已获得地理标志认证的农产品支付较高价格的溢价，从而增加了出口获得地理标志认证农产品企业的出口利润，促使企业增加研发投入，提高企业生产效率，更快实现出口农产品质量升级。二是知识产权保护效应。地理标志作为WTO各缔约国给予保护的一种独立的知识产权，是生产者参与市场竞争的重要手段。获得地理标志认证的农产品获得了知识产权保护，且知识产权保护作为保护创新的基本制度支撑（黄先海和卿陶，2021），严格的知识产权保护能够降低企业创新被恶意模仿的概率，维护本地区良好地区质量声誉不被恶意破坏，保证创新成果能为企业带来更长时间的超额利润，激励企业不断实现创新（Aghion et al.，2013；Kafouros et al.，2015），推动企业实现出口农产品质量更快升级。

表 6－5　　　　地理标志认证下的异质性检验结果

变量	出口获得地理标志认证		出口未获得地理标志认证	
	(1)	(2)	(3)	(4)
$lnnearquality_{ijedt}$	0.4952*** (134.46)	0.4951*** (133.81)	0.1487*** (88.08)	0.1497*** (81.95)
lngdp		0.0039* (1.86)		－0.0071*** (－4.68)
lnjx		－0.0001 (－0.05)		0.0037*** (2.59)
lntgo		0.0021 (1.42)		0.0006 (0.66)
lnpeople		－0.0003 (－0.03)		－0.0005 (－0.37)
lnfsave		－0.0054*** (－3.77)		0.0010 (0.69)
lnnumber		0.0007 (0.46)		0.0015 (1.15)
lnarea		0.0021* (1.61)		0.0015 (1.27)
常数项	－0.1008*** (－47.96)	－0.1213*** (－5.96)	－0.0304*** (－27.40)	0.0048* (1.28)
企业固定效应	是	是	是	是
年度固定效应	是	是	是	是
观测值	439385	434376	277776	241813
调整 R^2	0.0235	0.0239	0.0930	0.0935

注：***、*分别表示在1%、10%的水平上显著，括号内数值为t值。

资料来源：笔者根据本书整理得出的非平衡面板数据样本运用Stata 11.0软件的回归结果整理而得。

6.2.3　稳健性检验

1. 变换回归样本

本节对变换回归样本的具体做法和5.2.3小节相一致，不再赘述。稳健性检验一的回归结果，见表6－6。由表6－6可知，3组不同样本下地区质量声誉均对企业出口农产品质量升级有显著促进作用，且系数大小和系数方向与基准回归结果均无明显差别，均通过了1%的显著性水平检验。这充分表明，本章的基准回归结果是稳健的。

表6－6　稳健性检验一的回归结果

变量	企业数大于3（1）	企业数大于6（2）	企业数大于9（3）
$lnnearquality_{ijedt}$	0.4637*** (155.50)	0.4480*** (144.49)	0.4419*** (137.46)
lngdp	0.0005 (0.33)	－0.0008 (－0.55)	－0.0004 (－0.25)
lnjx	0.0040*** (2.96)	0.0037*** (2.54)	0.0024 (1.57)
lntgo	0.0001 (0.06)	0.0010 (0.95)	0.0006 (0.57)
lnpeople	0.0003 (0.35)	0.0006 (0.57)	0.0008 (0.80)
lnfsave	－0.0042*** (－3.81)	－0.0037*** (－3.10)	－0.0036*** (－2.83)
lnnumber	0.0006 (0.59)	－0.0001 (－0.01)	0.0007 (0.54)
lnarea	0.0023** (2.29)	0.0022** (2.01)	0.0036*** (3.06)
常数项	－0.0671*** (－4.50)	－0.0592*** (－3.72)	－0.0673*** (－3.97)
企业固定效应	是	是	是
时间固定效应	是	是	是
观测值	525946	448439	393483
调整 R^2	0.0444	0.0547	0.0625

注：***、**分别表示在1%、5%的水平上显著，括号内数值为t值。

资料来源：笔者根据本书整理得出的非平衡面板数据样本运用Stata 11.0软件的回归结果整理而得。

2. 更换回归方法和替换变量

考虑到回归方法的不同可能会影响本书的基准回归结果，本节补充个体聚类标准误回归和时间聚类标准误回归；本书分别进行因变量替换和自变量替换，以变量替换的方法进行稳健性检验。稳健性检验二的回归结果，见表6－7。其中，表6－7的列（1）是个体聚类标准误回归结果，列（2）是时间聚类标准误回归结果；列（3）是因变量替换的回归结果，用企业出口农产品的单位价值替换出口农产品质量；列（4）和列（5）分别是不同自变量替换的回归结果，其中，列（4）主要是用本地区其他企业出口同类农产品时的平均价格指标替换地区质量声誉指标，列（5）主要是借鉴孙林等（2019）的做法，利用某地区行业内农产品获得地理标志认证数量之和替换地区质量声誉。从表6－7可知，列（1）～列（5）的回归结果均表明，地区质量声誉对企业出口农产品质量升级有显著的促进作用，且均通过了1%或5%的显著性水平检验，充分说明本书基准回归结果是稳健的。

表6－7　稳健性检验二的回归结果

变量	个体聚类 （1）	时间聚类 （2）	因变量替换 （3）	自变量替换 （4）	自变量替换 （5）
$lnnearquality_{ijedt}$	0.4903*** （70.71）	0.4903*** （45.86）	1.8334*** （155.76）	0.0341*** （181.62）	0.0010** （2.14）
lngdp	0.0024 （1.29）	0.0024 （0.94）	0.0230** （2.23）	0.0005 （0.38）	0.0032** （2.34）
lnjx	0.0017 （0.96）	0.0017 （1.37）	0.0030 （0.62）	0.0007 （0.59）	0.0017 （1.35）
lntgo	－0.0001 （－0.06）	－0.0001 （－0.09）	0.0009 （0.27）	－0.0009 （－0.96）	－0.0003 （－0.31）
lnpeople	0.0005 （0.41）	0.0005 （0.36）	0.0022 （0.62）	0.0020** （2.23）	0.0003 （0.33）
lnfsave	－0.0040*** （－2.54）	－0.0040** （－2.07）	－0.0032 （－0.80）	－0.0053*** （－5.25）	－0.0035*** （－3.37）
lnnumber	0.0007 （0.50）	0.0007 （0.30）	－0.0084** （－2.13）	0.0031*** （3.10）	－0.0007 （－0.72）

续表

变量	个体聚类 (1)	时间聚类 (2)	因变量替换 (3)	自变量替换 (4)	自变量替换 (5)
lnarea	0.0016 (1.25)	0.0016 (1.32)	0.0015 (0.41)	0.0045*** (4.91)	0.0018** (1.94)
常数项	-0.0946*** (-4.75)	-0.0946*** (-5.66)	0.8265*** (15.27)	-0.2531*** (-18.50)	-0.0705*** (-5.03)
企业固定效应	是	是	是	是	是
时间固定效应	是	是	是	是	是
观测值	676179	676179	677032	676192	676192
调整 R^2	0.0215	0.0215	0.4144	0.0302	0.0265

注：***、**分别表示在1%、5%的水平上显著，括号内数值为t值。

资料来源：笔者根据本书整理得出的非平衡面板数据样本运用Stata 11.0软件的回归结果整理而得。

6.2.4 内生性问题处理

回归分析中的内生性问题，本节的做法具体参考5.3.4小节，不再赘述。内生性检验结果，见表6-8。表中的列（1）~列（3）分别是以滞后一期值、滞后二期值、滞后一期值和滞后二期值作为工具变量时，地区质量声誉对企业出口农产品质量的作用结果。研究发现，在不同的工具变量下，地区质量声誉均对企业出口农产品质量升级有显著促进作用，且作用系数大小和系数方向与基准回归结果基本保持一致。这表明，本章的基准回归结果通过了内生性检验，回归结果是有效的。

表6-8　内生性检验结果

变量	滞后一期值	滞后二期值	滞后一期值和滞后二期值
$lnnearquality_{ijedt}$	0.0545*** (3.39)	0.0273** (2.13)	0.0353*** (2.71)
lngdp	0.0054*** (5.43)	0.0051*** (5.04)	0.0052*** (5.21)
lnjx	-0.0019*** (-2.53)	-0.0021*** (-2.65)	-0.0021*** (-2.64)

续表

变量	滞后一期值	滞后二期值	滞后一期值和滞后二期值
lntgo	-0.0006 (-0.90)	-0.0006 (-0.89)	-0.0007 (-0.90)
lnpeople	0.0002 (0.25)	-0.0001 (-0.08)	-0.0004 (-0.05)
lnfsave	-0.0036 *** (-4.39)	-0.0035 *** (-4.19)	-0.0036 *** (-4.32)
lnnumber	0.0018 ** (2.23)	0.0018 ** (2.16)	0.0018 ** (2.21)
lnarea	0.0022 *** (3.08)	0.0018 ** (2.48)	0.0018 ** (2.47)
常数项	-0.0979 *** (-8.73)	-0.0933 *** (-8.16)	-0.0932 *** (-8.15)
企业固定效应	是	是	是
时间固定效应	是	是	是
观测值	646337	623161	623158
调整 R^2	0.0128	0.0172	0.0159
Anderson canon. corr. LM 统计量	2.0e+04 [0.000]	1.9e+04 [0.000]	3.1e+04 [0.000]
Cragg-Donald Wald F 统计量	2.1e+04 [16.38]	1.9e+04 [16.38]	1.6e+04 [19.93]
Sargan 统计量			0.604 [0.437]

注：***、** 分别表示在 1%、5% 的水平上显著，括号内数值为 t 值。

资料来源：笔者根据本书整理得出的非平衡面板数据样本运用 Stata 11.0 软件回归的结果整理而得。

6.3 作用机制检验

在第 4 章中，本书在理论层面提出地区质量声誉会通过声誉溢价效应、市场竞争效应（假设 4-5）影响企业出口农产品质量升级，但该理论的合理性尚未可知。基于此，本书将利用中介效应模型检验理论分析的合理性，具体设定模型（6-2）和模型（6-3）。

$$\ln p_{ijedt} = \beta_0 + \beta_1 \ln nearquality_{ijedt} + \beta_2 \ln X + \mu_i + \mu_t + \varepsilon_{ijedt}$$

模型（6-2）

$$\ln quality_{ijedt} = \beta_0 + \beta_1 \ln nearquality_{ijedt} + \beta_2 \ln p_{ijedt} + \beta_3 \ln X + \mu_i + \mu_t + \varepsilon_{ijedt}$$

模型（6-3）

模型（6-2）~模型（6-3）用来检验地区质量声誉是否会通过声誉溢价效应影响企业出口农产品质量升级。$\ln p_{ijedt}$表示农产品 j 的出口价格，$\ln quality_{ijedt}$表示企业 i 出口农产品 j 的质量；$\ln nearquality_{ijedt}$表示农产品 j 所对应的地区质量声誉，μ_i 表示企业固定效应，μ_t 表示时间固定效应，lnX 表示一系列控制变量，ε_{ijedt}表示残差项。

$$\ln hhi_{sedt} = \beta_0 + \beta_1 \ln nearquality_{ijedt} + \beta_2 \ln X + \mu_i + \mu_t + \varepsilon_{ijedt}$$

模型（6-4）

$$\ln quality_{ijedt} = \beta_0 + \beta_1 \ln nearquality_{ijedt} + \beta_2 \ln hhi_{sedt} + \beta_3 \ln X + \mu_i + \mu_t + \varepsilon_{ijedt}$$

模型（6-5）

模型（6-4）~模型（6-5）用来检验地区质量声誉是否会通过市场竞争效应影响企业出口农产品质量。$\ln hhi_{sedt}$表示农产品 j 所在的行业 s 市场的竞争程度，在此用同一年度、同一地区、同一行业内的企业数量衡量市场竞争程度，$\ln quality_{ijedt}$表示企业 i 出口农产品 j 的质量；$\ln nearquality_{ijedt}$表示农产品 j 所对应的地区质量声誉，μ_i 表示企业固定效应，μ_t 表示时间固定效应，lnX 表示一系列控制变量，ε_{ijedt}表示残差项。

作用机制检验结果，见表6-9。表中列（1）的检验结果表明，地区质量声誉显著提升了企业出口农产品价格，列（2）的检验结果表明，企业出口农产品价格的提升显著促进了企业出口农产品质量升级。综合列（1）~列（2）的检验结果可知，地区质量声誉会通过提升出口农产品价格提高企业出口农产品质量，即声誉溢价效应；列（3）的检验结果表明，地区质量声誉显著增加了本区域行业内的市场竞争程度，列（4）的检验结果表明，农产品行业内市场竞争程度的不断增加会对企业出口农产品质量升级有显著促进作用，综合列（3）~列（4）

的检验结果可知，地区质量声誉会通过增加本地区内农产品行业的市场竞争程度而提高企业出口农产品质量，即市场竞争效应。因此，假设4－5得证。

表6－9　　　　作用机制检验结果

变量	声誉溢价效应		市场竞争效应	
	(1) lnp_{ijedt}	(2) $lnquality_{ijedt}$	(3) $lnhhi_{sedt}$	(4) $lnquality_{ijedt}$
$lnnearquality_{ijedt}$	1.8352*** (155.28)	0.0856*** (57.24)	1.3915*** (141.69)	0.4737*** (155.78)
lnp_{ijedt}		0.2225*** (1423.30)		
$lnhhi_{sedt}$				0.0122*** (32.10)
lngdp	0.0124** (2.34)	－0.0001 (－0.02)	0.0374*** (8.47)	0.0023* (1.70)
lnjx	0.0024 (0.49)	0.0009 (1.43)	－0.0242*** (－5.88)	0.0019 (1.53)
lntgo	0.0011 (0.32)	－0.0001 (－0.23)	－0.0120*** (－4.04)	0.0002 (0.21)
lnpeople	0.0026 (0.74)	0.0002 (0.38)	－0.0076*** (－2.56)	0.0007 (0.81)
lnfsave	－0.0026 (－0.63)	－0.0035*** (－6.83)	－0.0017 (－0.51)	－0.0038*** (－3.67)
lnnumber	－0.0086** (－2.16)	0.0027*** (5.46)	0.0251*** (7.58)	0.0003 (0.29)
lnarea	0.0002 (0.05)	0.0012** (2.46)	－0.0062** (－1.98)	0.0012 (1.22)
常数项	0.8163*** (14.85)	－0.2824*** (－41.43)	3.2684*** (71.58)	－0.1381*** (－9.89)
企业固定效应	是	是	是	是
时间固定效应	是	是	是	是
观测值	669851	669002	669851	669002
调整 R^2	0.4134	0.7654	0.8997	0.0231

注：***、**、*分别表示在1%、5%、10%的水平上显著，括号内数值为t值。

资料来源：笔者根据本书整理得出的非平衡面板数据样本运用Stata 11.0软件的回归结果整理而得。

6.4　“搭便车”行为发生机理与实证检验

目前，在农产品的生产及出口中存在地区质量声誉被非法借用的现象，即“搭便车”现象。例如，五常大米的“有价无市”“洗澡蟹”“留学蟹”“过水蟹”等冲击“阳澄湖大闸蟹”等。那么，在良好的地区质量声誉作用下，“搭便车”行为究竟是如何发生的，发生主体有哪些？针对这一问题，前文并未给出解释。接下来，本节将针对“搭便车”行为的发生机理及参与主体进行识别和检验。

6.4.1　发生机理探讨

假设某个地区 e 有 n 个农产品 j 的出口企业 X_1，X_2，…，X_n，用 X 表示 n 个企业所组成的行业整体，该行业内部 n 个企业彼此监督，共同维护本地区农产品 j 的质量声誉。现在，假设本地区农产品 j 的质量声誉受到消费者质疑，企业 X_1，X_2，…，X_n 面临地区质量声誉受损威胁，用 R 表示当地区质量声誉威胁不存在时，该地区全部农产品出口企业可获得的总体现值收益，并用 μ_i（$i=1, 2, \cdots, n$）表示企业 X_i 可从总收益 R 中分享的份额，$s_i=\mu_i R$ 表示企业 X_i 在地区 e 农产品 j 的地区质量声誉不受威胁时可获取的个体现值收益。本节用 q_i 表示企业 X_i 对维护本地区质量声誉投入成本的大小。假设行业 X 互相监督，共同出口高质量农产品 j，从而保证地区 e 农产品 j 有良好质量声誉的可能性为 $p\left(\sum_{i=1}^{n} q_i\right)=p(q)$，$q=\sum_{i=1}^{n} q_i$，地区 e 能够保持良好地区质量声誉的可能性是每个企业投入成本的函数，并且，本书假设行业 X 维护地区质量声誉投入成本越大，保持地区 e 的农产品 j 具有良好地区质量声誉的可能性越大，因此，存在$\frac{dp}{dq}$。

此时，本书可以得到企业 X_i 对该地区 e 内农产品 j 的地区质量声誉贡献度 q_i 期望净收益，如式（6－1）所示：

$$\pi_i = p(\sum_{i=1}^{n} q_i) u_i R - q_i \qquad 式（6-1）$$

期望净收益和公共物品的私人供给同样有 $\frac{d\pi_i}{dq} > 0$，$\frac{d\pi_i}{dq_i} < 0$，即企业 X_i 的个人收益是随着行业 X 为维护地区质量声誉投入成本的增加而增加的，却和企业 X_i 的投入成本成反比。这表明，提高企业 X_i 维护地区质量声誉的成本所带来的效用小于行业内其他企业提高维护地区质量声誉的成本对企业 X_i 带来的效用，即 $\frac{dp}{dq}\mu_i R > 1 \geq \frac{dp}{dq_i}\mu_i R$，这是所有企业 X_i 都存在“搭便车”倾向的原因。

但是，现实中企业往往会囿于道德问题而不会选择“搭便车”行为，本节将重点讨论企业在良好地区质量声誉下发生“搭便车”行为的诱因。

假设企业投入成本为 0，那么，根据利润最大化原则，可得出式(6－2)：

$$\frac{\partial \pi_i}{\partial q_i} = \frac{\partial p}{\partial q_i} u_i R - 1 \leq 0 \qquad 式（6-2）$$

在式（6－2）中，当且仅当 $q_i > 0$ 时，等号才成立，当且仅当 $q_i \leq 0$ 时，小于号才成立，通过对方程组 $\frac{\partial \pi_i}{\partial q_i} = \frac{\partial p}{\partial q_i}\mu_i R - 1 \leq 0$（i＝1，2，3，…，n）求解可以得到纳什均衡解（q_1^*，q_2^*，…，q_n^*）。在这种均衡下，每个企业都选择了最优反应策略，接下来，本节通过分析纳什均衡解来讨论行业 X 中哪些企业更容易发生“搭便车”行为。

情形一：当 μ_i 足够小时，企业 X_i 在良好的地区质量声誉下得到的利益分成太小，这可能与企业出口规模比较小等原因有关（郭守亭和赵君峰，2006），导致企业很难有较强的积极性去支付较多成本来维护本地区农产品 j 的地区质量声誉，此时，存在 $q_i = 0$。如果 $q_i > 0$，则 $\frac{\partial p}{\partial q}\mu_i R < 1$，此时，企业 X_i 就会直接让其他企业投入成本维护农产品 j 的地区质量声誉，企业 X_i 则偏向于不承担任何维护成本。

情形二：当所有的企业 X_i 都不满足式（6 - 2）时，该行业就不会花费任何成本维护本地区农产品 j 的质量声誉，只会任凭行业 X 消亡，此时，每个企业得到的期望净收益为 p（0）μ_iR。但因为 p（0）几乎为零，所以，行业内部无法克服"搭便车"现象导致的囚徒困境结局，这对于每个企业和行业而言十分不利。此时，式（6 - 2）不成立的原因在于，所有企业的 μ_i 都偏小。

情形三：当式（6 - 2）中只存在一个企业的 $\mu_i R$ 满足等式，则 μ_i 必然是从良好地区质量声誉下所获出口份额最大的企业，此时，存在 $\frac{\partial p}{\partial q_i}\mu_i R > 1$，即企业为维护良好地区质量声誉投入的成本要远远低于所获收益，即使维护本地区质量声誉的全部成本都由企业 X_i 承担，该企业仍然能够获得利润。

基于上述分析，本书提出以下研究假设。

假设 6 - 1：企业所占有的市场份额越低，则企业在出口过程中越易存在"搭便车"行为。而企业出口市场份额越大，往往越愿意维护本地区农产品良好的地区质量声誉，积极开拓海外市场，进而导致企业出口时更易受到良好地区质量声誉的积极影响。

6.4.2　实证检验

为了更好地验证假设 6 - 1 的合理性，本节对假设 6 - 1 进行实证检验，具体设定模型（6 - 6）。

$$\ln quality_{ijedt} = \beta_0 + \beta_1 \ln nearquality_{ijedt} + \beta_2 \ln value_{ijedt} \times \ln nearquality_{ijedt} + \beta_3 \ln X + \mu_i + \mu_t + \mu_e + \mu_s + \varepsilon_{ijedt} \quad \text{模型（6 - 6）}$$

在模型（6 - 6）中，$\ln value_{ijedt} \times \ln nearquality_{ijedt}$ 表示农产品出口市

场份额与地区质量声誉交互项，用来反映两者间的作用关系。具体地，将研究样本以出口市场份额的20%、50%和80%三个分位点进行划分，考察市场份额是否为“搭便车”行为的诱因。需要特别说明的是，中国海关进出口数据库中尚未披露关于企业出口市场份额的指标，因此，本书选择用出口农产品价值近似替代，理论上企业出口农产品价值越高，企业出口市场份额越大。地区质量声誉对不同价值占比下企业出口农产品质量作用结果，如表6-10所示。

由表6-10的回归结果可知，企业出口市场价值占比越大，地区质量声誉提升对出口农产品质量升级的促进作用越强。例如，对于出口价值占比分别小于80%、50%、20%的企业样本，地区质量声誉对出口农产品质量升级的作用系数依次降低，表现为0.3794>0.3073>0.2614。这说明，随着企业出口市场份额减少，地区质量声誉对出口农产品质量升级的促进作用会减弱，原因在于，部分出口企业的逆向选择行为导致地区质量声誉整体促进作用弱化。具体来讲，大企业一般会拥有较好的质量声誉，这类企业一旦被查出生产、经营有安全隐患的农产品，其质量声誉必将受到巨大损失，大企业会更加注重地区质量声誉维护，有更强意愿提升出口农产品质量水平。相对而言，小企业没有明显的声誉优势，被查出生产低质量产品时所承担的质量声誉损失成本较低（周小梅和范鸿飞，2017），极易因高地区质量声誉所带来的高价格溢价诱惑而选择降低出口农产品质量，诱发“搭便车”行为。因此，对于出口市场份额较小的企业而言，其提供高质量、高安全性农产品的激励不足，更容易发生“搭便车”行为，假设6-1得证。

进一步由表6-10的列（7）可知，交互项的作用系数为负，这表明，企业出口农产品的市场份额越大，该企业越不可能发生“搭便车”行为，同样证实了假设6-1的合理性。

表 6 - 10　地区质量声誉对不同出口价值占比下企业出口农产品质量作用结果

变量	(1)大于 20%	(2)小于 20%	(3)大于 50%	(4)小于 50%	(5)大于 80%	(6)小于 80%	(7)引入交互项
$lnnearuqlity_{ijedt}$	0.4252*** (147.28)	0.2614*** (39.09)	0.3251*** (98.93)	0.3073*** (77.41)	0.3910*** (48.46)	0.3794*** (119.65)	0.5717*** (158.61)
$lnvalue_{ijedt} \times lnnearquality_{ijedt}$							-0.0113*** (-40.14)
lngdp	0.0045*** (3.74)	0.0072** (1.93)	0.0052*** (4.01)	0.0076*** (4.04)	0.0051*** (2.74)	0.0043*** (3.05)	0.0023* (1.73)
lnjx	0.0009 (0.82)	-0.0017 (-0.51)	0.0001 (0.07)	0.0005 (0.26)	0.0001 (0.07)	0.0006 (0.48)	0.0017 (1.39)
lntgo	-0.0003 (-0.37)	0.0015 (0.59)	0.0006 (0.64)	-0.0010 (-0.82)	-0.0009 (-0.71)	0.0004 (0.41)	-0.0001 (-0.10)
lnpeople	0.0002 (0.23)	-0.0018 (-0.75)	0.0006 (0.67)	-0.0003 (-0.27)	0.0012 (0.88)	-0.0002 (-0.18)	0.0006 (0.67)
lnfsave	-0.0016* (-1.69)	-0.0073*** (-2.70)	-0.0022** (-2.09)	-0.0062*** (-4.35)	0.0009 (0.62)	-0.0052*** (-4.78)	-0.0041*** (-4.03)
lnnumber	-0.0011 (-1.26)	0.0044* (1.64)	-0.0004 (-0.38)	0.0034** (2.44)	-0.0045*** (-3.07)	0.0020* (1.87)	0.0010 (0.97)
lnarea	0.0026*** (3.09)	-0.0020 (-0.80)	0.0009 (1.01)	0.0022* (1.65)	-0.0015 (-1.11)	0.0019* (1.91)	0.0015* (1.65)
常数项	-0.0531*** (-4.28)	-0.3125*** (-8.20)	0.0716*** (5.25)	-0.2484*** (-12.79)	0.2303*** (11.63)	-0.1591*** (-10.82)	-0.0977*** (-7.14)
企业固定效应	是	是	是	是	是	是	是
时间固定效应	是	是	是	是	是	是	是
观测值	538388	137783	333863	342319	132461	543727	676185
调整 R^2	0.0450	0.3079	0.1335	0.1890	0.3004	0.0890	0.0240

注：***、**、* 分别表示在 1%、5% 和 10% 的水平上显著，括号内数值为 t 值。

资料来源：笔者根据本书整理得出的非平衡面板数据样本运用 Stata 11.0 软件的回归结果整理而得。

6.4.3 “搭便车”行为能否长久

根据前文研究可知，出口市场份额小的企业更容易产生“搭便车”行为，而出口市场份额大的企业更不会选择“搭便车”行为。因此，本小节将样本按照出口市场份额（即出口产品额度）的中位值进行划分，出口市场份额大于中位值的农产品企业设定为非“搭便车”行为企业，出口市场份额小于中位值的农产品企业设定为“搭便车”行为企业，并以模型（6－1）为基准回归模型，实证检验“搭便车”行为是否会长久的问题。地区质量声誉对不同出口年限的企业出口农产品质量作用结果，如表 6－11 所示。

表 6－11 地区质量声誉对不同出口年限的企业出口农产品质量作用结果

变量	“搭便车”行为企业			非“搭便车”行为企业		
	（1）出口 3 年以上	（2）出口 6 年以上	（3）出口 9 年以上	（4）出口 3 年以上	（5）出口 6 年以上	（5）出口 9 年以上
$lnnearquality_{ijedt}$	0.2913*** (74.93)	0.2717*** (67.48)	0.2621*** (62.68)	0.3225*** (98.17)	0.3123*** (91.78)	0.3082*** (87.36)
lngdp	0.0070*** (3.50)	0.0074*** (3.46)	0.0093*** (4.07)	0.0036*** (2.67)	0.0038*** (2.64)	0.0035** (2.34)
lnjx	0.0037** (1.99)	0.0032* (1.62)	0.0025 (1.16)	0.0004 (0.29)	0.0002 (0.12)	0.0005 (0.35)
lntgo	−0.0020 (−1.48)	−0.0019 (−1.29)	−0.0036** (−2.30)	0.0014 (1.59)	0.0017* (1.81)	0.0022** (2.23)
lnpeople	−0.0003 (−0.25)	−0.0007 (−0.51)	0.0002 (0.18)	0.0007 (0.73)	0.0009 (0.94)	0.0017* (1.67)
lnfsave	−0.0052*** (−3.43)	−0.0057*** (−3.45)	−0.0056*** (−3.16)	−0.0024** (−2.21)	−0.0029** (−2.44)	−0.0048*** (−3.90)
lnnumber	0.0019 (1.27)	0.0027* (1.68)	0.0026 (1.49)	−0.0005 (−0.46)	−0.0001 (−0.10)	0.0012 (0.98)
lnarea	0.0029** (2.07)	0.0058*** (3.75)	0.0080*** (4.72)	0.0015 (1.51)	0.0004 (0.41)	0.0012 (1.05)
常数项	−0.2430*** (−11.65)	−0.2581*** (−11.44)	−0.2729*** (−11.31)	0.0813*** (5.65)	0.0917*** (6.00)	0.0981*** (6.05)
企业固定效应	是	是	是	是	是	是

续表

变量	“搭便车”行为企业			非“搭便车”行为企业		
	(1) 出口3年以上	(2) 出口6年以上	(3) 出口9年以上	(4) 出口3年以上	(5) 出口6年以上	(5) 出口9年以上
时间固定效应	是	是	是	是	是	是
观测值	275214	226436	194952	286935	244405	215219
调整 R^2	0.2089	0.2224	0.2288	0.1524	0.1679	0.1768

注：***、**、*分别表示在1%、5%和10%的水平上显著，括号内数值为t值。

资料来源：笔者根据本书所整理得出的非平衡面板数据样本运用Stata 11.0软件的回归结果整理而得。

表6-11的列（1）~列（3）是“搭便车”企业样本的回归结果，列（4）~列（6）是非“搭便车”企业样本的回归结果。从中不难发现，对于“搭便车”企业而言，其在出口3年以上、出口6年以上、出口9年以上3个时间段内的回归系数均小于非“搭便车”企业，表现为0.2913<0.3225、0.2717<0.3123、0.2621<0.3082。这充分说明，随着农产品企业出口持续时间延长，地区质量声誉对“搭便车”企业出口农产品质量升级的促进作用要明显小于非“搭便车”企业，因此，从农产品企业长远发展来看，“搭便车”行为并非长久之计。主要原因在于，一是当农产品企业长时间地存在“搭便车”行为时，地区质量声誉对其出口农产品质量升级的促进作用明显变弱，不利于增强其农产品出口竞争优势，进而对其出口市场份额有较强的“挤出效应”，减少企业出口经营利润，弱化其出口意愿；二是尽管存在“搭便车”行为的企业在进入市场初期可获取较高报价，但随着消费者的购买，会发现企业产品质量较低，因此，会降低其产品报价。而当价格水平低到无法维持正利润时，这部分企业就会退出市场（叶迪和刘景卿，2021）。因此，对于农产品出口企业而言，要想在国际市场中实现稳定可持续发展，则必然要尽可能杜绝“搭便车”行为。

7 地区质量声誉对中国农产品出口持续时间影响的实证检验

要素禀赋理论指出，国家间要素禀赋的稳定性，导致国际贸易关系的稳定性。经典贸易理论更注重强调国际贸易关系的可持续性。然而，在一国贸易总量持续增长的背后，其微观产品在国际市场上却表现出生存时间较短的特点（陈勇兵等，2012）。例如，在全球双边贸易中不仅普遍存在大量“零点”，而且，已建立的贸易关系也会出现中断风险或终止风险（邓路，2018）。研究中国农产品出口贸易稳定性的影响因素，对于延长中国农产品出口持续时间，推动实现农产品出口贸易可持续发展具有重大意义。众多学者已从多个层面展开研究，并取得了大量成果。他们的研究大多是在供给层面探讨企业通过努力或外部环境优化提高其产品的出口贸易稳定性，但很少有学者从需求层面出发考察海外消费者的产品质量认知与农产品出口贸易稳定性的关系。

基于此，本章将从需求层面出发，基于企业—产品层面，利用生存分析模型实证检验地区质量声誉对农产品企业出口持续时间的影响。同时，本章将进一步针对第4章提出的作用机制的相关研究假设给予实证检验，以便更好地说明地区质量声誉对农产品企业出口持续时间的影响效用，增强本书逻辑的严谨性。

7.1 模型设定、变量说明与数据来源

7.1.1 模型设定

在第4章，本书已经针对地区质量声誉如何影响农产品企业出口持续时间进行了理论推导，发现地区质量声誉提升对农产品企业出口持续时间延长有显著的促进作用。本节进一步利用实证分析方法检验理论分析结果的合理性。而与连续时间生存分析模型相比，离散时间生存分析模型具有不需等比例假定、更易控制不可观测异质性等优势（Hess and Persson，2012），故本章选取离散时间生存分析模型进行实证检验。同时，为了方便估计模型参数，本书进一步借鉴潘家栋（2018）的做法，假设 k_{ik} 服从极值分布，并最终采用 cloglog 生存模型。

鉴于本书研究样本是非平衡面板，农产品企业每年都会有进入与退出的问题，为了控制其他因素可能对企业出口持续时间的影响，我们在模型设定中进一步控制了地区固定效应、行业固定效应、企业固定效应和时间固定效应，从而更好地控制地区层面、行业层面、企业层面、时间层面不可观测因素对回归结果的影响。综上所述，本章基准回归模型设定，如模型（7－1）所示：

$$\text{cloglog}(1-h_{it})=\beta_0+\beta_1\text{lnnearquality}_{ijedt}+\beta_2\text{lnX}+\mu_i+\mu_t+\mu_s+\mu_e+\varepsilon_{ijedt}$$

模型（7－1）

在模型（7－1）中，cloglog（$1-h_{it}$）表示农产品企业 i 在第 t 年退出出口市场的风险概率；$\text{lnnearquality}_{ijedt}$ 表示地区质量声誉，μ_i 表示企业固定效应，μ_t 表示时间固定效应，μ_s 表示行业固定效应，μ_e 表示地区固定效应，lnX 表示一系列控制变量，包含当地农业经济发展水平（lngdp）、当地农业机械总动力（lnjx）、当地粮食总产量（lntgo）、当地人口数量（lnpeople）、当地规模以上工业企业单位数（lnnumber）、当地行政区域面积（lnarea）和当地年末金融机构各项贷款余额（lnfsave），

ε_{ijedt}表示残差项。估计系数 β_1 表示地区质量声誉对农产品企业出口持续时间的总体影响，若估计系数为负，说明地区质量声誉提升有助于降低农产品企业出口风险概率，延长其出口持续时间；反之，则说明地区质量声誉提升不利于农产品企业出口持续时间延长。

7.1.2 变量说明

本书第5章已经针对地区质量声誉这一核心解释变量的测度进行了详细说明，因此，不再赘述。本节主要针对被解释变量和控制变量的测度及其影响机理进行简要说明。

1. 被解释变量

cloglog（$1-h_{it}$）表示农产品企业 i 在第 t 年退出出口市场的风险概率。具体地，如果农产品企业在时间段内出口片段完整，那么，将农产品企业的出口片段最后一年设定为1（即失败事件发生），其余年度设定为0；如果农产品企业的出口片段右删失（即在2014年仍未退出市场），那么，将其每一年度都设定为0。

2. 控制变量

（1）lngdp 表示当地农业经济发展水平，用第一产业增加值衡量。一方面，随着当地农业经济发展水平提升，第一产业增加值不断提高，当地农产品供给能力增强，这有利于保持农产品企业出口贸易稳定性；另一方面，当地农业经济发展水平提升有助于实现当地农业产业结构优化升级，尤其是随着大棚、温室等种植技术的不断升级，助推了出口农产品更新换代，不利于农产品企业出口持续时间延长。综上所述，当地农业经济发展水平的提升对农产品企业出口持续时间的影响可正可负，因此，本章选取当地农业经济发展水平作为控制变量。

（2）lnjx 表示农业机械总动力水平。农业机械总动力水平代表了一个地区的农业生产机械化水平。一方面，当地农业生产机械化水平较高时，一是有助于提升当地农业生产效率，实现该地区农产品的质量升级，延长农产品企业出口持续时间，即质量升级效应；二是能为当地农业生产实现集中化、规模化经营创造条件，诱使部分企业通过土地流转实现规模经济，节约生产成本，提升农产品在国外市场的价格竞争力，从而增强农产品企业出口贸易稳定性，即规模经济效应。另一方面，随着当地农业机械化水平不断提升，有利于加快农产品生产的升级换代、推陈出新。不同的农产品在生产、加工等各环节存在技术匹配，随着当地出口农产品的升级换代，可能会导致其出现不同出口目的市场的转移，以寻求更高的技术匹配度，从而缩短农产品企业在某单一市场的出口持续时间。综上所述，农业机械总动力对农产品企业出口持续时间的影响可正可负，因此，本章选取农业机械总动力作为控制变量。

（3）lntgo 表示当地粮食总产量。某地区粮食产量的提高，既可能是当地粮食生产种植技术提升的结果，也可能是粮食种植规模扩大的结果，这两方面均会节约粮食生产成本，间接增加企业经营利润，促使企业有更多资金用于其所从事农产品的技术研发工作，提升产品市场竞争力，降低农产品企业出口风险，延长农产品企业出口持续时间。因此，本章选取当地粮食总产量作为控制变量。

（4）lnpeople 表示城市人口数量。城市人口数量的提升会提高本地区市场的内需，在一定程度上解决企业的后顾之忧，增加企业在本地区市场内获得的利润，企业可以选择利用本地区市场利润来支持出口所需的成本，城市人口数量增加会延长企业出口持续时间，因此，本章选取城市人口数量作为控制变量。

（5）lnfsave 表示年末金融机构各项贷款余额。某地区年末金融机构的各项贷款余额越多，可间接表明当地金融机构放出的款项越多，对当地企业生产经营所需融资约束力较弱，有利于延长农产品企业出口持续时间（李宏兵等，2016），增强农产品企业出口贸易稳定性，因此，本章选取年末金融机构各项贷款余额作为控制变量。

（6）lnnumber 表示规模以上工业企业单位数。一方面，规模以上工业企业单位数的增加代表了当地工业化发展水平的提升，有助于大量农村剩余劳动力向第二产业、第三产业转移，导致土地集中使用，实现适度规模经营（彭艺，2012）。而农业生产规模化发展会促使生产经营成本节约，增加企业研发资金投入，提升农产品质量和市场竞争力，降低企业出口风险，延长企业出口持续时间，即规模经济下的质量升级效应。另一方面，第二产业不断发展必然挤占较多资源，对当地第一产业发展产生挤出效应，降低农业资源整合能力，削弱农产品市场竞争力，缩短农产品企业出口持续时间，即工业经济发展对农业生产的挤出效应。综上所述，规模以上工业企业单位数指标对农产品企业出口持续时间的影响可正可负，因此，本章选取规模以上工业企业单位数作为控制变量。

（7）lnarea 表示行政区域面积。按照一般的经济规律，大城市的交通基础设施和集聚经济发展更完善，集聚经济通过扩大市场规模和深化分工推动经济增长，进而提升企业的生产率水平，即杨格定理（劳动分工取决于市场规模，而市场规模取决于劳动分工）阐释的自我增强机制。因此，一个地区的行政区域面积越大，其满足多样化需求的能力越强，可吸引更多企业和人才进入。而扩大的市场规模又会进一步推动本地区的产业间分工并促进生产率提升，提高农产品出口竞争力，降低农产品企业出口风险，延长农产品企业出口持续时间。因此，本章选取行政区域面积作为控制变量。

变量的描述性统计，如表 7 - 1 所示。我们可以从表中了解各个变量的数据结构。

表 7 - 1　　　　变量的描述性统计

变量	变量名称	观测值	平均值	标准差	最小值	最大值
$lnnearquality_{ijedt}$	地区质量声誉	610747	0. 0497	0. 1471	- 3. 7333	1. 3830
lngdp	当地农业经济发展水平	609133	11. 8144	0. 7650	4. 6151	14. 0801
lnjx	农业机械总动力	605937	3. 3287	0. 8424	0. 0953	7. 3219
lntgo	当地粮食总产量	586327	12. 1729	0. 9202	3. 8286	15. 0244
lnpeople	城市人口数量	610750	2. 3442	1. 4381	- 3. 5066	4. 6792

续表

变量	变量名称	观测值	平均值	标准差	最小值	最大值
lnfsave	年末金融机构各项贷款余额	606154	12.7574	1.2228	3.3673	17.1653
lnnumber	规模以上工业企业单位数	602566	4.6362	1.1961	0.0000	10.6105
lnarea	行政区域面积	609122	7.4527	0.6980	1.6094	12.2464
$lnnearprice_{ijedt}$	地区价格声誉	610750	6.0641	2.8757	-8.9765	16.4535

注：对所有数值均进行了取对数处理。

资料来源：笔者根据中国海关进出口数据库相关数据和各地级市统计年鉴数据计算整理而得。

7.1.3 数据来源与数据处理

本章主要采用中国海关进出口数据库和各地级市的历年统计年鉴数据，将涉及的数据库在第5章数据处理的基础上，主要增加两点：（1）删除重复值。借鉴蒋灵多和陈勇兵（2015）的做法，将农产品企业向海外市场（不间断）出口特定农产品直至退出海外市场的时间定义为农产品企业出口持续时间。但考虑到相同农产品企业可能会在相同年份向不同的出口目的国家出口相同产品，因此，我们将企业层面—产品层面—年份层面重复的样本进行删除处理，以保证研究样本的唯一。（2）数据删失处理。研究所用的数据样本存在左删失问题、右删失问题，左删失问题是指，如果农产品企业在2000年有出口，那么，就无法确定企业开始出口时间；右删失是指，如果企业在2014年还在出口，那么，就无法确定企业停止出口时间。为了解决样本左删失问题，本章参考陈勇兵等（2012）的方法，直接将左删失的观测值进行删除处理，删除后农产品企业最长出口持续时间为14年；为了解决样本右删失问题，采用生存分析模型开展经验性研究。

7.2 模型检验与结果分析

7.2.1 基准回归结果

基准回归结果，如表7-2所示。我们将核心变量和控制变量依次引入模型进行回归分析，以防止多重共线性问题。表 7 - 2 中的列（1）是仅引入核心变量，并控制了地区层面、行业层面、时间层面的固定效应的回归结果，列（2）是同时引入核心变量和控制变量，并控制了地区层面、行业层面、时间层面的固定效应的回归结果；列（3）是仅引入核心变量，并控制了企业层面、时间层面的固定效应的回归结果，列（4）是同时引入核心变量和控制变量，并控制了企业层面、时间层面的固定效应的回归结果。回归结果均表明，地区质量声誉提升对农产品企业出口风险有显著的抑制作用，有助于延长农产品企业出口持续时间，且均通过了1%的显著性检验。因此，4.2.3 小节中假设4 - 6 得以验证。

表 7 - 2　基准回归结果

变量	(1)	(2)	(3)	(4)
$lnnearquality_{ijedt}$	-0.5855*** (-48.95)	-0.5790*** (-47.28)	-0.5805*** (-48.50)	-0.5741*** (-46.84)
lngdp		0.0067 (1.60)		0.0068 (1.61)
lnjx		0.0034 (1.02)		-0.0016 (-0.48)
lntgo		0.0198*** (6.31)		0.0213*** (6.80)
lnpeople		-0.0663*** (-19.12)		-0.0569*** (-16.27)
lnfsave		0.0317*** (8.92)		0.0211*** (5.81)
lnnumber		-0.0342*** (-9.66)		-0.0339*** (-9.59)
lnarea		0.0137*** (4.31)		0.0158*** (4.98)
常数项	-2.4629*** (-195.21)	-2.9553*** (-58.43)	-2.5645*** (-263.58)	-2.9538*** (-59.57)
地区固定效应	是	是	否	否
行业固定效应	是	是	否	否
企业固定效应	否	否	是	是
时间固定效应	是	是	是	是

续表

变量	(1)	(2)	(3)	(4)
观测值	610747	576988	610746	576987
L. Likelihood	-343544.49	-322312.82	-343594.52	-322389.74
似然比检验	30360.53***	29843.14***	30254.77***	29683.64***

注：*** 表示在1%的水平上显著，括号内数值为z值。

资料来源：笔者根据本书整理得出的非平衡面板数据样本运用Stata 11.0软件的回归结果整理而得。

对于控制变量而言，农业经济发展水平、农业机械总动力对农产品出口风险的作用不明显，这说明，地区质量声誉对农产品企业出口持续时间延长的促进作用和抑制作用相抵，导致整体作用结果不明显。地区行政区域面积、一个地区的粮食总产量、年末金融机构各项贷款余额三个指标均对农产品企业出口风险降低有显著的抑制作用，即显著地促进了农产品企业出口持续时间延长，增强了农产品企业出口贸易稳定性，符合本书的预期。地区人口规模指标对农产品企业出口风险有显著的正向提升作用，即地区质量声誉缩短了农产品企业出口持续时间，降低了农产品企业出口贸易稳定性，符合本书的预期。同样地，规模以上工业企业单位数指标对农产品企业出口风险有显著的正向提升作用，即地区质量声誉缩短了农产品企业出口持续时间，降低了农产品企业出口贸易稳定性，这说明，负向的“挤出效应”大于正向的“质量升级效应”，最终导致农产品企业出口持续时间缩短，出口贸易稳定性变弱。

7.2.2　异质性分析

1. 企业出口农产品异质性

为了更好地识别出口不同类型农产品企业的贸易稳定性是如何受地区质量声誉影响的，本节将进行不同农产品的异质性检验。具体做法同样参考5.2.2小节，此处不再赘述。企业出口农产品异质性回归结果，见表7-3。

表 7－3　　企业出口农产品异质性回归结果

变量	(1) 农林牧渔初级农产品	(2) 基于农业资源的制成品	(3) 高附加值农产品	(4) 中低附加值农产品
$lnnearquality_{ijedt}$	－0.3179 *** (－11.89)	－0.5824 *** (－40.65)	－0.3523 *** (－12.52)	－0.5764 *** (－40.82)
lngdp	－0.0015 (－0.18)	0.0059 (1.15)	－0.0068 (－0.80)	0.0083 * (1.65)
lnjx	0.0620 *** (9.73)	－0.0341 *** (－8.52)	0.0571 *** (8.60)	－0.0299 *** (－7.62)
lntgo	0.0634 *** (10.51)	0.0065 * (1.72)	0.0552 *** (8.78)	0.0092 *** (2.50)
lnpeople	－0.0428 *** (－6.06)	－0.0591 *** (－14.42)	－0.0386 *** (－5.22)	－0.0587 *** (－14.55)
lnfsave	－0.0382 *** (－6.00)	0.0367 *** (8.08)	－0.0276 *** (－4.19)	0.0324 *** (7.27)
lnnumber	0.0134 ** (2.17)	－0.0398 *** (－8.97)	－0.0032 (－0.49)	－0.0357 *** (－8.23)
lnarea	－0.0134 ** (－2.42)	0.0250 *** (6.23)	－0.0175 *** (－3.04)	0.0280 *** (7.14)
常数项	－2.6422 *** (－29.51)	－3.0611 *** (－50.02)	－2.4775 *** (－26.78)	－3.1060 *** (－51.49)
企业固定效应	是	是	是	是
时间固定效应	是	是	是	是
观测值	169386	392053	157307	404132
L. Likelihood	－86047.749	－226460.15	－81409.295	－231576.84
似然比检验	10319.40 ***	18186.11 ***	9420.10 ***	19062.44 ***

注：***、**、* 分别表示在1%、5%和10%的水平上显著，括号内数值为z值。

资料来源：笔者根据本书整理得出的非平衡面板数据样本运用 Stata 11.0 软件的回归结果整理而得。

在表 7－3 中，列（1）是地区质量声誉对出口农林牧渔初级农产品企业出口风险的回归结果，列（2）是地区质量声誉对出口基于农业资源的制成品企业出口风险的回归结果。研究发现，地区质量声誉提升均显著降低了两类农产品出口企业的出口风险，即对农产品企业出口贸易稳定性均有显著的促进作用。进一步比较可以发现，地区质量声誉提升对出口基于农业资源制成品企业的出口贸易稳定性的促进作用要大于对出口农林牧渔初级农产品企业的出口贸易稳定性。主要原因在于，农林牧渔初级农产品有较高的同质性（Rauch，1999），其特征和价格也更公开透明，耗费在产品推广和销售等活动上的成本也更低（李星晨和刘宏曼，2019）。而对于出口基于农业资源制成品的企业而言，其为获取高额利润极可能会选择增加市场营销投入，更加注重农产品地区质量声誉的建设和培育，推动建立稳定的贸易关系。

表7－3的列（3）是地区质量声誉对出口高附加值农产品企业出口风险的回归结果，列（4）是地区质量声誉对出口中低附加值农产品企业出口风险的回归结果。研究发现，地区质量声誉提升对出口高附加值农产品企业和出口中低附加值农产品企业的出口贸易稳定性均有显著的促进作用，但对出口高附加值农产品企业出口贸易稳定性的促进作用明显要小于出口中低附加值农产品企业。原因可能在于，与中低附加值农产品相比，高附加值农产品技术含量更高，在国际市场中的竞争力更强，出口高附加值农产品的企业更有能力维持自身出口贸易的稳定性，从而在一定程度上弱化了地区质量声誉的积极作用。而对于中低附加值农产品而言，良好的地区质量声誉可通过产地传递其文化身份，并对其生产过程中蕴含的特定人类技能和自然资源价值给予充分肯定，有助于突出农产品的特殊性，增加中低附加值农产品的经济价值（Addor and Graziou，2002），导致地区质量声誉对中低附加值农产品有更高的边际效用。因此，地区质量声誉对于出口中低附加值农产品的企业出口贸易稳定性的促进作用更大。

2. 企业所处地区及出口目的地异质性

第一，考虑到中国东中西部三大区域在资源禀赋、农业生产率水平、经济发展水平等方面有显著差异，例如，我国东中西部三大区域的品牌经济发展差异呈现出持续扩大趋势，空间非均衡程度进一步加剧（郭美晨，2020）。这些因素极有可能导致地区质量声誉对农产品企业出口贸易稳定性的影响存在显著地区差异。因此，本节将进一步对企业分布区域异质性进行检验。地区异质性的回归结果，见表7－4。其中，表7－4的列（1）～列（3）分别是我国东中西部三大区域的地区质量声誉对农产品企业出口贸易稳定性的作用回归结果。研究发现，地区质量声誉提升对我国东中西部三大区域的农产品企业出口贸易稳定性均有显著的促进作用，且作用系数大小为中部地区＜东部地区＜西部地区。原因在于两个方面：一是因我国东中西部三大区域的产业结构和技术结构存在差异（魏守华等，2011），西部地区出口多以劳动密集型产品为主，技术含量较低，导致西部地区对于农业科研机构的科技创新能力依赖程度更高（陈祺琪等，2016）。良好的地区质量声誉有助于吸引更多外商投资与政府资金支持，为西部地区企业及相关农业科研机构奠定雄厚的资金基础，有助于推动本地区科技生产力水平提升，提高农产品的技术复杂度和质量，增强市场竞争力，更好地实现农产品企业出口持续时间的延长。二是从边际收益视角出发。我国东中西部三大区域的农业整体发展水平存在显著差异，并呈现阶梯式分布，东部地区最高，中部地区次之，西部地区最低（鲁春霞等，2003）。因此，西部地区农业生产过程中获取地区质量声誉的边际溢出效应，要高于中部地区和东部地区。综上所述，地区质量声誉对西部地区的农产品企业出口贸易稳定性提升作用最强。

第二，考虑到发达国家和发展中国家在经济发展水平、居民消费能力、居民生活观念等方面有巨大差异，可能会导致地区质量声誉对农产品企业出口贸易稳定性的影响存在差异性。因此，本节进一步针对企业出口目的国异质性进行检验。具体地，将企业出口目的国按照国际货币基金组织的分类标准，分为发达国家和发展中国家两组样本。其中，表7－4中的列（4）是地区质量声誉提升对农产品企业出口发达国家出口持续时间的回归结果，列（5）是地区质量声誉提升对农产品企业出口发展中国家出口持续时间的回归结果，不难发现，地区质量声誉提升显著降低了农产品企业出口发达国家和出口发展中国家的风险性，延长了农产品企业出口持续时间。进一步比较分析可知，地区质量声誉提升能更显著地降低出口发达国家农产品企业的出口风险，即地区质量声誉提升对农产品企业出口发达国家贸易稳定性的促进作用大于出口发展中国家。可能的原因在于，一方面，发达国家居民收入水平更高，消费能力更强，更加注重产品质量，因此，良好地区质量声誉的农产品在发达国家市场具有更高的认可度，有助于建立良好的供需关系，增强农产品企业出口发达国家的贸易稳定性；另一方面，根据新贸易理论，相似要素密集度交换更多地体现为产业内贸易。中国作为世界上最大的发展中国家，在要素构成、劳动力构成等方面与其他发展中国家更加相似，更容易和其他发展中国家存在较为稳定的产业内贸易（罗勇和曾涛，2017），进而弱化了良好地区质量声誉对于农产品企业出口贸易稳定性的积极作用。综上所述，地区质量声誉提升对于出口发达国家的农产品企业出口贸易稳定性的促进作用，要明显强于出口发展中国家的农产品企业出口贸易稳定性。

表 7－4　　地区异质性的回归结果

变量	东部地区 (1)	中部地区 (2)	西部地区 (3)	发达国家 (4)	发展中国家 (5)
$lnnearquality_{ijedt}$	－0.5510 *** (－42.10)	－0.4299 *** (－8.06)	－0.6569 *** (－12.54)	－0.5143 *** (－34.32)	－0.4766 *** (－21.48)
lngdp	0.0305 *** (5.78)	0.0499 ** (2.36)	－0.1393 *** (－7.73)	0.0223 *** (4.06)	－0.0358 *** (－5.09)
lnjx	－0.0147 *** (－3.83)	－0.0351 *** (－2.58)	0.0186 (1.42)	－0.0349 *** (－7.95)	0.0715 *** (13.41)
lntgo	0.0182 *** (5.11)	0.0462 *** (2.97)	0.0244 * (1.70)	0.0005 (0.14)	0.0611 *** (11.74)
lnpeople	－0.0588 *** (－14.63)	－0.0626 *** (－5.04)	0.0984 *** (6.97)	－0.0257 *** (－5.58)	－0.0909 *** (－16.35)
lnfsave	0.0214 *** (4.59)	－0.0302 ** (－2.42)	0.0206 ** (2.04)	0.0314 *** (6.66)	－0.0149 *** (－2.53)
lnnumber	－0.0311 *** (－6.68)	0.0188 (1.32)	0.0415 *** (3.86)	－0.0295 *** (－6.47)	－0.0250 *** (－4.32)
lnarea	0.0022 (0.51)	－0.0066 (－0.51)	－0.0191 * (－1.84)	0.0203 *** (4.85)	－0.0088 * (－1.73)
常数项	－3.0618 *** (－48.00)	－3.1360 *** (－20.32)	－1.4349 *** (－7.79)	－3.1692 *** (－49.26)	－2.3313 *** (－28.82)

续表

变量	东部地区 (1)	中部地区 (2)	西部地区 (3)	发达国家 (4)	发展中国家 (5)
企业固定效应	是	是	是	是	是
时间固定效应	是	是	是	是	是
观测值	472591	55036	45189	307064	259861
L. Likelihood	-266575.84	-28708.032	-24684.29	-182352.3	-132984.2
似然比检验	24026.98***	2691.44***	2940.35***	17164.88***	14543.12***

注：***、**、*分别表示在1%、5%和10%的水平上显著，括号内数值为z值。

资料来源：笔者根据本书整理得出的非平衡面板数据样本运用Stata 11.0软件的回归结果整理而得。

3. 地理标志认证下的异质性检验

在本节中，同样将总体样本进一步划分为出口获得地理标志认证农产品的企业样本与出口未获得地理标志认证农产品的企业样本两类。地理标志认证下的异质性检验结果，如表7-5所示。其中，列（1）~列（2）是出口获得地理标志认证农产品的企业样本回归结果，列（3）~列（4）是出口未获得地理标志认证农产品的企业样本回归结果。

表7-5　　地理标志认证下的异质性检验结果

变量	出口获得地理标志认证农产品的企业		出口未获得地理标志认证农产品的企业	
	(1)	(2)	(3)	(4)
$lnnearquality_{ijedt}$	-0.6532*** (-41.13)	-0.6508*** (-40.72)	-0.2640*** (-25.24)	-0.2612*** (-22.75)
lngdp		-0.0324*** (-5.67)		0.0489*** (7.52)
lnjx		0.0015 (0.36)		-0.0102* (-1.76)
lntgo		0.0481*** (11.05)		0.0010 (0.21)
lnpeople		-0.0455*** (-10.71)		-0.1043*** (-14.56)
lnfsave		0.0122*** (2.53)		0.0308*** (5.26)
lnnumber		-0.0178*** (-3.81)		-0.0461*** (-8.05)

续表

变量	出口获得地理标志认证农产品的企业		出口未获得地理标志认证农产品的企业	
	(1)	(2)	(3)	(4)
lnarea		0.0118 *** (3.07)		0.0187 *** (3.30)
常数项	-2.5144 *** (-240.37)	-2.7688 *** (-45.11)	-3.6646 *** (-342.19)	-4.2181 *** (-46.87)
企业固定效应	是	是	是	是
年度固定效应	是	是	是	是
观测值	383539	379100	227207	197887
L. Likelihood	-204354.17	-201923.09	-138894.8	-120010.03
似然比检验	17879.81 ***	18087.52 ***	4494.11 ***	4664.80 ***

注：*** 、* 分别表示在1%和10%的水平上显著，括号内数值为 z 值。

资料来源：笔者根据本书整理得出的非平衡面板数据样本运用 Stata 11.0 软件的回归结果整理而得。

对于出口获得地理标志认证农产品的企业，地区质量声誉提升对其降低出口风险作用更强，更有利于延长其出口持续时间，增强出口贸易稳定性。主要原因在于，良好的地区质量声誉更容易推动出口获得地理标志认证农产品企业的出口产品质量升级（6.3.2 小节已证）。随着企业出口农产品质量水平不断提高，消费者能够对产品形成更高的认可度和忠诚度，推动农产品企业和海外消费市场建立更稳固的贸易联系，延长农产品企业出口持续时间。根据全球价值链升级理论可知，企业在攀登全球价值链高端环节时，必须要先后经历工艺、产品、功能和链条四个阶段的升级（王杰等，2019）。企业出口产品质量提升有助于推动企业向全球价值链高端攀升，加强企业持续嵌入能力，降低其退出全球价值链的概率，延长其在全球价值链的持续经营时间，加强出口贸易稳定性。综上所述，地区质量声誉提升，对于出口获得地理标志认证农产品的企业出口持续时间延长的促进作用更强。

7.2.3 稳健性检验

1. 变换回归样本

本节对变换回归样本的具体做法和 5.2.3 小节一致，不再赘述。稳健性检验（一）的回归结果，见表7-6。由表可知，3组不同样本下地区质量声誉提升均对农产品企业出口风险有显著的抑制作用，作用系数大小和系数方向与基准回归结果均无明显差别，且均通过了1%的显著性水平检验。这充分说明，地区质量声誉提升对农产品企业出口贸易稳定性有显著促进作用，有利于延长农产品企业出口持续时间，增强农产品企业出口贸易稳定性。因此，本书的基准回归结果是稳健的。

表7-6　稳健性检验（一）的回归结果

变量	（1）企业数大于3	（2）企业数大于6	（3）企业数大于9
$lnnearquality_{ijedt}$	-0.5699 *** (-44.00)	-0.5657 *** (-40.87)	-0.5659 *** (-38.72)
lngdp	0.0169 *** (3.55)	0.0233 *** (4.47)	0.0174 *** (3.07)
lnjx	0.0004 (0.11)	0.0174 *** (4.27)	0.0158 *** (3.52)
lntgo	0.0154 *** (4.34)	0.0076 ** (1.93)	0.0100 ** (2.34)
lnpeople	-0.0557 *** (-14.21)	-0.0690 *** (-16.87)	-0.0682 *** (-15.48)
lnfsave	0.0131 *** (3.12)	0.0167 *** (3.71)	0.0216 *** (4.35)
lnnumber	-0.0299 *** (-7.26)	-0.0316 *** (-6.81)	-0.0382 *** (-7.44)
lnarea	0.0224 *** (6.07)	0.0283 *** (6.80)	0.0270 *** (5.86)
常数项	-2.9574 *** (-51.96)	-3.0705 *** (-49.87)	-3.0500 *** (-45.01)
企业固定效应	是	是	是
时间固定效应	是	是	是
观测值	437353	363929	311451
L. Likelihood	-253367.58	-211400.62	-180619.19
似然比检验	23507.27 ***	19259.17 ***	16518.19 ***

注：***、**分别表示在1%、5%的水平上显著，括号内数值为z值。

资料来源：笔者根据本书整理得出的非平衡面板数据样本运用Stata 11.0软件的回归结果整理而得。

2. 更换回归方法和替换变量

稳健性检验（二）的回归结果，见表7-7。本节为验证基准模型结果的稳健性问题，一是借鉴王开和佟家栋（2019）的做法，选择其他替代的计量方法，补充Logit模型、Probit模型和Cox比例风险模型①进行再估计（见表7-7的列（1）~列（3））；二是利用地区内出口同一类农产品的其他企业出口价格的平均值（即，地区价格声誉）来替换地区质量声誉指标（见表7-7的列（4））；三是借鉴孙林等（2019）的做法，利用某地区行业内农产品获得地理标志认证数量之和替换地区质量声誉指标（见表7-7的列（5））。由表7.7的回归结果可知，地区质量声誉提升均对农产品企业出口风险有显著的抑制作用，作用系数大小和系数方向与基准回归结果均无明显差别，且均通过了1%的显著性检验。这充分表明，地区质量声誉提升对农产品企业出口贸易稳定性有显著的促进作用，有利于延长农产品企业出口持续时间，促进农产品企业出口贸易稳定性。因此，本书的基准回归结果是稳健的。

表7-7 稳健性检验（二）的回归结果

变量	Logit模型 (1)	Probit模型 (2)	Cox比例风险模型 (3)	自变量替换 (4)	自变量替换 (5)
$lnnearquality_{ijedt}$	-0.9106*** (-47.43)	-0.5644*** (-47.85)	-0.4617*** (-37.83)	-0.0176*** (-26.62)	-0.0202*** (-12.68)
lngdp	0.0865*** (12.93)	0.0534*** (13.01)	0.0061 (1.45)	0.0022 (0.52)	0.0049 (1.16)
lnjx	-0.0502*** (-9.58)	-0.0311*** (-9.62)	0.0020 (0.60)	0.0003 (0.10)	-0.0102*** (-3.06)
lntgo	-0.0085* (-1.69)	-0.0049 (-1.58)	0.0157*** (5.03)	0.0210*** (6.71)	0.0160*** (5.10)
lnpeople	0.0174*** (3.34)	0.0103*** (3.22)	-0.0444*** (-12.68)	-0.0568*** (-16.25)	-0.0526*** (-14.95)
lnfsave	0.0257*** (4.42)	0.0158*** (4.41)	0.0141*** (3.90)	0.0231*** (6.37)	0.0304*** (8.32)
lnnumber	-0.0673*** (-11.95)	-0.0417*** (-12.00)	-0.0263*** (-7.44)	-0.0289*** (-8.18)	-0.0411*** (-11.52)

① 特别注意，Cox回归不会汇报常数项。

续表

变量	Logit 模型（1）	Probit 模型（2）	Cox 比例风险模型（3）	自变量替换（4）	自变量替换（5）
lnarea	0.0518 *** （10.58）	0.0315 *** （10.40）	0.0150 *** （4.76）	0.0096 *** （3.03）	0.0174 *** （5.48）
常数项	-0.7188 *** （-7.68）	-0.4399 *** （-7.63）		-2.8315 *** （-56.88）	-2.9652 *** （-59.76）
企业固定效应	是	是	是	是	是
时间固定效应	是	是	是	是	是
观测值	562734	562734	576987	576989	576989
L. Likelihood	-368217.2	-368216.45	-3920284.9	-323184.55	-323461.66
似然比检验	35606.78 ***	35608.27 ***	24483.84 ***	28097.21 ***	27543.00 ***

注：*** 、* 分别表示在1%和10%的水平上显著，括号内数值为 z 值。

资料来源：笔者根据本书整理得出的非平衡面板数据样本运用 Stata 11.0 软件的回归结果整理而得。

7.2.4 内生性问题处理

针对回归分析中的内生性问题，本节的具体做法和5.2.4 小节一致，不再赘述。内生性检验的结果，见表7-8。表7-8 中的列（1）~列（3）分别是以滞后一期值为工具变量、滞后二期值为工具变量及同时以滞后一期值和滞后二期值为工具变量时地区质量声誉对农产品企业出口风险的作用结果。研究发现，在不同的工具变量条件下，地区质量声誉提升仍对农产品企业出口风险有显著的抑制作用，且作用系数大小和系数方向与基准回归结果基本保持一致。这充分表明，地区质量声誉提升可显著降低农产品企业的出口风险，延长农产品企业的出口持续时间，增强其出口贸易稳定性。因此，本章基准回归结果通过了内生性检验，回归结果是有效的。

表7-8　　　　内生性检验的结果

变量	以滞后一期值为工具变量（1）	以滞后二期值为工具变量（2）	同时以滞后一期值和滞后二期值为工具变量（3）
$lnnearquality_{ijedt}$	-1.5653 *** （-4.26）	-3.0635 *** （-6.80）	-1.8996 *** （-6.94）
lngdp	0.0054 （1.26）	0.0085 ** （1.96）	0.0087 ** （2.01）
lnjx	-0.0043 （-1.28）	-0.0048 （-1.41）	-0.0047 （-1.36）

续表

变量	以滞后一期值为工具变量（1）	以滞后二期值为工具变量（2）	同时以滞后一期值和滞后二期值为工具变量（3）
lntgo	0.0176*** (5.53)	0.0170*** (5.30)	0.0171*** (5.32)
lnpeople	-0.0572*** (-16.20)	-0.0582*** (-16.30)	-0.0583*** (-16.31)
lnfsave	0.0245*** (6.63)	0.0245*** (6.54)	0.0242*** (6.46)
lnnumber	-0.0341*** (-9.48)	-0.0345*** (-9.43)	-0.0343*** (-9.39)
lnarea	0.0192*** (5.94)	0.0185*** (5.64)	0.0184*** (5.62)
常数项	-2.9795*** (-59.14)	-3.0008*** (-58.65)	-2.9998*** (-58.63)
企业固定效应	是	是	是
时间固定效应	是	是	是
观测值	552056	531995	531994
L. Likelihood	-312646.86	-303031.85	-303030.1
似然比检验	26286.06***	25637.48***	25639.09***

注：***、**分别表示在1%、5%的水平上显著，括号内数值为z值。

资料来源：笔者根据本书整理得出的非平衡面板数据样本运用Stata 11.0软件的回归结果整理而得。

7.3 作用机制检验

在前文分析中，本书已从理论上提出地区质量声誉会通过声誉溢价效应、技术升级效应和市场竞争效应（假设7-7）影响农产品企业出口贸易稳定性，但该理论的合理性尚未可知。基于此，本节将利用中介效应模型实证检验理论分析的合理性，具体设定模型（7-2）~模型(7-7)。

$$\ln p_{ijedt} = \beta_0 + \beta_1 \ln nearquality_{ijedt} + \beta_2 \ln X + \mu_i + \mu_t + \varepsilon_{ijedt}$$

模型（7－2）

$$cloglog(1 - h_{it}) = \beta_0 + \beta_1 \ln nearquality_{ijedt} + \beta_2 \ln p_{ijedt} + \beta_3 \ln X + \mu_i + \mu_t + \varepsilon_{ijedt}$$

模型（7－3）

模型（7－2）～模型（7－3）用来检验地区质量声誉是否会通过声誉溢价效应影响农产品企业出口持续时间。$\ln p_{ijedt}$表示出口农产品 j 的价格，cloglog（$1-h_{it}$）表示农产品 j 在第 t 年退出出口市场的风险概率；$\ln nearquality_{ijedt}$表示农产品 j 对应的地区质量声誉，μ_i 表示企业固定效应，μ_t 表示时间固定效应，lnX 表示一系列控制变量，ε_{ijedt}表示残差项。

$$\ln hhi_{sedt} = \beta_0 + \beta_1 \ln nearquality_{ijedt} + \beta_2 \ln X + \mu_i + \mu_t + \varepsilon_{ijedt}$$

模型（7－4）

$$cloglog(1 - h_{it}) = \beta_0 + \beta_1 \ln nearquality_{ijedt} + \beta_2 \ln hhi_{sedt} + \beta_3 \ln X + \mu_i + \mu_t + \varepsilon_{ijedt}$$

模型（7－5）

模型（7－4）～模型（7－5）用来检验地区质量声誉是否会通过市场竞争效应影响农产品企业出口持续时间。$\ln hhi_{sedt}$表示农产品 j 所在行业 s 的市场竞争程度，用同一年度、同一地区、同一行业内的企业数量衡量市场竞争程度，cloglog（$1-h_{it}$）表示农产品 j 在第 t 年退出出口市场的风险概率；$\ln nearuqlity_{ijedt}$表示农产品 j 所对应的地区质量声誉，μ_i 表示企业固定效应，μ_t 表示时间固定效应，lnX 表示一系列控制变量，ε_{ijedt}表示残差项。

$$\ln tfp_{et} = \beta_0 + \beta_1 \ln nearquality_{ijedt} + \beta_2 \ln X + \mu_i + \mu_t + \varepsilon_{ijedt}$$

模型（7－6）

$$cloglog(1 - h_{it}) = \beta_0 + \beta_1 \ln nearquality_{ijedt} + \beta_2 \ln tfp_{et} + \beta_3 \ln X + \mu_i + \mu_t + \varepsilon_{ijedt}$$

模型（7－7）

模型（7－6）～模型（7－7）用来检验地区质量声誉是否会通过技术升级效应来影响农产品企业出口持续时间。$\ln tfp_{et}$表示技术升级指标，在此用地区 e 的农业全要素生产率表示，cloglog（$1-h_{it}$）表示农产品 j

在第 t 年退出出口市场的风险概率；$lnnearquality_{ijedt}$表示农产品 j 所对应的地区质量声誉，μ_i 表示企业固定效应，μ_t 表示时间固定效应，lnX 表示一系列控制变量，ε_{ijedt}表示残差项。作用机制检验结果，见表 7－9。

表 7－9　作用机制检验结果

变量	声誉溢价效应		市场竞争效应		技术升级效应	
	(1) lnp_{ijedt}	(2) cloglog $(1-h_{it})$	(3) $lnhhi_{fedt}$	(4) cloglog $(1-h_{it})$	(5) $lntfp_{et}$	(6) cloglog $(1-h_{it})$
$lnnearquality_{ijedt}$	1.8167*** (144.22)	－0.3757*** (－30.42)	1.3500*** (132.52)	－0.5826*** (－46.26)	0.0168*** (7.69)	－0.6828*** (－31.14)
lnp_{ijedt}		－0.1033*** (－89.46)				
$lnhhi_{fedt}$				0.0038*** (2.91)		
$lntfp_{et}$						－0.1652*** (－9.22)
lngdp	0.0149*** (2.59)	0.0028 (0.65)	0.0448*** (9.62)	0.0057 (1.35)	－0.0459*** (－55.97)	0.0419*** (6.93)
lnjx	0.0022 (0.40)	0.0021 (0.62)	－0.0395*** (－9.09)	－0.0015 (－0.44)	－0.0354*** (－45.56)	0.0016 (0.31)
lntgo	0.0017 (0.45)	0.0022*** (6.99)	－0.0082*** (－2.60)	0.0213*** (6.80)	－0.0218*** (－41.26)	－0.0033 (－0.73)
lnpeople	0.0036 (0.93)	－0.0585*** (－16.76)	0.0051* (1.63)	－0.0569*** (－16.25)	0.0382*** (74.52)	－0.0593*** (－13.80)
lnfsave	－0.0096** (－2.16)	0.0275*** (7.54)	－0.0120*** (－3.30)	0.0221*** (6.06)	0.0377*** (53.51)	0.0071 (1.36)
lnnumber	－0.0013 (－0.30)	－0.0378*** (－10.66)	0.0197*** (5.68)	－0.0354*** (－9.90)	－0.0008 (－1.24)	－0.0303*** (－5.84)
lnarea	0.0007 (0.17)	0.0104*** (3.30)	0.0028 (0.84)	0.0165*** (5.20)	0.0749*** (116.07)	－0.0092* (－1.75)
常数项	0.8757*** (14.66)	－2.8579*** (－57.57)	2.7474*** (56.88)	－2.9622*** (－59.62)	－0.0289*** (－3.09)	－4.0389*** (－50.88)
企业固定效应	是	是	是	是	是	是
时间固定效应	是	是	是	是	是	是
观测值	576988	576987	576988	576987	289166	289166

续表

变量	声誉溢价效应		市场竞争效应		技术升级效应	
	（1） lnp_{ijedt}	（2）cloglog $(1-h_{it})$	（3） $lnhhi_{fedt}$	（4）cloglog $(1-h_{it})$	（5） $lntfp_{et}$	（6）cloglog $(1-h_{it})$
L. Likelihood		-318072.35		-322385.49		-158382.49
似然比检验		38318.43 ***		29692.14 ***		5786.76 ***
调整 R^2	0.4095		0.5981		0.4257	

注：***、**、* 分别表示在1%、5%和10%的水平上显著，括号内数值为z值。

资料来源：笔者根据本书整理得出的非平衡面板数据样本运用Stata 11.0软件的回归结果整理而得。

表7-9中列（1）的检验结果表明，地区质量声誉显著提升了出口农产品价格，列（2）的检验结果表明，出口农产品价格提升显著降低了农产品企业出口风险，延长了农产品企业出口持续时间。因此，综合列（1）和列（2）的检验结果可知，地区质量声誉会通过提升出口农产品价格，延长农产品企业出口持续时间，增强出口贸易稳定性，即声誉溢价效应；列（3）的检验结果表明，地区质量声誉显著加大了本区域行业内的市场竞争程度，列（4）的检验结果表明，出口农产品行业市场竞争程度不断加大，对农产品企业出口持续时间的抑制作用要大于促进作用，导致地区质量声誉在市场竞争效应作用下对农产品企业出口退出风险有显著的正向影响，即缩短了农产品企业出口持续时间。因此，综合列（3）和列（4）的检验结果可知，地区质量声誉会通过提升本地区内出口农产品行业内市场竞争程度提升农产品企业出口风险，缩短农产品企业出口持续时间，削弱出口贸易稳定性，即市场竞争效应。这间接说明，要合理控制农产品出口市场有序竞争，避免过度竞争，以便更好地促进企业出口贸易可持续发展；列（5）的检验结果表明，地区质量声誉显著提升了当地的全要素生产率水平，列（6）的检验结果表明，当地全要素生产率水平的提升显著降低了农产品企业出口风险，延长了农产品企业出口持续时间，因此，综合列（5）和列（6）的检验结果可知，地区质量声誉会通过提升当地农业生产技术水平延长农产品企业出口持续时间，增强出口贸易稳定性，即技术升级效应。因此，假设4-7得证。

8 结论、政策建议与不足

本书在文献梳理、概念界定和理论阐述基础上，基于农产品地区质量声誉的外延维度考虑，以农产品地理标志品牌和农产品区域公用品牌为切入点，具体探讨了中国农产品地区质量声誉的建设历程、培育现状及其与农产品出口贸易发展的作用联系。之后，从内涵维度考虑，本书依据动态博弈演化理论，基于有限理性假设构建复制动态方程，系统解析农产品地区质量声誉的形成过程，并利用梅里兹和奥特维埃诺（Melitz and Ottaviano，2008）及邱和于（Qiu and Yu，2014）的理论模型、梅里兹和奥特维埃诺（Melitz and Ottaviano，2008）的垄断竞争模型与哈尔克和斯威德森（Hallak and Sivadasan，2009）的质量内生决定模型、梅里兹（Melitz，2003）的异质性企业模型，构建了地区质量声誉分别对农产品企业在出口二元边际、出口农产品质量、出口持续时间三个不同维度影响效用的理论模型，并提出相关研究假设。最后，在理论研究基础上，本书从农产品地区质量声誉的内涵（平均质量）出发，利用2000～2014年中国海关进出口数据库中微观企业—产品层面数据，通过构建指标体系和实证研究框架，定量评估地区质量声誉对农产品出口贸易的影响效用，验证本书提出的研究假设，并从内涵和外延两个维度选取不同指标进行一系列异质性检验和稳健性检验。基于此，本书最终得出五个结论，并提出四个政策建议。

8.1 研究结论

通过对全书的梳理，本书研究结论主要体现在以下五个方面。

第一，基于地区质量声誉的外延维度考虑，针对地区质量声誉培育与农产品出口贸易发展现状分析，得出以下三个结论。

一是地区质量声誉培育历程，主要经历了农产品地理标志品牌建设和区域公用品牌建设两个阶段。其中，农产品地理标志品牌建设先后经历了由工商部门和质检部门共同管理地理标志问题的二元管理模式，由工商部门、质检部门、农业部门共同管理地理标志问题的三元管理模式，并形成了一套地理标志知识产权保护制度。在农产品区域公用品牌建设过程中，主要经历了集群化发展和品牌化发展两个阶段。

二是地区质量声誉培育过程相对较快，日益成熟。一方面，地理标志品牌发展已相对成熟，截至2021年8月底，政府部门累计认定地理标志保护农产品2482个，累计核准地理标志作为集体商标、证明商标注册6381件；[①] 另一方面，农产品区域公用品牌发展日益迅速，不仅成功地打造了一定数量的农产品特色优势区、特色农产品优势产业集群等，还积极发布了农产品区域公用品牌和农业龙头企业。整体而言，中国的农产品地区质量声誉外延建设工作日益完善。

三是农产品地区质量声誉建设有效地推动了出口贸易可持续发展。一是良好的地区质量声誉助推出口农产品价格不断提升；二是具有良好的地区质量声誉的农产区，成为主要出口创汇区；三是地区质量声誉培育，带动重点龙头企业出口市场竞争力提升；四是具有良好地区质量声誉的农产品成为中国和世界各国签订贸易协议时的首选产品，有助于突破重重国际贸易壁垒，为农产品出口贸易可持续发展提供较强的推

---

① 人民网. http://finance.people.com.cn/n1/2021/0908/c1004-32221183.html.

动力。

第二，依据演化博弈理论，基于有限理性假设，构建农产品企业在生产及出口过程中采纳质量标准的演化博弈动态复制方程，重点分析农产品企业采纳质量标准行为决策的长期演化模式，以此探讨农产品地区质量声誉形成机理，并得出以下结论。

农产品地区质量声誉的形成是多方面因素综合作用的结果，一个地区的农业资源禀赋、农产品企业、行业协会及政府等均在其形成过程中发挥重要的作用。整体而言，一是农产品企业在生产及出口过程中要充分发挥当地的资源禀赋优势 ξ，降低企业采纳行业质量标准所需额外投入的生产成本 $\varepsilon(\xi)$；二是行业协会要积极地管控行业内企业数量规模 n，强化农产品企业的信息披露能力并完善行业协会对企业的监督体系，降低声誉溢出系数 l 及其和政府等组织实施行业标准制定及公共监督时耗费的成本 β，提高对不遵循质量标准的农产品企业的发现概率 z；三是积极推动政府加大对于农产品企业是否遵循行业质量标准时的奖惩力度（κ 和 ρ）。因此，只有充分立足当地农业资源禀赋优势，积极推动政府、行业协会、农产品企业三者间的协调与合作，才能更好地督促农产品企业积极、主动地遵循行业质量标准，提升本地区出口农产品平均质量水平，最终形成良好的地区质量声誉。

第三，针对地区质量声誉影响中国农产品出口二元边际的研究，得出以下两个结论。

首先，从实证检验结果来看：（1）整体而言，地区质量声誉对农产品企业出口集约边际扩张有显著的促进作用，但对农产品企业出口扩展边际的扩张有显著的抑制作用。（2）就产品类型异质性而言，一是地区质量声誉对基于农业资源制成品的农产品企业出口二元边际作用，均大于农林牧渔初级农产品；二是地区质量声誉对出口中低附加值农产品的企业出口扩展边际的抑制作用要大于出口高附加值农产品的企业，但对其出口集约边际的促进作用要小于出口高附加值农产品的企业。（3）就企业所处区域异质性而言，地区质量声誉影响农产品企业出口扩展边际的抑制作用大小为中部地区 > 西部地区 > 东部地区，但对农产品企业出口集约边际促进作用大小则为中部地区 > 东部地区 > 西部地区。(4) 就出口目的国异质性而言，地区质量声誉对于出口发达国家的农产品企业出口二元边际作用系数大小，均明显大于出口到发展中国家。(5) 就出口农产品是否获得地理标志认证的异质性而言，出口获得地理标志认证农产品的企业出口二元边际受地区质量声誉的作用，要明显大于出口未获得地理标志认证农产品的企业。

其次，就作用机制检验结果来看，主要有三点：(1) 地区质量声誉会通过融资扩张效应、外资引致效应、声誉溢价效应和市场竞争效应，提高农产品企业出口集约边际扩张；(2) 地区质量声誉会通过融资扩张效应和外资引致效应，提高农产品企业出口扩展边际扩张；(3) 地区质量声誉会通过声誉溢价效应和市场竞争效应，抑制农产品企业出口扩展边际扩张。

第四，针对地区质量声誉影响中国出口农产品质量的研究发现以下三个结论。

首先，从实证检验结果来看，主要有五点：(1) 整体而言，地区质量声誉对企业出口农产品质量升级有显著的促进作用。(2) 就产品类型异质性而言，一是地区质量声誉对农林牧渔初级农产品质量升级的促进作用要明显大于基于农业资源的制成品；二是地区质量声誉对高附加值农产品的质量升级促进作用，要大于中低附加值农产品。(3) 就企业所处地区异质性而言，地区质量声誉对企业出口农产品质量提升作用的大小依次为西部地区 > 中部地区 > 东部地区。(4) 就出口目的地市场异质性而言，地区质量声誉对出口发达国家的农产品质量升级的促进作用要大于出口到发展中国家。(5) 就出口农产品是否获得地理标志认证的异质性而言，出口获得地理标志认证农产品的企业出口农产品质量升级受地区质量声誉的作用，要明显大于出口未获得地理标志认证农产品的企业。

其次，从作用机制检验结果来看，地区质量声誉确实会通过声誉溢价效应、市场竞争效应两条作用途径，对企业出口农产品质量升级有显著促进作用。

最后，通过对“搭便车”行为发生机理的探讨，发现该行为多是在声誉溢价带来的高回报诱惑下发生的，且企业出口市场份额越低，其在出口过程中越易存在“搭便车”行为。然后，进一步将样本按照出口市场份额（即出口产品额度）的中位值划分，大于中位值的设定为不存在“搭便车”行为企业，小于中位值的设定为存在“搭便车”行为企业，考察“搭便车”行为是否会长久的问题，发现“搭便车”行为并非长久之计。

第五，针对地区质量声誉影响中国农产品出口持续时间的研究发现以下两个结论。

首先，从实证检验结果来看，主要有五点：（1）整体而言，地区质量声誉对农产品企业出口持续时间延长有显著的促进作用。（2）就农产品类型异质性而言，一是地区质量声誉对出口农林牧渔初级农产品企业出口持续时间延长的促进作用，要明显小于出口基于农业资源制成品的企业；二是地区质量声誉对出口高附加值农产品企业的出口持续时间延长的促进作用，要小于出口低附加值农产品企业。（3）就企业所处地区异质性而言，地区质量声誉对农产品企业出口持续时间延长促进作用的大小依次为西部地区 > 东部地区 > 中部地区。（4）就出口目的地市场异质性而言，地区质量声誉对出口发达国家农产品企业持续时间延长的促进作用要大于出口非发达国家的农产品企业。（5）就出口农产品是否获得地理标志认证的异质性而言，出口获得地理标志认证农产品的企业出口持续时间的延长受地区质量声誉的作用，要明显大于出口未获得地理标志认证的农产品企业。

其次，从作用机制检验结果来看，主要有两点：（1）地区质量声誉会通过声誉溢价效应、技术升级效应降低农产品企业出口风险，延长农产品企业出口持续时间，增强农产品企业出口贸易稳定性；（2）地区质量声誉通过市场竞争效应提高农产品企业出口风险，缩短农产品企业出口持续时间，不利于增强贸易稳定性。

8.2 政策建议

8.2.1 完善农产品质量监控体系，加强监管力度与奖惩力度

通过针对农产品地区质量声誉形成机理的探讨，发现农产品地区质量声誉形成的重要基础是保障企业出口农产品的高质量。因此，培育良好的地区质量声誉必须制定一套严格的质量标准，并实施严格的农产品质量检测，从生产到出口的每一道程序都要严格监测和把控，且对于出口不符合质量标准农产品的企业要给予严厉惩罚，对于遵循质量标准的农产品企业要积极奖励。本节主要从以下四个方面提出对策建议。

第一，严格控制出口农产品生产源头，制定严格的生产质量标准及出口质量标准，并进一步完善生产质量监控体系。一是全国各地尤其是获得地理标志认证或农产品区域公用品牌认证的地区，要努力推进生产标准化，改进传统生产模式，广泛应用良好的农业规范技术。政府或行业协会要积极鼓励农产品企业建立“企业+基地”的出口经营模式，给予建设自有种养殖基地的农产品企业一定补贴，指导构建质量可追溯体系。例如，建立完善的农产品生产档案记录，尤其是在农业生产过程中，要严格把控农业投入品的使用，帮助企业实现生产—出口全过程质量监控。二是对于地理标志认证农产品，要严格把控地理标志认证注册质量，提升地理标志认证注册效率，减少注册申请的泛滥与混乱，加强申请主体认证过程的严格化、规范化与细致化。

第二，推动建设和完善出口农产品的检验检测体系、安全检测体系。政府和行业协会等组织要不断提升出入境检验检疫装备、检测技术水平等软硬件基础设施，并鼓励检验检测机构获取国家认可。同时，各级政府要加大对于行业实验室或企业实验室的建设资金扶持力度，提升农产品出口企业乃至行业自检能力、预检能力，降低行业协会等组织的监管成本，更有利于维护农产品良好的地区质量声誉，提升农产品国际

市场竞争力。

第三，严格控制农产品出口加工环节。中国要进一步实施国家免检、品牌打造等扶优扶强政策，提升出口食品、加工企业的食品质量安全意识，推动其在生产过程中实施良好的生产规范（good manufacturing practices，GMP）与危害分析及关键控制点（hazard analysis and critical contml point，HACCP）质量管理模式，并完善出口食品卫生注册制度，实现食品生产加工全过程的有效把控。同时，政府还要积极推动农产品出口企业获得国际市场的准入通行证，例如，鼓励出口企业积极获取GMP、HACCP等与国际要求一致的认证。并可通过建立产品质量识别标志，包括标准单位的实际单价、产品基本成分（成分标签）、食品营养质量（营养标签）、产品的新鲜程度（出品日期），使产品能够按质论价，提高中国出口农产品在国际市场的认可度。

第四，政府要进一步加大对农产品企业的奖惩力度。一是政府要加大对不遵循质量标准的企业实施惩戒的力度，有效避免企业“搭便车”行为。政府要进一步推动外贸信用体系建设，完善出口企业“黑名单”制度和跨部门出口企业违规信息交换机制，并最终构建全国联网的跨部门信息平台，真正实现多部门联合共管，保证失信企业受惩戒，守信企业得便利。对于违法违规企业，可直接取消1~3年对外贸易经营权。若后果严重构成犯罪的，可依法追究违法违规企业刑事责任。此外，对于行业协会而言，政府也要设置严格的问责制度，针对其存在的不作为、乱作为现象，先找主管部门，再找相关责任人，逐级问责。二是政府要加大对严格遵循质量标准企业的奖励力度。政府可对通过HACCP、GMP、欧盟注册认证等质量体系和环境认证的农产品出口企业简化检验检疫程序；对于符合出口免检有关规定的地理标志农产品可以依法优先给予免检，并为相关企业提供通关便利。

8.2.2 做大做强企业，提高生产组织化程度

前文通过对农产品地区质量声誉形成机理的探讨可知，农产品地区

质量声誉的形成与一个地区行业内的企业数量规模、企业不遵循质量标准时被发现的概率存在紧密联系。行业内企业数量规模越大、企业不遵循质量标准时被发现的概率越大，越不利于农产品地区质量声誉的形成。因此，做大做强农产品企业，适当缩小行业内企业数量规模，加强行业的组织化程度及企业间的协作能力，有助于提高对不遵循质量标准农产品企业的发现概率，减少企业“搭便车”行为，推动良好地区质量声誉的形成。本节主要从以下四个方面提出对策建议。

第一，必须充分地认识到中国农产品地理标志产品的生产主体更多集中在千家万户，目前，国内的企业、合作社等规模相对较小，且分散化比较严重。这也导致以地理标志农产品为基础建立起来的农产品区域公用品牌生产过程中所面临的标准化难度较高，且商标所有权和使用权两权分离带来了突出矛盾。这就要求政府、行业协会等要充分发挥其监督作用，加强监管力度，增强生产主体的集体意识，保证农户不会因个体利益而牺牲整体利益，避免出现“公地悲剧”。尤其是要始终对商标使用公共性、商标所有权与商标使用权两权分离的特殊性保持高度警觉，加强品牌的品质管控，加强生产主体的公共利益意识与行为规范，形成多方良好的协同关系。

第二，在农产品出口重点区域要进一步加大对行业协会的鼓励力度和扶持力度，积极推动行业协会内部运营制度及监管制度的健全和完善。强化行业协会的执行能力，推动其在企业出口合同执行、标准化生产监管等方面发挥更大效用，有效地降低农产品企业的生产组织运营成本，提升产品质量控制的可靠性。同时，随着行业协会的不断壮大，其更有能力鼓励和支持农业走规模化、产业化道路，并积极培育和引导龙头企业的发展与壮大，积极地给予农产品企业政策性指导和技术性引进，在降低其监管实施成本的同时，还要督促企业增强突破技术性贸易壁垒的能力，维护出口贸易稳定性。

第三，在农产品的生产及出口过程中，行业协会等组织要积极发展“企业 + 基地 + 农户”“订单农业”等多种形式，积极发挥农产品龙头企业的带动作用和示范作用，坚决贯彻农产品在生产、加工、流通等多个领域的标准实施强度，并强化各协作主体之间的信息透明度，保障全产业链监管的可控性。通过加强企业、基地、农户等各方面协作，任何一方出现“搭便车”行为，其他各方均能在短时间内迅速识别，提高发现概率，采取相应的惩罚手段，将损失降到最低，推动良好地区质量声誉的形成与维护，增强农产品企业出口市场竞争力，实现中国农产品出口贸易可持续发展。

第四，积极推动农产品地理标志认证等级注册制度的建设和完善。严格把控地理标志认证注册质量，提升地理标志认证注册效率，降低注册申请泛滥与混乱，加强注册申请主体认证过程的严格化、规范化与细致化。对于地理标志认证农产品可改进其检验检疫办法，推动实现由产品检测监管向生产过程监管转变以及由每批次检验向加强基地监管转变。对于通过 HACCP、GMP、欧盟注册认证、ISO9000、ISO14000 系列等质量体系和环境认证、质量好、守信誉的农产品出口企业，简化检验检疫程序；对于符合出口免检有关规定的地理标志农产品，可以依法优先免检，对于质量声誉良好的地理标志农产品出口企业，可以适当提供通关便利化、简洁化。

8.2.3　实施品牌战略，优化出口商品结构

由前文研究结论可知，无论是农产品地理标志品牌还是农产品区域公用品牌，其作为地区质量声誉的重要外延，对于推动农产品出口贸易的快速发展具有重要推力。因此，进一步强化品牌战略实施，显得尤为重要。对此，本节从以下四个方面提出相关政策建议。

第一，积极鼓励企业加强深加工农产品出口，不断提升农产品附加值。对于农产品出口企业而言，一方面，要鼓励其通过国内自主研发和国外先进技术与优良品种引进并重的方式，大力开发自主知识产权农产品，提升核心竞争力；另一方面，要鼓励其加强在种养管理、种苗选育、疫病防治方面科技创新的应用，尤其是在农副产品加工阶段，积极

鼓励产学研合作，引进生物肥、生物农药等绿色化的农业投入品，通过推动绿色精深加工延长产业链，实现附加值提升。

第二，积极构建农业品牌体系。这要求各地充分地结合当地的农业资源禀赋、产业基础及文化传承等因素，积极制定具有前瞻性、战略性的品牌发展规划，并且，要凸显品牌战略实施机制的差异化竞争优势，构建互为补充、特色鲜明的农业品牌体系，不断提升品牌溢价能力。各级政府需要以地级市乃至县域为重点，不断强化品牌授权管理和产权保护，积极打造特色农产品优势区，并贯彻一个特优区打造一个区域公用品牌的原则。结合当前中国农业的生产特征，各级政府在当地农业资源准许范围内不仅要结合粮食生产功能区、重要农产品生产保护区及现代农业产业园等园区建设，努力培育粮棉油、肉蛋奶等“大而优”的大宗农产品品牌，还要不断以新型农业经营主体为依托，创建地域特色鲜明的“小而美”特色品牌。

第三，深度挖掘品牌文化内涵。在农业品牌创建过程中，要不断丰富品牌文化内涵，充分凸显中国传统文化的包容性和特色。各地要具体地深入挖掘农业生产、生活、生态及文化等功能，不仅要凸显并结合当地的农业非物质文化遗产、民间技艺、美丽乡村建设等，强化对老工艺、老字号、老品种的保护和传承，培育中国农业产品的深厚文化底蕴，促使其成为走向世界的新符号和新载体，还要充分挖掘农业的多功能性，不断推动农业品牌业态多元化和形态高级化。特别是要讲好农业品牌故事，以农业品牌故事树立品牌形象，以农业品牌故事沉淀品牌精神。并要积极借助各种传播渠道，加大品牌宣传推介力度，在一定程度上加强对国外受众消费习惯的研究，增强中国农业品牌在世界上的美誉度和知名度。

第四，提升品牌营销能力。各经营主体要始终贯彻消费需求导向原则，坚持以优质优价为目标，实现传统营销与现代营销的融会贯通，并积极不断地创新品牌营销方式。例如，一是可以通过品牌农产品包装标识使用管理，不断地提升包装标识的使用率和识别度；二是充分发挥产品发布会、产销对接会、农业展会等营销平台、促销平台的积极作用，借助移动互联、云计算、大数据等先进的信息技术，积极拓宽品牌流通渠道；三是在农村市场积极推广电子商务，推动品牌农产品出村，并在政府、行业协会等领导下积极培育出口竞争优势；四是大力建设品牌农产品的专柜专营店，通过多种形式的营销平台以扩大其市场占有率；五是支持有条件的农业企业“走出去”，鼓励其积极参加海外营销展会，加强海外营销活动力度，最终实现中国农业品牌的影响力和渗透力。

8.2.4 强化和完善农产品出口信息服务水平和风险预警机制

由前文研究可知，地区质量声誉作为缓解信息不对称的有效手段，能显著降低农产品企业出口风险，维护农产品企业出口贸易稳定性。因此，推动农产品企业与出口目的市场建立有效的信息沟通，完善技术性贸易壁垒的预警机制和应对策略，为地区质量声誉建设和积极作用的发挥提供信息保障是十分必要的。本节主要从以下两个方面提出对策建议。

第一，提高农产品出口信息服务水平。一是各级政府要进一步完善农产品出口相关信息统计工作，及时跟踪和监测重点出口市场的实时动态，并在必要情况下组建专业的市场调研队伍，努力构建安全、高效的国际农产品信息发布机制；二是各级政府要及时地向农产品出口企业传达国家在农业、贸易领域内的重大政策法规，在国家政策引导下，推动行业组织、专业咨询机构等积极为企业提供信息服务，包括进口国的技术法规、标准、SPS 措施、出口贸易服务等多个方面，并最终构建多层次、一体化的农产品出口信息服务体系，为出口农产品良好地区质量声誉的培育奠定稳固的信息保障。

第二，构建和完善农产品贸易信息发布系统和敏感商品出口预警体系。相关部门和行业协会要及时跟踪、了解中国出口农产品在国际市场上的竞争优势及市场占有率情况，对于国外开展的针对中国出口农产品的反倾销等调查要做到及时预警和掌握，通过预警反应机制快速做出相应调整，采取相应措施将损失降到最低，并且，各行业协会之间要加强协作，积极开展针对反倾销应诉工作的指导，必要时成立专门的应诉小组，为企业提供高质量、高效率的技术支持与法律援助。

8.3 研究不足

本书从地区质量声誉视角为农产品企业出口二元边际、出口农产品质量和出口持续时间的变化提供了新的诠释，在一定程度上丰富了中国关于地区质量声誉和农产品出口贸易的经验研究，并为客观评估地区质量声誉对中国农产品出口贸易的影响提供了微观层面的依据。当然，受客观条件、理论水平等限制，本书在以下六个方面还存在一些不足之处，需在后期研究中进一步改进和完善。

第一，针对地区质量声誉指标的测度。本书主要借鉴了叶迪和朱林可（2017）的测度方法，而农产品在生产特征、运输环境等方面和工业品有很大差异，因此，在上述方法基础上展开量化可能有一定缺陷。但囿于数据可得性，我们无法从现有数据库获得农产品生产特征、运输环境等方面的数据，因此，目前不得不采取叶迪和朱林可（2017）的地区质量声誉量化方法。在将来的研究中，笔者会利用调查问卷，从农产品产地的资源环境、生产条件、运输便利化、市场监管、地理标志认证等维度构建一个全新的农产品地区质量声誉评价指标体系，获得更完善的地区质量声誉量化指标。

第二，理论分析有待进一步完善。本书在分析地区质量声誉对农产品企业出口贸易的影响机制时，仅提出了地区质量声誉对农产品企业出口贸易（出口二元边际、出口产品质量和出口持续时间）的部分作用途径。但是，从直观上看，地区质量声誉对农产品企业出口贸易还存在别的途径。例如，地区质量声誉会通过降低农产品企业边际成本影响其出口贸易；又如，地区质量声誉会通过刺激海外消费者购买意愿来影响农产品企业出口贸易。因此，在后续研究中，有必要进一步完善地区质量声誉对农产品企业出口贸易的影响机制分析，从而更准确地识别二者的关系。

第三，随着中国深入实施农产品地理标志认证，地理标志具有明显的地区质量信号和声誉，地理标志品牌农产品在中国农产品出口贸易中的引领作用日益凸显，成为国际贸易中的“宠儿”。因此，在后续研究中，可进一步针对全国农产品地理标志查询系统、中国海关进出口数据库等新数据进行匹配，整理出地理标志农产品所对应的出口农产品及其衍生品，并进一步对其按照“企业—生产地—农产品—年份”进行分组，采用双重差分模式模型探讨农产品获得地理标志认证是否显著促进了农产品企业的出口贸易。这是在供给侧结构性改革的背景下，未来值得进一步深入研究的重要议题。

第四，本书针对农产品地区质量声誉形成机理的研究，尽管在动态博弈过程中已考虑了多种因素，但并不全面，必然存在其他重要因素的影响。后期可结合管理学、实验经济学等学科知识，继续探讨农产品地区质量声誉形成的充分必要条件。

第五，囿于数据所限，本书采用的中国农产品企业数据是 2015 年之前的，可能对当前农产品企业地区质量声誉和中国农产品企业出口贸易发展的新阶段、新现象反映不足。若未来能获得最新的中国农产品企业数据，可用新数据重新检验本书研究结果的稳健性，这也是未来一个有意义的研究方向。

第六，中国作为农业大国，农民数量众多，其在质量声誉培育中发挥的作用是不容忽视的。而目前，农民文化素质还有待进一步提升，其更是潜在的“搭便车”行为主体，且企业在生产经营时也多雇佣农民生产种植。因此，在后续研究中，非常有必要进一步从农民视角出发，探讨农产品质量声誉的形成及影响，并可同时重点关注质量声誉对国内销售市场的影响并区分国内外两个市场的差异性。

参考文献

[1] 安强身，张笑. 信号传递、声誉约束与投资风险缓释 [J]. 中南财经政法大学学报，2020 (5)：92 - 101.

[2] 鲍晓华，严晓杰. 我国农产品出口的二元边际测度及 SPS 措施的影响研究 [J]. 国际贸易问题，2014 (6)：33 - 41.

[3] 蔡振军. 中国出口农产品的质量测度 [J]. 统计与决策，2014 (15)：110 - 112.

[4] 蔡之兵. 空间经济学视角下的产业政策研究 [J]. 经济学家，2017 (9)：20 - 26.

[5] 曹慧平，王欣. 契约环境、社会信任与出口稳定性：基于目的国视角的研究 [J]. 世界经济研究，2020 (10)：32 - 44.

[6] 曹亮，李向毅，侯耀辉. 地理条件、集聚效应与中国制造业企业出口 [J]. 宏观经济研究，2020 (4)：126 - 141.

[7] 曹亮，袁德胜，徐小聪，徐阳. 建交时间与企业农产品出口二元边际：出口目的地视角 [J]. 宏观经济研究，2016 (4)：106 - 114.

[8] 陈捷敏，曹炳汝，颜东绪. 中国农产品地理标志保护研究——以"陕西苹果"为例 [J]. 安徽农业科学，2009 (21)：10182 - 10184.

[9] 陈林，彭婷婷，吕亚楠，张亮. 中国对"一带一路"沿线国家农产品出口——基于二元边际视角 [J]. 农业技术经济，2018

(6): 136 - 144.

[10] 陈祺琪，张俊飚，程琳琳，李兆亮．农业科技资源配置能力区域差异分析及驱动因子分解 [J]．科研管理，2016 (3): 110 - 123.

[11] 陈容，许和连．肯定列表制度对中国出口农产品质量的影响——基于微观数据视角 [J]．国际贸易问题，2018 (5): 68 - 77.

[12] 陈容，许和连．中国出口农产品质量测算：2000—2013 年 [J]．国际贸易问题，2017 (12): 14 - 23.

[13] 陈蓉，许培源．产品多样化与国际贸易收益：研究述评 [J]．国际贸易问题，2014 (6): 151 - 163.

[14] 陈三林．荷兰农产品出口国际竞争力的形成与展望 [J]．价格月刊，2017 (5): 59 - 62.

[15] 陈通，李志方．区域品牌农产品质量维护合作机制的演化博弈分析 [J]．系统工程，2014 (5): 133 - 137.

[16] 陈亚．论农产品区域品牌发展 [J]．统计与管理，2013 (5): 101 - 102.

[17] 陈艳莹，平靓．集体声誉危机与企业认证行为——基于“柠檬市场”治理机制的视角 [J]．中国工业经济，2020 (4): 174 - 192.

[18] 陈艳莹，杨文璐．知识型员工创业进入与在位企业的研发激励——来自中国高技术产业的证据 [J]．科学学研究，2012 (11): 1707 - 1714.

[19] 陈艳莹，张小凡．最低质量标准与高端自有品牌的福利效应 [J]．财经问题研究，2019 (2): 27 - 34.

[20] 陈燕，李晏墅，李勇．声誉机制与金融信用缺失的治理 [J]．中国工业经济，2005 (8): 73 - 80.

[21] 陈印军，杨瑞珍，尹昌斌．西部地区特色农业优势、问题与对策 [J]．中国农业资源与区划，2003 (1): 25 - 28.

[22] 陈英武，郑江淮，高彦彦．信息不对称、城市声誉与生产者服务的区位选择 [J]．经济学家，2010 (3): 12 - 19.

［23］陈勇兵，蒋灵多，曹亮．中国农产品出口持续时间及其影响因素分析［J］．农业经济问题，2012（11）：7－15.

［24］程国强．中国农产品出口：竞争优势与关键问题［J］．农业经济问题，2005（5）：18－22.

［25］崔瑜琴．中小企业区域品牌营销策略研究［J］．经济研究导刊，2015（10）：55－56.

［26］邓路，刘德学．国家声誉与基于质量差异的南北贸易模式［J］．世界经济研究，2018（7）：108－122.

［27］邓路．国家形象、交易信任与出口持续时间——来自中国产品层面的证据［J］．当代财经，2018（10）：14－23.

［28］邓启明，朱冬平，董秀云，熊德平．地理标志保护、特色优势产业发展与农产品国际竞争力研究——基于浙闽两省的调查分析［J］．农业经济问题，2011（9）：47－52.

［29］丁存振，肖海峰．中美双边农产品出口三元边际测度及关税效应研究［J］．农业技术经济，2019（3）：118－131.

［30］董丹丹，曹历娟．SPS 对我国农产品出口的影响——以农产品不同加工程度的视角分析［J］．江苏农业科学，2019（12）：325－329.

［31］董浩军．高附加值农产品市场营销研究［D］．北京：中国农业科学院，2012.

［32］董银果，高小龙．地区质量声誉与农产品出口质量——兼议企业“搭便车”问题［J］．宏观经济研究，2020（12）：84－97.

［33］董银果，黄俊闻．SPS 措施对出口农产品质量升级的影响——基于前沿距离模型的实证分析［J］．国际贸易问题，2018（10）：45－57.

［34］董银果，黄俊闻．中国出口农产品质量测度——基于嵌套 Logit 模型［J］．中国农村经济，2016（11）：30－43.

［35］董银果，姜盼．中国农产品出口遭遇 SPS 措施的原因探析［J］．国际贸易问题，2012（11）：145－155.

［36］董银果，刘雪梅 . SPS 措施、产品多样化与农产品质量升级：基于多产品出口企业理论［J］. 世界经济研究，2019（12）：62 – 76.

［37］董银果，刘雪梅 . 不稳定环境下中国出口农产品的质量演变［J］. 华南农业大学学报（社会科学版），2019（6）：84 – 95.

［38］董银果 . 发达国家 SPS 措施对中国茶叶出口的影响分析——基于标准差异视角［J］. 中国农村经济，2014（11）：83 – 95.

［39］樊海潮，李亚波，张丽娜 . 进口产品种类、质量与企业出口产品价格［J］. 世界经济，2020（5）：97 – 121.

［40］樊倩 . 中国对“一带一路”沿线国家农产品出口影响因素分析——基于二元边际视角［J］. 价格月刊，2021（4）：43 – 50.

［41］房帅，田珺，程睿智 . 外国直接投资、比较优势与发展中国家产品出口持续时间［J］. 世界经济研究，2020（7）：120 – 134.

［42］费威，杜晓镔 . 打造农产品区域品牌：以地理标志为依托的思考［J］. 学习与实践，2020（8）：48 – 55.

［43］冯伟，邵军，徐康宁 . 我国农产品出口贸易联系持续期及其影响因素：基于生存模型的实证研究［J］. 世界经济研究，2013（6）：61 – 67.

［44］冯馨 . 地理标志与农产品出口贸易增长——基于省际面板数据的实证分析［J］. 商业经济研究，2018（8）：128 – 130.

［45］高磊 . 食品安全标准对企业出口质量的影响［J］. 华南农业大学学报（社会科学版），2017（6）：129 – 137.

［46］高颖，田维明，张宁宁 . 扩大农产品市场开放对中国农业生产和粮食安全的影响［J］. 中国农村经济，2013（9）：4 – 17.

［47］葛涛，李金叶 . “一带一路”倡议背景下中国对中亚农产品进口三元边际及影响因素［J］. 价格月刊，2017（12）：24 – 31.

［48］耿献辉，张晓恒，周应恒 . 中国农产品出口二元边际结构及其影响因素［J］. 中国农村经济，2014（5）：36 – 50.

［49］耿晔强 . 中国双边农产品贸易流量及潜力研究——以新兴市

场为例［J］. 统计研究，2015（9）：49－55.

［50］郭俊芳，武拉平. 东北亚地区贸易便利化对中国农产品出口的影响［J］. 世界农业，2015（5）：10－14.

［51］郭美晨. 中国品牌发展的区域差异及动态演进［J］. 数量经济技术经济研究，2020（4）：165－180.

［52］郭守亭，赵君峰. 出口企业应对反倾销搭便车行为分析［J］. 中南财经政法大学学报，2006（2）：120－123.

［53］韩秉智，王瑛. 特色产业集群发展现状与对策探析——以宁夏为例［J］. 价格月刊，2012（9）：90－94.

［54］韩家彬，贺洋. 农业对外直接投资的母国出口贸易效应——基于发达国家与发展中国家的比较分析［J］. 辽宁工程技术大学学报（社会科学版），2019（2）：81－88.

［55］韩立达，史敦友. 城市面积与城市经济关系研究［J］. 区域经济评论，2018（1）：88－96.

［56］韩哲英，陈红. 森林食品区域品牌营建中的地方政府行为［J］. 学术交流，2012（8）：89－94.

［57］何树全，张秀霞. 中国对美国农产品出口持续时间研究［J］. 统计研究，2011（2）：34－38.

［58］何燕子. 基于层次分析法的地方政府在产业集群中的作用研究——以湖南为例［J］. 经济问题，2013（12）：67－72.

［59］贺祥民. 试析农产品地理标志制度的经济学实质［J］. 新疆财经大学学报，2010（3）：32－37.

［60］胡昭玲，宋佳. 基于出口价格的中国国际分工地位研究［J］. 国际贸易问题，2013（3）：15－25.

［61］胡正明，蒋婷. 区域品牌的本质属性探析［J］. 农村经济，2010（5）：89－92.

［62］胡正明，王亚卓. 农产品区域品牌形成与成长路径研究［J］. 江西财经大学学报，2010（6）：64－68.

［63］黄杰，刘成，冯中朝．中国对“一带一路”沿线国家农产品出口增长二元边际及其影响因素分析［J］．中国农业大学学报，2018（12）：187－199.

［64］黄儒靖．信用信息共享机制下的银行信贷风险控制［J］．经济问题探索，2004（8）：83－85.

［65］黄先海，卿陶．知识产权保护、贸易成本与出口企业创新［J］．国际贸易问题，2021（7）：21－36.

［66］季志鹏，张文学．中国对日本农产品出口贸易持续时间及影响因素分析［J］．世界农业，2018（4）：111－117.

［67］江凯，陈伟光．人民币国际化对中国农产品出口增长二元边际的影响［J］．齐齐哈尔大学学报（哲学社会科学版），2019（8）：30－34.

［68］蒋灵多，陈勇兵．出口企业的产品异质性与出口持续时间［J］．世界经济，2015（7）：3－26.

［69］金帅，张洋，杜建国．动态惩罚机制下企业环境行为分析与规制策略研究［J］．中国管理科学，2015（S1）：637－644.

［70］金缀桥，杨逢珉．中国农产品出口日韩市场二元边际的实证分析［J］．社会科学家，2017（3）：51－55.

［71］雷亮．地方政府行为影响区域品牌发展的实证研究［J］．兰州大学学报（社会科学版），2015（1）：112－119.

［72］黎谧，张亚斌，冯迪．基于行业增加值出口的显性比较优势测算及国际比较研究［J］．财经理论与实践，2016（4）：93－98.

［73］李大垒，仲伟周．农民合作社、农产品区域品牌与乡村振兴［J］．深圳大学学报（人文社会科学版），2019（6）：118－125.

［74］李丹，周宏，周力．品牌溢价与农产品质量安全——来自江苏水稻种植的例证［J］．财经研究，2021（2）：34－48.

［75］李道和，叶丽红，陈江华．政府行为、内外部环境与农产品区域公用品牌整合绩效——以江西省为例［J］．农业技术经济，2020（8）：130－142.

[76] 李谷成，卢毓，尹朝静．中国农产品比较优势动态变化的实证分析［J］．华中农业大学学报（社会科学版），2014（2）：61－67.

[77] 李谷成，魏诗洁，高雪．人口老龄化、教育水平和农产品出口技术复杂度——来自中国和“一带一路”沿线国家的经验证据［J］．华中科技大学学报（社会科学版），2019（2）：56－64.

[78] 李宏兵，蔡宏波，胡翔斌．融资约束如何影响中国企业的出口持续时间［J］．统计研究，2016（6）：30－41.

[79] 李辉，张未广，刘亿．中国对中亚五国农产品出口增长的二元边际及影响因素分析——基于丝绸之路经济带建设背景［J］．商业经济研究，2016（3）：140－143.

[80] 李金波，聂辉华，沈吉．团队生产、集体声誉和分享规则［J］．经济学（季刊），2010（3）：941－960.

[81] 李军林．声誉理论及其近期进展——一种博弈论视角［J］．经济学动态，2004（2）：53－57.

[82] 李丽玲，王曦．卫生与植物检疫措施对中国农产品出口质量的影响［J］．国际经贸探索，2015（9）：4－19.

[83] 李练军，王树柏．中部地区农产品进出口与经济增长关系的协整分析［J］．江西农业大学学报（社会科学版），2007（1）：43－47.

[84] 李清政，王佳，舒杏．中国对东盟自贸区农产品出口贸易持续时间的影响研究［J］．宏观经济研究，2016（5）：139－151.

[85] 李姝，谢晓嫣．民营企业的社会责任、政治关联与债务融资——来自中国资本市场的经验证据［J］．南开管理评论，2014（6）：30－40.

[86] 李四海，宋献中，吴一能．货币政策、区域金融发展与企业信贷融资［J］．财务研究，2015（1）：50－58.

[87] 李涛，王思明，高芳．中国地理标志品牌发展报告（2018）［M］．北京：社会科学文献出版社，2018.

[88] 李停，丁家云．结构优化对我国农产品出口竞争力的影响

[J]. 华南农业大学学报（社会科学版），2016（6）：83-92.

[89] 李文霞，杨逢珉．中国农产品出口丝绸之路经济带沿线国家的影响因素及贸易效率——基于随机前沿引力模型的分析 [J]. 国际贸易问题，2019（7）：100-112.

[90] 李星晨，刘宏曼．FTA 对农产品出口持续时间的影响：来自中国的证据 [J]. 华中农业大学学报（社会科学版），2019（6）：30-41.

[91] 李星晨，刘宏曼．双边关系与出口持续时间——来自中国的经验证据 [J]. 华南理工大学学报（社会科学版），2020（3）：37-48.

[92] 廉永辉，张琳．质量联盟能维护集体声誉吗？[J]. 经济评论，2014（4）：26-37.

[93] 刘斌，王乃嘉．制造业投入服务化与企业出口的二元边际——基于中国微观企业数据的经验研究 [J]. 中国工业经济，2016（9）：59-74.

[94] 刘丽，钟静．农产品区域品牌传播中的地方政府角色探讨 [J]. 商业经济研究，2021（7）：142-144.

[95] 刘宁，郑亚玲．中日韩果蔬类农产品出口竞争力比较分析——基于贸易竞争力指数 [J]. 山东财经大学学报，2015（2）：27-34.

[96] 刘少波，蒋海．信誉机制、信用资源的有效供给与信用缺失治理——对中国当前信用缺失问题的信息经济学分析 [J]. 金融研究，2004（1）：55-61.

[97] 刘绍从，吕晨，张利刚．地理标志保护在我国农产品出口贸易中的作用 [J]. 价值工程，2017，36（3）：78-79.

[98] 刘舜佳，张雅．肯定列表制度的农产品出口质量提升效应研究——基于双重差分模型的检验 [J]. 国际商务（对外经济贸易大学学报），2019（6）：16-29.

[99] 刘雪梅，董银果．数量、质量抑或性价比：中国农产品出口增长动力来源与转换研究 [J]. 国际贸易问题，2019（11）：100-115.

[100] 刘雪梅，董银果．中国出口农产品存在质量升级困境吗

[J]. 国际贸易问题, 2021 (6): 80-95.

[101] 刘彦随, 彭留英. 我国中部地区农业发展定位与战略 [J]. 经济地理, 2008 (4): 646-649.

[102] 刘义, 阳素文. 中国农产品出口增长的二元边际及其影响因素——以蔬菜出口为例 [J]. 产经评论, 2014 (3): 70-81.

[103] 刘宇. 广东省农产品出口贸易附加值研究 [J]. 广东农业科学, 2010 (10): 241-243.

[104] 刘志彪, 张杰. 我国本土制造业企业出口决定因素的实证分析 [J]. 经济研究, 2009 (8): 99-112.

[105] 刘志强, 戚建梅. 地区行政垄断对企业生产率的影响分析——基于企业所有制异质性视角 [J]. 经济问题探索, 2014 (7): 136-141.

[106] 刘竹青, 佟家栋, 许家云. 地理集聚是否影响了企业的出口决策? ——基于产品技术复杂度的研究 [J]. 产业经济研究, 2014 (2): 73-82.

[107] 鲁春霞, 谢高地, 成升魁. 东中西部区域农业差异及其特征分析 [J]. 中国人口·资源与环境, 2003 (6): 100-103.

[108] 鲁晓东, 刘京军, 王咏哲. 贸易方式、所有权结构与中国企业出口扩展边际 [J]. 国际贸易问题, 2016 (3): 15-27.

[109] 罗勇, 曾涛. 我国中间品进口商品结构对技术创新的影响 [J]. 国际贸易问题, 2017 (9): 37-47.

[110] 吕建兴, 张少华. 自由贸易协定真的提高出口二元边际了吗 [J]. 当代财经, 2021 (4): 112-124.

[111] 马颖, 李酣. "新—新贸易理论"、企业异质性与外贸产业发展 [J]. 国外社会科学, 2011 (2): 66-75.

[112] 莫家颖, 余建宇, 龚强, 李三希. 集体声誉、认证制度与有机食品行业发展 [J]. 浙江社会科学, 2016 (3): 4-17.

[113] 莫家颖, 余建宇, 孙泽生. 媒体曝光、集体声誉与农产品质

量认证［J］. 农村经济，2020（8）：136－144.

［114］潘家栋. 人民币汇率变动对出口持续时间的影响研究：以中美农产品出口为例［J］. 国际经贸探索，2018（9）：97－112.

［115］庞德良，郑琼洁. 中国对日韩农产品贸易的比较分析［J］. 亚太经济，2010（4）：83－87.

［116］庞磊. 中国对日本农产品出口竞争力变动因素测度分析——基于FTAAP下的战略选择［J］. 首都经济贸易大学学报，2015（4）：46－53.

［117］彭晖，张颖. 中国东西部地区蔬菜贸易竞争力比较研究［J］. 农业经济与管理，2015（1）：79－91.

［118］彭世广，周应恒，耿献辉. SPS措施对中国生鲜水果出口持续时间的影响［J］. 中国农村经济，2020（12）：103－122.

［119］彭世广，周应恒. 中国对“一带一路”国家水果出口增长分析——基于三元边际的视角［J］. 农业经济问题，2021（4）：132－144.

［120］彭艺. 新型工业化促进农业现代化的机理模式及对策研究［D］. 长沙：湖南农业大学，2012.

［121］邱斌，张亮，孙少勤. 进口竞争、多产品出口与企业内资源再配置［J］. 国际经贸探索，2020（3）：12－29.

［122］冉冰鑫. 技术性贸易壁垒对我国出口农产品质量安全的影响分析［J］. 安徽农业科学，2017（23）：237－242.

［123］商世民. 地理标志集群品牌对农产品产业集聚的影响——以湖北省为例［J］. 科技进步与对策，2016（23）：40－43.

［124］邵桂兰，王媛，李晨. 中国水产品出口贸易持续时间研究——基于生存分析法［J］. 中国石油大学学报（社会科学版），2019（6）：18－24.

［125］盛昭瀚，蒋德鹏. 演化经济学［M］. 上海：上海三联书店，2002.

［126］施炳展，邵文波．中国企业出口产品质量测算及其决定因素——培育出口竞争新优势的微观视角［J］．管理世界，2014（9）：90－106.

［127］史恩义，李珍，岳泽亮．信贷声誉、融资约束与企业出口［J］．国际经贸探索，2019（6）：67－88.

［128］苏丹妮，盛斌，邵朝对．产业集聚与企业出口产品质量升级［J］．中国工业经济，2018（11）：117－135.

［129］孙林，周科选，蒋鑫琳，方巧云．地理标志的地区质量声誉对中国企业食品出口的影响［J］．学习与实践，2019（12）：55－65.

［130］孙浦阳，李飞跃，顾凌骏．商业信用能否成为企业有效的融资渠道——基于投资视角的分析［J］．经济学（季刊），2014（4）：1637－1652.

［131］孙亚楠．地理标志农产品的品质控制及监管效果研究［D］．南京：南京农业大学，2014.

［132］孙致陆，李先德．中国农产品出口技术结构演进趋势及其国际比较——基于出口技术附加值的视角［J］．华中农业大学学报（社会科学版），2016（4）：31－40.

［133］谭晶荣，童晓乐，屠行程．中国31个省市区农产品出口扩展边际及影响因素分析［J］．国际贸易问题，2016（1）：38－49.

［134］谭晶荣，童晓乐．中国与金砖国家贸易关系持续时间研究［J］．国际贸易问题，2014（4）：90－100.

［135］唐松．产业集聚与区域产业品牌协同演化的动力机制［J］．湖南科技大学学报（社会科学版），2015（4）：89－95.

［136］王二朋，高志峰，耿献辉．加工农产品的附加值来自哪里——消费偏好视角的分析［J］．农业技术经济，2020（1）：80－91.

［137］王纪元，肖海峰．中国出口农产品质量及国际比较——基于嵌套Logit模型［J］．农业技术经济，2018（3）：133－142.

［138］王杰，段瑞珍，孙学敏．环境规制、产品质量与中国企业的

全球价值链升级［J］. 产业经济研究，2019（2）：64－75.

［139］王开，佟家栋. 自由贸易协定、贸易稳定性与企业出口动态［J］. 世界经济研究，2019（3）：68－80.

［140］王琼. 中、欧地理标志农产品贸易比较研究［J］. 价格月刊，2015（10）：49－53.

［141］王如玉，肖海峰. 制度距离与中国农产品出口效率——基于“一带一路”沿线亚洲国家的实证研究［J］. 中国农业大学学报，2021（1）：176－184.

［142］王瑞峰，李爽，姜宇博. 中国粮食进口安全综合评价研究——基于超效率 DEA 模型［J］. 浙江农业学报，2018（3）：489－497.

［143］王兴元，朱强. 原产地品牌塑造及治理博弈模型分析——公共品牌效应视角［J］. 经济管理，2017（8）：133－145.

［144］王雪颖，张紫玄，王昊，邓三鸿. 中国农产品品牌评价研究的内容解析［J］. 数据分析与知识发现，2017（7）：13－21.

［145］魏浩，王露西，李翀. 中国制成品出口比较优势及贸易结构研究［J］. 经济学（季刊），2011（4）：1281－1310.

［146］魏守华，禚金吉，何嫄. 区域创新能力的空间分布与变化趋势［J］. 科研管理，2011（4）：152－160.

［147］吴德胜，李维安. 集体声誉、可置信承诺与契约执行——以网上拍卖中的卖家商盟为例［J］. 经济研究，2009（6）：142－154.

［148］吴群锋，刘冲，祁涵. 交通基础设施建设、市场可达性与企业出口产品质量［J］. 经济科学，2021（2）：33－46.

［149］西鹏. 网络经济背景下我国农业国际贸易发展趋势研究［J］. 农业经济，2019（1）：125－127.

［150］肖雪锋. 农产品区域品牌该如何建设、维护和发展［J］. 人民论坛，2017（18）：86－87.

［151］谢众民，朱信凯. 国外技术性贸易措施对我国农产品出口的

影响——以我国苹果及大蒜出口为例［J］. 华中农业大学学报（社会科学版），2019（2）：46－54.

［152］熊爱华，邢夏子. 区域品牌发展对资源禀赋的敏感性研究［J］. 中国人口·资源与环境，2017（4）：167－176.

［153］许和连，李娟，王海成. 金融发展影响企业出口持续时间研究［J］. 山东财经大学学报，2019（3）：48－61.

［154］许家云，佟家栋，毛其淋. 人民币汇率、产品质量与企业出口行为——中国制造业企业层面的实证研究［J］. 金融研究，2015（3）：1－17.

［155］许明. 市场竞争、融资约束与中国企业出口产品质量提升［J］. 数量经济技术经济研究，2016（9）：40－57.

［156］薛新红，王忠诚. 国家质量声誉、国家软实力与企业出口利润［J］. 世界经济研究，2016（11）：47－59.

［157］闫志俊，于津平. 出口企业的空间集聚如何影响出口国内附加值［J］. 世界经济，2019（5）：74－98.

［158］杨逢珉，翟慧娟，毛一卿. 我国农产品出口欧盟市场的二元边际分解［J］. 经济问题，2015（10）：78－84.

［159］杨桔，祁春节. "丝绸之路经济带"沿线国家对中国农产品出口贸易潜力研究——基于TPI与扩展的随机前沿引力模型的分析框架［J］. 国际贸易问题，2020（6）：127－142.

［160］杨连星，刘晓光，罗来军. 出口价格、出口品质与贸易联系持续期［J］. 数量经济技术经济研究，2016（8）：80－96.

［161］杨肖丽，薄乐，牟恩东. 农产品区域公共品牌培育：运行机制与实现路径［J］. 农业经济，2020（1）：125－127.

［162］杨鑫，穆月英. 我国农业区域发展差异分析及政策选择［J］. 经济问题探索，2017（2）：168－176.

［163］姚相如，马荣康，刘凤朝. 出口深广度是否影响了出口企业的创新能力？［J］. 科学学与科学技术管理，2016（6）：55－65.

[164] 叶迪，刘景卿．地区质量声誉、质量阶梯位置与企业市场存活——声誉提升助力高质量发展的微观视角［J］．经济评论，2021（2）：44－60.

[165] 叶迪，朱林可．地区质量声誉与企业出口表现［J］．经济研究，2017（6）：105－119.

[166] 于康震．2019年我国农产品质量安全监管成效及2020年重点任务［J］．农产品质量与安全，2020（1）：3－7.

[167] 余劲松．不确定性与市场集体声誉——集中交易市场框架内的分析［J］．商业研究，2004（19）：26－29.

[168] 余云珠．产业融合视角下农产品区域品牌发展路径探究［J］．商业经济研究，2019（23）：127－130.

[169] 俞燕，李艳军．我国传统特色农业集群区域品牌形成机理研究：理论构建与实证分析——以新疆吐鲁番葡萄集群为例［J］．财经论丛，2015（4）：11－18.

[170] 袁德胜，朱小明，曹亮．中国农产品出口增长的二元边际——基于引力模型的实证研究［J］．宏观经济研究，2014（7）：42－50.

[171] 张传统．农产品区域品牌发展研究［D］．北京：中国农业大学，2015.

[172] 张纯音．关于缩小工农业产品交换差价问题［J］．学术月刊，1979（5）：68－72.

[173] 张宏升．我国农业产业集聚影响因素分析［J］．价格月刊，2007（9）：19－21.

[174] 张琥．集体信誉的理论分析——组织内部逆向选择问题［J］．经济研究，2008（12）：124－133.

[175] 张慧．政府补贴、异质性与企业生存：来自中国工业企业的证据［D］．广州：暨南大学，2018.

[176] 张杰，郑文平，束兰根．融资约束如何影响中国企业出口的

二元边际？[J]. 世界经济文汇，2013（4）：59－80.

[177] 张明龙，周剑勇，刘娜. 杜能农业区位论研究[J]. 浙江师范大学学报（社会科学版），2014（5）：95－100.

[178] 张鹏辉. 金融约束与企业出口持续时间的相关性研究——基于企业出口大数据的生存分析[J]. 上海金融，2020（8）：31－39.

[179] 张鹏杨，李众宜，毛海涛. 产业政策如何影响企业出口二元边际[J]. 国际贸易问题，2019（7）：47－62.

[180] 张梯杰，盛丽妇，刘壮. 农产品区域品牌建设与农业区域经济增长[C]. 第六届（2011）中国管理学年会——城市与区域管理分会场论文集，2011.

[181] 张维迎. 法律制度的信誉基础[J]. 经济研究，2002（1）：3－13.

[182] 张相文，王贺光，梁肖. 欧盟技术性壁垒对我国农产品出口的影响分析[J]. 农业经济问题，2010（4）：105－108.

[183] 张晓恒，周应恒. 中国农产品出口增长的二元边际分析[J]. 农林经济管理学报，2015（2）：126－133.

[184] 张永，李钊，孙永波. 国有企业政策性负担与社会责任承担[J]. 华东经济管理，2021，35（4）：109－117.

[185] 张永林，陈春春，王国成. "复制动态方程"能解释微观企业的成长行为吗？——基于中国制造业上市公司动态面板数据模型的实证研究[J]. 财贸研究，2015（1）：116－124.

[186] 张宇青，周应恒，张晓恒. 中国对发达和不发达贸易对象的农产品出口二元边际差异分析[J]. 国际贸易问题，2014（1）：43－50.

[187] 张月莉，刘峰. 农业集群品牌提升的关键影响因素研究[J]. 经济经纬，2015（1）：31－36.

[188] 赵伟，赵金亮. 生产率决定中国企业出口倾向吗——企业所有制异质性视角的分析[J]. 财贸经济，2011（5）：100－105.

[189] 赵卫宏，孙茹. 驱动企业参与区域品牌化——资源与制度视

角［J］．管理评论，2018（12）：154－163.

［190］赵小平．地理标识保护与提高我国农产品竞争力［J］．山西大学学报（哲学社会科学版），2006（4）：45－48.

［191］郑秀娟，米运生．集体声誉：形成机制、功能及其应用——一个文献综述［J］．海南金融，2014（5）：28－32.

［192］郑云．中国农产品出口贸易与农业经济增长——基于协整分析和 Granger 因果检验［J］．国际贸易问题，2006（7）：26－31.

［193］周琛影．成本竞争抑或附加值竞争？——比较优势理论的新发展［J］．当代财经，2006（8）：98－102.

［194］周定根，杨晶晶，赖明勇．贸易政策不确定性、关税约束承诺与出口稳定性［J］．世界经济，2019（1）：51－75.

［195］周小梅，范鸿飞．区域声誉可激励农产品质量安全水平提升吗？——基于浙江省丽水区域品牌案例的研究［J］．农业经济问题，2017（4）：85－92.

［196］朱再清，叶文灿，高奇正．非关税措施与我国农产品出口三元边际——基于“一带一路”沿线国家实证分析［J］．农业经济与管理，2019（2）：76－87.

［197］Addor F.，Graziou A. Geographical Indications beyond Wines and Spirits［J］. The Journal of World Intellectual Property，2002，5（6）：865－897.

［198］Aghion P.，Howitt P.，Prantl S. Advances in Economics and Econometrics：Revisiting the Relationship between Competition，Patenting，and Innovation［M］. Cambridge，MA：Cambridge University Press，2013.

［199］Agostino M.，Trivieri F. Geographical Indication and Wine Exports. An Empirical Investigation Considering the Major European Producers［J］. Food Policy，2014（46）：22－36.

［200］Aitken B.，Hanson G. H.，Harrison A. E. Spillovers，Foreign Investment and Export Behaviour［J］. Journal of International Economics，

1997 (43): 103 - 132.

[201] Akerlof. The Market for "Lemons" Quality Uncertainty and the Market Mechanism [J]. The Quarterly Journal of Economics, 1970, 84 (3): 488 - 500.

[202] Allen D. Living the Brand [J]. Design Management Review, 2010 (1): 35 - 40.

[203] Amiti Mary, Khandelwal Amit K. Import Competition and Quality Upgrading [J]. The Review of Economics and Statistics, 2013, 95 (2): 476 - 490.

[204] Andrew B. Bernard; Joachim Wagner. Exports and Success in German Manufacturing [J]. Review of World Economics, 1997, 133 (1): 134 - 157.

[205] Armstrong S. Measuring Trade and Trade Potential: A Survey [J]. Trade Working Papers, 2007.

[206] Arrow K. J. The Economic Implication of Learning by Doing [J]. Review of Economics Studies, 1962, 29 (3): 155 - 173.

[207] Arrow, Kenneth J. Uncertainty and Welfare Economics of Medical Care [J]. The American Economic Review, 1963, 53 (5): 941 - 971.

[208] Bagwell K., Staiger R. W. The Role of Export Subsisies When Product Quality Is Unknown [J]. Journal of International Economics, 1989, 27 (1): 69 - 89.

[209] Bastos P., Silva J. Identifying Vertically Differentiated Products [J]. Economics Letters, 2009, 106 (1): 32 - 34.

[210] Bernard A. B., Eaton J., Jensen J. B., et al. Plants and Productivity in International Trade [J]. American Economic Review, 2003, 93 (4): 1268 - 1290.

[211] Besedes T., Prusa T. J. Ins, Outs, and the Duration of Trade [J]. Canadian Journal of Economics/Revue Canadienne d`Economique,

2006, 39 (1): 266 - 295.

[212] Bonaccorsi A. On the Relationship between Firm Size and Export Intensity [J]. Journal of International Business Studies, 1992, 23 (4): 605 - 635.

[213] Brakman B. S., Garretsen H., Marrewijk C. V. An Introduction to Geographical Economics: Trade, Location and Growth [C] //IEEE International Conference on Systems, 2001.

[214] Cagé Julia, Rouzet Dorothée. Improving "National Brands": Reputation for Quality and Export Promotion Strategies [J]. Journal of International Economics, 2015, 95 (2): 274 - 290.

[215] Cassey A. J., Schmeiser K. N. The Agglomeration of Exporters by Destination [J]. Annals of Regional Science, 2013, 51 (2): 495 - 513.

[216] Castriota S., Delmastro M. Individual and Collective Reputation: Lessons from the Wine Market [J]. Working Papers, 2008, 31 (1): 149 - 172.

[217] Caswell A. Standards as Barriers Versus Standards as Catalysts: Assessing the Impact of HACCP Implementation on U. S. Seafood Imports [J]. American Journal of Agricultural Economics, 2009, 91 (2): 310 - 321.

[218] Chaney T. Liquidity Constrained Exporters [R]. Mimeo, University of Chicago, 2005.

[219] Chisik R. Export Industry Policy and Reputational Comparative Advantage [J]. Journal of International Economics, 2003, 59 (2): 423 - 451.

[220] Ciccone A. Input Chains and Industrialization [J]. Review of Economic Studies, 2002, 69 (3): 565 - 587.

[221] Cipollina M., Salvatici L. The Trade Impact of European Union Agricultural Preferences [J]. Journal of Economic Policy Reform, 2010, 13 (1): 87 - 106.

[222] Clerides S. K., Lach S., Tybout J. R. Is Learning by Exporting

Important? Micro – dynamic Evidence from Colombia, Mexico, and Morocco [J]. Quarterly Journal of Economics, 1998, 113 (3): 903 –947.

[223] Costanigro M., Bond C. A., Mccluskey J. J. Reputation Leaders, Quality Laggards: Incentive Structure in Markets with Both Private and Collective Reputations [J]. Journal of Agricultural Economics, 2012, 63 (2): 245 –264.

[224] Crozet M., Head K., Mayer T. Quality Sorting and Trade: Firm – Level Evidence for French Wine [J]. Cepr Discussion Papers, 2009, 79 (2): 609 –644.

[225] Cui L., Syed M. H. The Shifting Structure of China's Trade and Production [J]. IMF Working Papers, 2007 (14): 1 –29.

[226] Curzi D., Pacca L. Estimating Food Quality from Trade Data: An Empirical Assessment [C] // 2014 Third Congress, June 25 – 27, 2014, Alghero, Italy. Italian Association of Agricultural and Applied Economics (AIEAA), 2014.

[227] Dimitrova B. V., Korschun D., Yotov Y. V. When and How Country Reputation Stimulates Export Volume [J]. International Marketing Review, 2017, 34 (3): 377 –401.

[228] Dooley G., Bowie D. Place Brand Architecture: Strategic Management of the Brand Portfolio [J]. Place Branding, 2005, 1 (4): 402 –419.

[229] Drew Fudenberg, David K. Levine. Self – confirming Equilibrium and The Lucas Critique [J]. Journal of Economic Theory, 2009, 144 (6): 2354 –2371.

[230] Eaton J., Kortum S. Trade in Capital Goods [J]. Levine's Working Paper Archive, 2004.

[231] Evans R. A., Guinnane T. W. Collective Reputation, Professional Regulation and Franchising [J]. Social ence Electronic Publishing,

2007, 32 (11): 119 –134.

[232] Fudenberg D., Levine K. Maintaining a Reputation When Strategies are Imperfectly Observed [J]. Review of Economic Studies, 1992, 59 (3): 561 –579.

[233] Gergaud O., Livat F. Team Versus Individual Reputations: A Model of Interaction and Some Empirical Evidence [J]. Cahiers de la Maison des ences Economiques, 2004, 202 (15): 51 –75.

[234] Glaeser E. L., Gottlieb J. D. The Wealth of Cities: Agglomeration Economies and Spatial Equilibrium in the United States [J]. Journal of Economic Literature, 2009, 47 (4): 983 –1028.

[235] Goksel T., Dalton J. T. Reputation and Learning: Japanese Car Exports to the United States [J]. Japanandthe World Economy, 2011, 26 (3): 10 –23.

[236] Greenaway D., Sousa N., Wakelin K. Do Domestic Firms Learn to Export from Multinationals? [J]. European Journal of Political Economy, 2004, 20 (4): 1027 –1043.

[237] Grossman G. M., Helpman E. Trade, Knowledge Spillovers, and Growth [J]. European Economic Review, 1991, 35 (3): 510 –526.

[238] Grossman S., Stiglitz J. On the Impossibility of Informationally Efficient Markets [J]. American Economic Review, 1980 (70): 393 –416.

[239] Hallak J. C., Sivadasan J. Firms' Exporting Behavior under Quality Constraints [J]. Working Papers, 2009.

[240] Hallak, Carlos J. A Product –Quality View of the Linder Hypothesis [J]. Review of Economics and Statistics, 2010, 92 (3): 453 –466.

[241] Hausamann R., Hwang J., Rodrik D. What You Export Matters [J]. Journal of Economic Growth, 2007, 12 (1): 1 –25.

[242] Hayek F. A. The Use of Knowledge Society [J]. The American Economic Review, 1945, 35 (4): 519 –530.

[243] Helpman E., Melitz M. J., Yeaple S. R. Export versus FDI with Heterogenous Firms [C] // 2004.

[244] Helpman E., Rubinstein M. Y. Estimating Trade Flows: Trading Partners and Trading Volumes [J]. Social Science Electronic Publishing, 2008, 123 (2): 441 - 487.

[245] Hess W., Persson M. The Duration of Trade Revisited [J]. Empirical Economics, 2012, 43 (3): 1083 - 1107.

[246] Hummels D., Klenow P. J. The Variety and Quality of a Nation's Exports [J]. American Economic Review, 2005, 95 (3): 704 - 723.

[247] Jacobs J. The Economy of Cities [M]. Vintage Press, 1969.

[248] Jason A. Winfree, Jill J. McCluskey. Collective Reputation and Quality [J]. American Journal of Agricultural Economics, 2005, 87 (1): 206 - 213.

[249] Kafouros M., Wang C., Piperopoulos P., et al. Academic Collaborations and Firm Innovation Performance in China: The Role of Region - Specific Institutions [J]. Reseach Policy, 2015, 44 (3): 803 - 817.

[250] Khandelwal, Amit K., Schoot, Peter K., Wei Shangjin. Trade Liberalization and Embedded Institutional Reform: Evidence from Chinese Exporters [J]. The American Economic Review, 2013 (103): 2169 - 2195.

[251] Klára, Margarisová, Lucie, et al. Regional Branding: Building Brand Value [J]. Acta Universitatis Agriculturae et Silviculturae Mendelianae Brunensis, 2016, 64 (6): 2059 - 2066.

[252] Knight F. H. Cost of Production and Price over Long and Short Periods [J]. Journal of Political Economy, 1921, 29 (4): 304.

[253] Kokko A., Tansini R., Zejan M. C. Local Technological Capability and Productivity Spillovers from FDI in the Uruguayan Manufacturing Sector [J]. The Journal of Development Studies, 1996, 32 (4): 602 - 611.

[254] Kraay A. Exportations et Performances Economiques: etude D'un

Panel D'entreprises Chinoises Exports and Economic Performance: Evidence from A Panel of Chinese Enterprises [J]. Revue Déconomie Du Développement, 1999, 278 (17): 412-430.

[255] Kreps D. M., Milgrom P., Roberts J., Wilson D. Cooperation in the Finitely Repeated Prisoner's Dilemma [J]. Corporate Reputation Review, 1982, 27 (2): 245-252.

[256] Krugman P. The Narrow Moving Band, the Dutch Disease, and the Competitive Consequences of Mrs. Thatcher: Notes on Trade in the Presence of Dynamic Scale Economies [J]. Journal of Development Economics, 1987, 27 (1): 41-55.

[257] Kugler M., Verhoogen E. Prices, Plant Size, and Product Quality [J]. Review of Economic Studies, 2012, 79 (1): 307-339.

[258] Kunal Dasgupta, Jordi Mondria. Quality Uncertainty and Intermediation in International Trade [J]. European Economic Review, 2018, 104 (25): 68-91.

[259] Landon S., Smith C. The Use of Quality and Reputation Indicators by Consumers: The Case of Bordeaux Wine [J]. Journal of Consumer Policy, 1997, 20 (3): 289-323.

[260] Lawless M. Deconstructing Gravity: Trade Costs and Extensive and Intensive Margins [J]. Research Technical Papers, 2008.

[261] Leslie de Chernatony, Susan Louise Cottam. Creating and Launching a Challenger Brand: A Case Study [J]. The Service Industries Journal, 2009, 29 (1): 75-89.

[262] Levchenko A. A., Zhang J. The Evolution of Comparative Advantage: An Measurment and Welfare Implications [J]. NBER Working Paper, 2011.

[263] Levin J. The Dynamics of Collective Reputation [J]. The B. E. Journal of Theoretical Economics, 2009, 9 (1): 480-498.

[264] Loecker J. D. A Note on Detecting Learning by Exporting [J]. Cepr Discussion Papers, 2010, 5 (3): 1 -21.

[265] Long C. , Zhang X. Cluster - Based Industrialization in China: Financing and Performance [J]. Journal of International Economics, 2011, 84 (1): 112 -123.

[266] Lucas, R. On the Mchanism of Economic Development [J]. Journal of Monetary Economics, 1988 (22): 3 -22.

[267] Manova K. , Yu Z. Multi - Product Firms and Product Quality [J]. Journal of International Economics, 2017, 109 (11): 116 -137.

[268] Manova K. , Zhang Z. Export Prices Across Firms and Destinations [J]. Quarterly Journal of Economics, 2012, 127 (1): 379 -436.

[269] Manova K. Credit Constraints, Heterogeneous Firms, and International Trade [J]. The Review of Economic Studies, 2012, 80 (2): 711 -744.

[270] Marco, Costanigro, Craig, et al. Reputation Leaders, Quality Laggards: Incentive Structure in Markets with both Private and Collective Reputations [J]. Journal of Agricultural Economics, 2012, 63 (2): 245 -264.

[271] Marette S. Is a Minimum Quality Standard Socially Optimal? [J]. Economics Bulletin, 2008, 12 (29): 1 -8.

[272] Matilde Bombardini, Giovanni Gallipoli, GermÁn Pupato. Skill Dispersion and Trade Flows [J]. American Economic Review, 2012, 102 (5): 2327 -2348.

[273] Mccluskey J. J. , Loureiro M. L. Consumer Preferences and Willingness to Pay for Food Labeling: A Discussion of Empirical Studies [J]. Journal of Food Distribution Research, 2003, 34 (3): 95 -102.

[274] Mcquade T. , Salant S. W. , Winfree J. Regulating an Experience Good in Developing Countries When Consumers Cannot Identify Producers [J]. Discussion Paper Resources for the Future, 2010, 67 (9): 83 -99.

[275] Melitz M. J. The Impact of Trade on Intra - Industry Realloca-

tions and Aggregate Industry Productivity [J]. Econometrica, 2003, 71 (6): 1695 - 1725.

[276] Melitz M. J., Ottaviano G. i. p. Market Size, Trade, and Productvity [J]. Review of Economic Studies, 2008, 75 (1): 295 - 316.

[277] Minetti R., Zhu S. C. Credit Constraints and Firm Export: Microeconomic Evidence from Italy [J]. Journal of International Economics, 2011, 83 (2): 109 - 125.

[278] Moenius J. Information Versus Product Adaptation: The Role of Standards in Trade [J]. SSRN Electronic Journal, 2004, 67 (9): 802 - 817.

[279] Morello G., Erickso, Johny K., Johansson and Paul Chao. Image Variables in Multi - Attribute Product Evaluations: Country - of - Origin Effects [J]. Journal of Consumer Research, 1985, 11 (9): 694 - 699.

[280] Mulik K., Crespi J. M. Geographical Indications and the Trade Related Property Rights Agreement: A Case Study of Basmati Rice Exports [J]. Journal of Agricultural and Food Industrial Organization, 2004, 9 (1): 513 - 528.

[281] Nelson P. Information and Consumer Behavior [J]. Journal of Political Economy, 1970, 78 (2): 311 - 329.

[282] Olper A., Curzi D., Pacca L. Do Food Standards Affect the Quality of EU Imports? [J]. Economics Letters, 2014, 122 (2): 233 - 237.

[283] Parwar A. Importance of Geographical Indication in the Growing IPR World [J]. SSRN Electronic Journal, 2009, 11 (5): 536 - 552.

[284] Peter S. Liapis. How Important is the Extensive Margin in Agricultural Trade? [J]. Journal of International Economics, 2008, 119 (13): 301 - 325.

[285] Porter J. B., Yoshihisa S. Industrial Benefits and Unsolved Problems of Process Control [J]. Ifac Proceedings Volumes, 1998, 31 (11): 225 - 228.

[286] Porter M. E. New Global Strategies for Competitive Advantage [J]. Planning Review, 2013, 18 (3): 4 – 14.

[287] Qiu L., Miaojie YU. Multiproduct Firms, Export Product Scope, and Trade Liberalization: The Role of Managerial Efficiency [J]. Working Papers, 2014.

[288] Raimondia V. Estimating the Trade Effects of the EU Food Quality Policy [J]. American Journal of Agricultural Economics, 2016, 94 (12): 214 – 227.

[289] Rasmusen E. A Model of Trust in Quality and North – South Trade [J]. Research in Economics, 2017, 71 (1): 159 – 170.

[290] Rauch J. E. Networks Versus Markets in International Trade [J]. Journal of International Economics, 1999, 48 (1): 7 – 35.

[291] Regmi A., Gehlhar M., Wainio J., et al. Market Access for High – value Foods [J]. Agricultural Economic Reports, 2005 (840): 1 – 49.

[292] Rose M., Saxena K. Brand (Reputation) Management in Business Education [C]. Conference on Brand Reputation, 2016.

[293] Rosenfeld S. A. Exports, Competitiveness, and Synergy in Appalachian Industry Clusters [M]. A Reportto the Appalachian Regional Commission, 1997.

[294] Saak A. Collective Reputation, Social Norms and Participation [J]. Ifpri Discussion Papers, 2011, 94 (3): 763 – 785.

[295] Samuelson M. L. Who Wants a Good Reputation? [J]. Review of Economic Studies, 2001, 68 (2): 415 – 441.

[296] Saxena P., Srivastava R. P., Sharma M. L. Impact of Cut to Crush Delay and Bio – chemical Changes in Sugarcane [J]. Australian Journal of Cropence, 2010, 4 (9): 692 – 699.

[297] Schooler R. D. Product Bias in the Central American Common Market [J]. Journal of Marketing Research, 1965 (11): 394 – 397.

[298] Scoppola M., Raimondi V., Olper A. The Impact of EU Trade Preferences on the Extensive and Intensive Agricultural and Food Product Margins [C]. Agricultural and Applied Economics Association, 2013.

[299] Smith J. M. Evolutionary Game Theory [J]. Physica D Nonlinear Phenomena, 1986, 22 (1): 43 -49.

[300] Tadelis S. What's in a Name? Reputation as a Tradeable Asset [J]. The American Economic Review, 1999, 89 (3): 548 -563.

[301] Timothy Mcquade, Stephen W. Salant, Jason Winfree. Markets with Untraceable Goods of Unknown Quality: Beyond the Small - Country Case [J]. Journal of International Economics, 2016 (100): 112 -119.

[302] Tirole J. A Theory of Collective Reputations (with Applications to the Persistence of Corruption and to Firm Quality) [J]. Working Papers, 1996, 63 (1): 1 -22.

[303] Verdonk N. R., Culbert J. A., Wilkinson K. L. Sparkling Wine: All that Sparkles: Consumer Perceptions of Sparkling Wine [J]. Winetitles, 2015, 79 (8): 198 -211.

[304] Winfree J. A., Mccluskey J. J. Collective Reputation and Quality [J]. American Journal of Agricultural Economics, 2005, 78 (1): 206 -213.

[305] Young T. The Theoretical and Empirical Analysis of Agricultural Trade of LDCs [J]. Working Papers, 1991.

[306] Zou S., Stan S. The Determinants of Export Performance: a Review of the Empirical Literature between 1987 and 1997 [J]. International Marketing Review, 1998, 15 (5): 333 -356.

[307] Zyglidopoulos S. C., Richard DeMartino. Cluster Reputation as a Facilitator in the Internationalization of Small and Medium - Sized Enterprises [J]. Corporate Reputation Review, 2006, 91 (1): 79 -87.